广东历代方志研究丛书

明代广东寺观田产研究

MINGDAI GUANGDONG
SIGUAN TIANCHAN YANJIU

任建敏 著

版权所有　翻印必究

图书在版编目（CIP）数据

明代广东寺观田产研究/任建敏著. —广州：中山大学出版社，2019.7
（广东历代方志研究丛书）
ISBN 978-7-306-06605-3

Ⅰ.①明⋯　Ⅱ.①任⋯　Ⅲ.①寺庙—土地问题—研究—广东—明代　Ⅳ.①F329.65

中国版本图书馆 CIP 数据核字（2019）第 073454 号

出版人：	王天琪
策划编辑：	金继伟
责任编辑：	陈　霞
封面设计：	曾　斌
责任校对：	袁双艳
责任技编：	何雅涛
出版发行：	中山大学出版社
电　话：	编辑部 020 - 84110779，84113349，84111997，84110771
	发行部 020 - 84111998，84111981，84111160
地　址：	广州市新港西路 135 号
邮　编：	510275　传　真：020 - 84036565
网　址：	http://www.zsup.com.cn　E-mail: zdcbs@mail.sysu.edu.cn
印刷者：	广州家联印刷有限公司
规　格：	787mm×1092mm　1/16　14.75 印张　277 千字
版次印次：	2019 年 7 月第 1 版　2019 年 7 月第 1 次印刷
定　价：	78.00 元

如发现本书因印装质量影响阅读，请与出版社发行部联系调换

广东历代方志研究丛书编审委员会

主　任：陈华康

副主任：丘洪松　陈泽泓

委　员（按姓氏笔画排序）：

　　　　马建和　方广生　田　亮　邱　捷

　　　　张晓辉　陈长琦　林子雄　徐颂军

前　言

　　以佛教与道教为代表的宗教历史文化，是广东历史文化的重要组成部分，影响并形塑了广东地区的历史进程与社会变迁。关于珠江三角洲宗教历史文化的既有研究主要是从以下三个角度入手：其一是从宗教史的角度，对珠江三角洲地区的佛教传播与兴衰历史进行研究，如梁永康《广东佛教史》、李伟云《广州宗教志》等著作①。其二是从思想史的角度，对活动于珠江三角洲地区的重要佛教人物进行研究，如姜伯勤《石濂大汕与澳门禅史——清初岭南禅学史研究初编》、江灿腾《晚明佛教丛林改革与佛学争辩之研究：以憨山德清的改革生涯为中心》等著作②。其三是从社会史的角度，探讨明清时期珠江三角洲社会变迁过程中的宗教，尤其是佛教力量在其中的作用。这一方面尚未有专门的著作问世，只是在井上彻《中国的宗族与国家礼制：从宗法主义角度所作的分析》、科大卫《皇帝和祖宗：华南的国家与宗族》等书中有所涉及③。本书大致上沿着第三个角度，从赋役制度与社会变迁的角度切入，研究明代广东地区的佛教、道教等宗教组织名下田产的变迁历史及其与地方社会之间的互动关系。

　　本书所关注的寺观田（又称为僧道田），是明代赋役制度所认定的一个名目。明代的赋役制度与地方社会变迁的关系，一直是学术界关注的重要问题，其成果也相当丰富。以研究已经较为成熟的广东珠江三角洲为例，刘志伟、科大卫等学者的研究从赋役、礼仪与宗族组织的角度，揭示了明

---

① 参见梁永康《广东佛教史》，香港东林念佛堂有限公司1984年版；李伟云《广州宗教志》，广东人民出版社1996年版。
② 参见姜伯勤《石濂大汕与澳门禅史——清初岭南禅学史研究初编》，上海学林出版社1999年版；江灿腾《晚明佛教丛林改革与佛学争辩之研究：以憨山德清的改革生涯为中心》，台北新文丰出版公司1990年版。
③ 参见［日］井上彻《中国的宗族与国家礼制：从宗法主义角度所作的分析》，钱杭译，上海书店出版社2008年版；科大卫《皇帝和祖宗：华南的国家与宗族》，卜永坚译，江苏人民出版社2009年版。

清时期,尤其是16世纪以来这一地区从里甲到宗族的社会变迁过程①。不过,对于明前期这一地区的社会状况,由于资料所限,所讨论的内容以里甲登记的推行、地方大姓的土地控制、儒家礼仪的教化等方面为主。至于在儒家思想传播之前,对当地的社会影响与渗透更广泛的佛教与道教力量,仍然还需要更为深入的研究。如黎志添从道教史的角度,考察了宋代广州道教庙宇的营建与广州地区宗教、经济、人口与城乡发展的关系,颇为值得注意②。然而,该文同样未深入讨论道观的田产问题。

当前学术界对明代寺观田产以及与之相关的社会变迁问题的研究并不算太多,对寺田性质的讨论,主要集中在寺田的赋役问题③。而对寺院田产与地方社会变迁的讨论,广东、福建两地的研究较有代表性。广东的寺观田产问题主要是放在明中叶珠江三角洲魏校毁"淫祠"所带来的礼仪变革这一历史脉络进行讨论④。福建方面则主要关注明代寺田充饷政策带来的影响⑤。笔者在既有研究的基础上,对明中叶广东毁"淫祠"寺观活动背后的各色力量的竞逐,及其对地方社会的影响做进一步的讨论。⑥如果将寺观田产的赋役政策的变迁置于地方社会历史脉络之中,其讨论的空间无疑将更加广阔。学界对明中叶以后珠江三角洲的礼仪革命与宗族建设的关注度很高,而且研究成果丰硕。但是,对于珠江三角洲宗族建设兴起前的历史背景,尤其是曾经在珠江三角洲乃至广东地方社会具有巨大影响力的佛教力量,相关的研究仍然十分薄弱。

因此,本书在既有研究的基础上,将广东寺观田产的赋役政策、土地

---

① 参见刘志伟《在国家与社会之间——明清广东里甲赋役制度研究》,中山大学出版社1997年版;科大卫《皇帝和祖宗:华南的国家与宗族》,卜永坚译,江苏人民出版社2009年版。

② 参见黎志添《宋代地区道教的个案研究——广州道观、道堂及道院》,见《"中央研究院"历史语言研究所集刊》第八十四本第二分,2013年6月。

③ 参见[日]竺沙雅章《明代寺田の赋役について》,见小野和子编《明清时代の政治と社会》,京都大学人文科学研究所1983年版,第487—512页;傅贵九《明清寺田浅析》,载《中国农史》1992年第1期,第20—28页。

④ 代表性论文,如[日]井上彻《魏校的捣毁淫祠令研究——广东民间信仰与儒教》,载《史林》2003年第2期;科大卫《明嘉靖初年广东提学魏校毁"淫祠"之前因后果及其对珠江三角洲的影响》,见周天游主编《地域社会与传统中国》,西北大学出版社1995年版,第129—134页。

⑤ 参见林枫《福建寺田充饷浅析》,载《厦门大学学报》(哲学社会科学版)1998年第4期,第48—53页。

⑥ 参见任建敏《从"理学名山"到"文翰樵山"——16世纪西樵山历史变迁研究》,广西师范大学出版社2012年版中的相关章节;任建敏《明中叶广东禁毁淫祠寺观与寺田处理》,载《新史学》2015年第26卷第4期;任建敏《魏校毁淫祠与广东士大夫的应对》,见景海峰、黎业明主编《岭南思想与明清学术》,上海古籍出版社2017年版。

规模、田产性质以及与地方社会转变的关系置于明代将近300年的时间内进行考察。一方面，对宗教史研究中有所忽视的明清时期寺观田产的赋役政策的变迁，以广东作为个案进行深入的考察；另一方面，则将广东区域社会史研究中大部分时候仅仅作为宗族兴起的历史背景略加描述的宗教力量作为研究对象，考察其在明代的后续发展及其与地方社会的复杂关系，从而对明代广东的宗教与社会变迁有更为深刻的认识。本书的研究重点有三：其一是对明代广东，尤其是资料较为丰富的珠江三角洲地区的寺观田产的赋役变迁及田土规模进行系统性、长时段的研究；其二是以明代中叶毁"淫祠"寺观为出发点，从地方官府、儒家士大夫与佛教的互动角度来探讨广东地区的社会变迁；其三是跳出宗教史及思想史角度来讨论佛教与广东地域社会及文化的关系，通过地方社会的政治、文化、礼仪与经济等层面来考察寺观田产的变迁对广东地方社会的作用与影响。

关于本书的内容，有以下四点需要向读者交代：其一，由于历史文献资料及笔者能力所限，所关注的区域主要集中于位于珠江三角洲的广州府，对于粤东、粤西、粤北等地的寺院情况，仅能有针对性地在相关章节之中予以讨论。其二，本书虽以明代为研究时段，但寺观田产的形成与变化，上承宋代、元代，下启清代，只是在赋役原则及田产规模的变化上，以明代最为突出，但并不能因此把明代割裂出来。其三，在广东方志的相关记载中，佛寺与道观、庵堂等的田产记录，往往是一并记载的。关键是，在明清的赋役制度上，佛寺与道观的常住田产的经济地位与赋役原则也是完全一致的（方志中往往并称为僧道田，或由于佛寺数量往往要比道观数量多得多，所以有时会统称为寺田），由于道观相关史料非常有限，所以，本书以寺院田产为主要讨论对象（兼涉少量道观田产的情况），以此反映明代广东寺观田产变化的整体趋势。其四，本书辑录二、辑录三是明代广东方志中对寺观田产记载相对较为集中的史料辑录，统一按照寺观名、位置、简史、田产四个条目进行辑录，并一一进行了编号，篇幅约占全书字数的30%，以供有需要的读者做进一步研究之用。另外，由于本书所引文献资料大多年代久远，模糊不清，所以未能辨认的文字，均以方框"□"表示，特此说明。

目　录

第一章　明前期广东寺观田赋役政策的演变 ……………………… 1
　第一节　明初寺观田的赋役分类与赋役规则 …………………… 1
　第二节　僧道田的差役优免问题 ………………………………… 7

第二章　明前期广东寺观田情况：以广州府为中心 ……………… 17
　第一节　（成化）《广州志》寺观卷中寺观田数字的由来 ……… 17
　第二节　（成化）《广州志》所载广州府各州县寺观田统计 …… 20
　第三节　广东所见寺观寄庄田问题 ……………………………… 31

第三章　明中叶广东毁"淫祠"寺观活动与寺观田处置 ………… 43
　第一节　毁"淫祠"寺观运动在广东各府州县的展开 ………… 43
　第二节　广东士大夫的寺产承买 ………………………………… 52
　第三节　士大夫承买寺观田导致的纷争与上级官府的应对 …… 64
　第四节　嘉靖十一年龚大稔弹劾方献夫、霍韬之案 …………… 73

第四章　明代中后期广东的寺观田政策及其影响 ………………… 81
　第一节　魏校毁"淫祠"寺观之后广东各府寺观情况 ………… 81
　第二节　鬻天下废寺田：嘉靖中期的寺观田变卖及其赋役政策 … 85
　第三节　寄庄田的处理：以广州府香山县为例 ………………… 97

结　语 …………………………………………………………………… 109
辑录一　明代广东寺观田产大事年表 ………………………………… 112
辑录二　（成化）《广州志》寺观卷辑录 …………………………… 116
辑录三　明代广东方志中寺观田产记载辑录 ………………………… 206
参考文献 ………………………………………………………………… 218
后　记 …………………………………………………………………… 224

第一章　明前期广东寺观田赋役政策的演变

本书所论述的寺观田，是在佛寺、道观及与之性质相似的道堂、庵堂等宗教场所名下的田产。细分下来，又可分为赏赐田、废寺田与常住田三大类。其中前两者属于官田，常住田则属于民田，但在科则上与民田往往有所区别，故在地方志中往往又称之为僧道田。就规模而言，常住田是寺观田的主要组成部分，废寺田次之，赏赐田最少。本章在整体讨论明前期广东寺观田赋役政策的基础上，重点探讨僧道田的差役优免问题。

第一节　明初寺观田的赋役分类与赋役规则

明代田土的分类，其梗概可见《明史·食货志》之说：

> 明土田之制，凡二等：曰官田，曰民田。初，官田皆宋元时入官田地，厥后有还官田，没官田，断入官田，学田，皇庄，牧马草场，城壖苜蓿地，牲地，园陵坟地，公占隙地，诸王、公主、勋戚大臣、内监、寺观赐乞庄田，百官职田，边臣养廉田，军、民、商屯田，通谓之官田。其余为民田。①

由上可见，明代田土制度总体上可以分为官田、民田两大类。《明史·食货志》所列官田种类繁多，包括各种没官田、皇庄、赐田、屯田，等等。而民田的种类则略而不载。梁方仲为《明史·食货志》所作笺证中指出：官田与民田以所有权来划分，在官者曰官田，在民者则曰民田。不过梁方仲也承认，明代苏、松、嘉、湖等府的官田，实际上与民田无异，它们并

---

① 〔清〕张廷玉等：《明史》卷77《食货一·田制》，中华书局1974年版，第1881页。（下引该书均同此版本，除书名及页码外，其他不再另注）

非官产，只是科则有轻重不同。① 《明史·食货志》认为，赏赐庄田、废寺田属于官田。据《明太祖实录》记载：洪武十四年（1381）十一月"核天下废寺田产，没入官"②。可见将废寺田视为官田是没有问题的。至于寺院所有的常住田，在《明史·食货志》中并未列明属于官田还是民田。梁方仲据《古今治平略》卷1《国朝田赋》指出民田有新开、沙塞、寺观田三种，据此认为寺观所有的常住田属于民田的一种。但常住田的性质与一般民田不同，如洪武十五年（1382）朝廷下令"天下僧道常住田不许典卖"③，可见常住田是不能自由买卖的。而一般民田就不会有这种规定。因此，从国家赋役制度层面的角度来看，钦赐田、废寺田二类寺田属于官田，而常住田则属于民田。赏赐庄田和废寺田，所有权还是属于官府的。④ 据《明太祖实录》记载：洪武十四年（1381）十一月"核天下废寺田产，没入官"。这一措施确定了"废寺田"的官田性质。如（乾隆）《清远县志》就记载，清远县的隆禅寺，在元代已废，明初僧心奇重修，岁久复废。但该寺所存田一顷二十一亩四分二厘，在洪武三十五年（即建文四年，1402）由官府拨给清远卫前所百户郑贵屯种⑤。由官府直接拨给卫所军官屯种，正表明了废寺田是完全性质上的官田，可由官府进行支配。这种"废寺田"与属于民田其中一种的"僧道田"是有分别的。

在官、民田两大类的划分体系之下，各地的实际情况之中，田土种类则因地而异，名目也各有不同。如（嘉靖）《惠州府志》所载的"田之类"，对这一地区的田土种类有简要的分类与说明：

> 曰官田。籍没之田，官允人耕照租纳粮者也。
> 曰官学田。宋以前有赡学田，今制照租纳粮者也。
> 曰官改民田。没官田、学田，不照原租改依民田纳粮者也。

---

① 参见梁方仲《〈明史·食货志〉第一卷笺证（续三）》，载《首都师范大学学报》（社会科学版）1981年第2期，第71页。

② 《明太祖实录》卷140"洪武十四年十一月壬辰"条，台北"中央研究院"历史语言研究所1963年版，第2202页。（下引该书均同此版本，除书名及页码外，其他不再另注）

③ 〔明·正德〕《大明会典》卷19《户部四》，东京汲古书院1989年版，第233页。（下引该书均同此版本，除书名及页码外，其他不再另注）

④ 参见梁方仲《〈明史·食货志〉第一卷笺证（续三）》，载《首都师范大学学报》（社会科学版）1981年第2期，第79页。

⑤ 参见〔清·乾隆〕《清远县志》卷5《尝祀志》，见广东省地方史志办公室《广东历代方志集成·广州府部》第41册，岭南美术出版社2009年版，第252页。（下引该书均同此版本，除书名及页码外，其他不再另注）

曰民田。

曰灶田。办纳盐价者。

曰民灶田。照民田纳粮者也。

曰僧道田。

曰寄庄田。国初许割粮过县,后禁。故有田在归善,而籍在博罗者也。

曰虚粮田。或水冲沙压,或产去粮存。①

(嘉靖)《惠州府志》所列田土有9种,前3种为官田,但由于第3种已经改为按民田科则纳粮,所以更像是民田。后6种则均应视为广义的民田,本书所牵涉的,主要是第7种僧道田,兼及第1种官田之中的"废寺田",以及第8种寄庄田里面的寺院寄庄田。官田、民田的分别,主要体现在科则与差役的不同要求上。(嘉靖)《惠州府志》对此也有所说明:

厥科差不同焉。如归善民田二升科,海丰民田一升科之类。官田一斗六升,僧道田五升科之类。灶田办盐、不办盐之类。民田,官改民田当差,官田、官学田不差。灶田不差,民灶田差,僧道田、虚粮□□折半差。寄庄田纳粮办差于别□□□□。②

各种田土的科则与差役的不同,决定了不同田土所承担的赋税与差役的不同。对于(嘉靖)《惠州府志》以上这两段叙述,可以用表格的形式做更清晰的比较,见表1-1。

表1-1 (嘉靖)《惠州府志》田土科则、差役比较

	科则	差役	说明
官田	1斗6升	不差	—
官学田	—	不差	
官改民田	—	当差	
归善县民田	2升	当差	—

---

① 〔明·嘉靖二十一年〕《惠州府志》卷5《田赋志》,见《广东历代方志集成·惠州府部》第1册,第171页。

② 〔明·嘉靖二十一年〕《惠州府志》卷5《田赋志》,见《广东历代方志集成·惠州府部》第1册,第171页。

续表1-1

	科则	差役	说明
海丰县民田	1升	当差	—
灶田	—	不差	办纳盐价
民灶田	—	当差	照民田纳粮
僧道田	5升	折半差	—
寄庄田	—	纳粮办差于别□	田在本县，籍在别县
虚粮田	—	折半差	或水冲沙压，或产去粮存

综上所述，从田土科则来看，官田最高，达到每亩1斗6升，僧道田次之，为每亩5升，民田则在每亩1~2升不等。而应差情况也各不相同，民田虽然科则最低，但是要应全差，僧道田、虚粮田则折半差，科则最重的官田则是免差的。据此可以十分直观地看到，在明代的田土类型之中，僧道田是一种在科则和应差上都不同于一般民田的特殊民田。

僧道田的产生，主要是由于中国传统社会广泛存在的大量佛寺、道观所控制的田产。这其中又以佛寺所控制的田产规模最大，因此往往又以寺田、寺观田来代指僧道田。佛教在中古时期的影响力之巨大，学界早已有共识。延及宋、元时期，佛教在社会生活中仍然有重要的地位，然而佛教所拥有的特权不再像中古时期那样优厚。竺沙雅章指出：元朝最初是免除寺院的徭役和税粮的，直到大德年间（1297—1307）开始，寺院的特权逐渐减少，但主要还是针对拥有丰富财产的江南寺观在元代续置的田土①。从广东的情况来看，元代对寺院特权的限制并不只局限于江南，广东地区大概同样也在限制之列。潮州府一座寺院（后）至元六年（1340）的碑记提到，当时有萧姓施主向净慧寺施地60亩后，就从原户"过割段立净慧寺户名，于本保应当差税"②。可见转入净慧寺的田产，不仅要纳粮，而且也要应差。也许元朝在前期对佛寺的赋税征收是相当优待的，但在中后期之后开始削减了佛寺的特权。

明代的寺观田，根据其性质可以划分为赏赐田、废寺田与常住田三大类。这三类寺观田的田土性质与赋役政策又各有不同。明太祖开国伊始，

---

① 参见[日]竺沙雅章《明代寺田の赋役について》，见小野和子《明清时代的政治と社会》，京都大学人文科学研究所1983年版，第490-491页。

② 〔元·后〕至元六年《湖山净慧禅寺田产题记》，见谭棣华等《广东碑刻集》，广东高等教育出版社2001年版，第241页。

对佛寺产业政策进行了一系列的管理调整，主要涉及关键的两个问题：一是寺观田的性质，二是寺观田的赋役。

关于三类寺观田的赋役问题，清水泰次、竺沙雅章以及傅贵九、林枫等人都有相关研究。这些研究主要依据明代官方诏令、地方志、寺观志等材料考察了明初寺院的纳粮当差、砧基道人、招佃收租、寺田充饷等问题，主要关注区域是江南与福建，基本没有涉及广东的寺田情况，而且没有进一步区别三类寺田的具体情况①。据洪武二十四年（1391）颁行的攒造黄册格式规定："凡庵观寺院，已给度牒僧道，如有田粮者，编入黄册，与里甲纳粮当差。于户下开写一户，某寺院庵观某僧某道，当几年里长、甲首。无田粮者编入带管畸零下作数。"②此处所提及的僧道田，应该指常住田，由此可见，在明太祖初造黄册时，并没有给僧道特权，其常住田是编入一般里甲之内纳粮当差的。竺沙雅章认为，僧人同样要编入里甲，一体纳粮当差，是明初对寺田赋役最引人注目的改变③。不过问题是，这一诏令与实际情况似乎并不完全相符，寺田虽然有税粮，但并无差役。如《金陵梵刹志》记载，明太祖对南京的几个大寺院赏赐田土，并且"免他夫差"④。（正德）《大明会典》又记载，洪武十九年（1386）令"榜示天下寺观，凡归并大寺，设砧基道人一人，以主差税"⑤。《金陵梵刹志》记载的洪武二十七年（1394）《礼部条例》，其内容主要继承洪武二十四年《申明佛教榜册》，并对佛寺田产的赋役做出规定：

---

① 参见［日］清水泰次《明代ノ寺田》，载《东亚经济研究》1924年第8卷第4期；［日］竺沙雅章《明代寺田の赋役について》，见小野和子编《明清时代の政治と社会》，京都大学人文科学研究所1983年版；傅贵九《明清寺田浅析》，载《中国农史》1992年第1期；林枫《福建寺田充饷浅析》，载《厦门大学学报》（哲学社会科学版）1998年第4期。

② 〔明·正德〕《大明会典》卷21《户部六》，第255－256页。

③ 参见［日］竺沙雅章《明代寺田の赋役について》，见小野和子《明清时代の政治と社会》，京都大学人文科学研究所1983年版，第489页。

④ 参见〔明〕葛寅亮《金陵梵刹志》卷2《钦录集》，见《续修四库全书》编纂委员会编《续修四库全书·史部》第718册，上海古籍出版社2002年版，第457－458页。（下引该书均同此版本，除书名及页码外，其他不再另注）《钦录集》记录了大量明初有关佛教的圣旨，这些圣旨往往不见于明代官修政书，作者称是出自"各大寺藏本"以及"荒碑故牒"，所以更多的是反映佛寺对明初这段历史的叙述，不一定能准确反映明初的国家政策。

⑤ 〔明〕葛寅亮：《金陵梵刹志》卷2《钦录集》，见《续修四库全书·史部》第718册，第460页。按〔明·正德〕《大明会典》将设砧基道人的敕令系于洪武二十七年，但据《金陵梵刹志》所载，洪武二十七年的《礼部条例》只是重申"寺院庵舍已有砧基道人"。见〔明·正德〕《大明会典》卷95《礼部》，第346页。

一寺院庵舍已有砧基道人，一切烦难答应官府并在此人，其僧不许具僧服入公厅跪拜。设若己身有犯，即预先去僧服以受擒拿。一钦赐田地税粮全免，常住田地，虽有税粮，仍免杂派，僧人不许充当差役。①

该《礼部条例》并未见于现存明代典章中，但傅贵九提到，《明宣宗实录》记载宣德八年（1433）广东按察司奏称："今广东、浙江、江西等处寺观田地，多在邻近州县，顷亩动以万计，谓之寄庄，止纳秋粮，别无科差。"②此外《金陵梵刹志》记录了南京天界寺僧曾将投寄民田"一概朦胧作寺田，冒免杂差"③，也与《礼部条例》"虽有税粮，仍免杂派"的说法相符。

综上，寺院田地的赋税义务分为两类，第一类是"钦赐田地"，这些田地属于官田。梁方仲指出："明初之制，官田赋重，民田赋轻，因官田有租之成分在内，故特予免役以调剂之。"④由此看来，钦赐田地是无须承担差役的，且该条例又宣称这些钦赐田地连税粮也全免。第二类是常住田及废寺田。常住田，从该条例来看，虽然要交纳税粮，但是没有杂派，僧人也不必充当差役。至于废寺田，作为官田，大概也是只需要承担较民田科则更重的官租，而同样无须承担差役。宣德七年（1432）朝廷还降例，明确"废寺田地仍许度牒僧掌管"⑤。大致来看，明初朝廷对佛寺一方面进行严格控制，另一方面则对寺院的田产采取优免。其基本原则是：钦赐田土无税粮、无差役；自置常住田地有税粮，有正差，无杂派；由官府所有的废寺田则是有税粮而无差役。

---

① 据《金陵梵刹志》记载，该条例之内容继承自洪武二十四年（1391）《申明佛教榜册》。（葛寅亮《金陵梵刹志》卷2《钦录集》，见《续修四库全书·史部》第718册，第467页）

② 《明宣宗实录》卷100"宣德八年三月甲寅"条，第2236页。

③ 〔明〕葛寅亮：《金陵梵刹志》卷50《各寺租额条例》，见《续修四库全书·明史》第718册，第82页。又参见傅贵九《明清寺田浅析》，载《中国农史》1992年第1期，第23－25页。

④ 梁方仲：《〈明史·食货志〉第一卷笺证（续三）》，载《首都师范大学学报》（社会科学版）1981年第2期，第80页。

⑤ 〔明·成化〕《广州志》卷25《寺观二》，见《广东历代方志集成·广州府部》第1册，第143页。

第二节 僧道田的差役优免问题

从前文（嘉靖）《惠州府志》可见，明代僧道田的纳粮税则与应差科目同一般的民田是不一样的。由于史料所限，明初各地区僧道田与民田税则的高低，往往缺乏记载。但就应差科目而言，僧道田和民田是大为不同的。按《金陵梵刹志》所收录的洪武二十七年《礼部条例》规定："钦赐田地税粮全免，常住田地，虽有税粮，仍免杂派，僧人不许充当差役。"①该《礼部条例》并未见于现存明代典章中，似乎难以下判断。但相关史料中仍然可以找到进一步的证据。据《明太宗实录》记载，建文四年永乐皇帝继位之后，下旨"凡在建文中上言改旧制者，悉令面陈"。大理寺少卿虞谦上奏，称建文年间自己担任杭州知府，曾建言："天下僧道每人止令畜田五亩，无田者官给之，余有常住田悉归官，以给无田之民，僧道悉免其赋役。"当时建文帝听从了这个建议，所以认为自己"当坐改旧制之罪"。永乐帝认为"此秀才辟老佛也，已在赦前，命以奏牍付科复之"②。又《明宣宗实录》虞谦传记提到他任杭州知府时曾建议：

> 僧道，民之蠹，今江南寺院田多或数百顷，而官府徭役未尝及之。贫民无田，往往为徭役所困，请为定制。僧道每人田无过十亩，余田以均平民，初是之，已而谓非旧制，遂寝。③

以上两则关于虞谦的记载虽然在细节上略有出入（如前者限田5亩，后者限田10亩），但二者所表达的内容仍然是一致的：在虞谦给建文帝上奏之前，僧道田要纳税粮，但不需要供应徭役，虞谦上奏的做法是限制僧道每人拥有的田土数，同时免掉这部分限定额度田地的赋役。永乐皇帝继位之后，因这一做法并非洪武的"旧制"，所以废除了建文朝的改制。由此可以印证，洪武的"旧制"精神是僧道田只纳税粮，不服徭役。这与《礼

---

① 〔明〕葛寅亮：《金陵梵刹志》卷2《钦录集》，见《续修四库全书·史部》第718册，第467页。
② 《明太宗实录》卷12（下）"洪武三十五年九月乙巳"条，第224页。
③ 《明宣宗实录》卷26"宣德二年三月壬子"条，第692页。

部条例》中"常住田地,虽有税粮,仍免杂派,僧人不许充当差役"的理念仍然是一致的。

然而,《明宣宗实录》和《金陵梵刹志》的说法,是否与洪武二十四年攒造黄册格式的要求相悖?细究而言,实际上也并不矛盾。明朝里甲制度的基本理念是,无论是军户、民户、匠户、灶户,还是僧道户,都是编入里甲之中,要与普通里甲户一体"纳粮当差"的。①按照明朝役法规定,里甲正役是无论何人都不能优免的,即使是官绅之家也不例外。张显清指出,虽然洪武十年(1377)诏令规定食禄之家"悉免其徭役",但洪武十三年(1380)就改为只免"杂泛差役"而已,不能免里甲正役,此后明朝历次《优免则例》都贯彻了这一原则。只是到了实际执行时,官绅之家凭借权势,往往可以连里甲正役都不承担。②所以,僧道户既已编入里甲之中,即使能够像官绅之家一样优免杂泛差役,但里甲正役仍然是不能免除的。由此可见,洪武二十四年僧道田需要纳粮当差的诏令,并不是一个延续下来的政策,只是由于史料缺乏,不知道这一政策在什么时候发生了变化。正是由于明前期僧道田拥有免差的特权,所以才会出现当时寺观田产"动以万计"的结果。竺沙雅章把僧人免差的情况一概视为"例外",恐怕是有失偏颇的。③

正是由于明初的政策规定僧道田无须承担里甲正役之外的杂泛差役,所以将民田寄在寺院名下显然更加有利。因此,从明初到成化年间(1465—1487),朝廷屡有诏令限制寺观的田土。建文年间(1399—1402)虞谦提出的对僧道限田的政策,以不合洪武"旧制"为由,很快被永乐帝所废除了。僧道田虽然仍然有里甲正役,但是"官府徭役未尝及之"。这就比不仅要承担里甲正役还要承担杂泛差役的一般民田的负担要轻。

正因为僧道田在差役上的这一优势,民间就出现了把民田寄庄在寺观之中,以免除差役的做法。这些寄庄在寺观的民田,就能以僧道田的名义

---

① 参见栾成显《明代黄册研究》,中国社会科学出版社1998年版,第29页。

② 参见张显清《明代官绅优免和庶民"中户"的徭役负担》,载《历史研究》1986年第2期,第165页。其实,洪武十年诏令的"悉免其徭役"是全免正役和杂役,还是只免杂役,并不完全清楚。该诏令出自《明太祖实录》卷111,原文是"自今百司见任官员之家,有田土者输租税外,悉免其徭役,着为令",这里的"徭役"有可能只是等同于杂泛差役,而并不包括"里甲正役"(虽然洪武十年尚未编立里甲,但无疑仍有催征钱粮这样的正役)。但张显清指出,后来的官绅之家,就一直以洪武十年这条诏令为由,连里甲正役也不肯服。这就有可能是这些官绅之家故意曲解诏令的原意了。

③ 参见[日]竺沙雅章《明代寺田の赋役について》,见小野和子《明清时代の政治と社会》,京都大学人文科学研究所1983年版,第495页。

优免杂泛差役，这自然会导致地方州县赋役上征收的减少。为了对僧道限田，地方上创造出一些新的措施。如宣德年间（1426—1435），广东按察司就为此曾两次上奏朝廷对寺观田产进行限制。第一次是在宣德八年（1433）三月，广东按察司佥事曾鼎上奏称：

> 僧道二家，各奉其教，既已出家，自当离俗。今广东、浙江、江西等处寺观田地，多在邻近州县，顷亩动以千计，谓之寄庄，止纳秋粮，别无科差。而收养军民子弟以为行童，及匿逃军逃民代为耕种，男女混杂，无异俗居。又有荒废寺观土田，报为寄庄，收租入己。所在贫民无田可耕，且多差徭，而僧道丰富安坐而食。乞敕礼部会议取勘僧道寄庄之田及废寺观田，有人耕种者，开报佃人户籍顷亩，多则均分本处无田之民，以供徭税。其私置庄所，隐逃军逃民男女杂居者，所在法司严捕治之。①

曾鼎的上奏中，提到了广东等地的寺观田地往往寄庄在邻近的州县，这些坐落在他县的寄庄田，只需要交纳秋粮（应该是向寺观所在州县交纳），但并不需要承担其他的科差。这显然就是永乐年间（1403—1424）所恢复的洪武"旧制"的做法。还有一些是寺观本身已经荒废，但是其名下还有废寺田，同样也被登记为寄庄田，继续收租。因此，曾鼎请求把寺观的寄庄田与废寺田都进行重新登记，列明佃种者的户籍、田亩，而且要把多余的田产分给无田之民，以供赋役。上奏的结果，是皇帝命礼部按曾鼎的建议去办。曾鼎的这一做法，并没有虞谦限制寺观田产的做法激进，而且也没触动寺观原有的常住田，只是要求寄庄田与废寺田都要向政府上报其佃户情况、田产数额，而且不能像常住田一样免除杂泛差役，要求寄庄田应该视同民田一体当差。

第二次是宣德十年（1435），由广东按察司佥事赵礼上奏：

> 广东按察司佥事赵礼言：各处寺观多因田粮浩大，与民一体当差，是致混同世俗。如南海县光孝寺该粮三千余石，每当春耕秋敛，群僧往来佃家，男女杂坐，嬉笑酣饮，岂无污染败坏风俗？乞依钦定额设僧人，府四十名，州三十名，县二十名，就于本寺量拨田亩，听其自

---

① 《明宣宗实录》卷100 "宣德八年三月甲寅"条，第2236-2237页。

种自食，余田均拨有丁无田之人耕种纳粮。上命行在礼部如所言行。①

赵礼提到，当时广东各处寺观因为田粮数额巨大，所以是与民田一体当差的。这与宣德八年（1433）曾鼎提到的寄庄田"止纳秋粮，别无科差"之说略有不同。所讨论的问题，不仅针对广东寺观大量存在的寄庄田，而且针对整个广东寺观田产的问题。赵礼的意见是，按照洪武"旧制"的"钦定额设僧人"数量，来限定各寺控制田产的数量。至于超出这一份额的田产，则拨给"有丁无田之人"来耕种纳粮。皇帝最终也批准了这一请求。如果按照这一做法，则广东大量的寺观田产将不再属于寺观所有，而是分给当地的无地之民。但是这一诏令的实际执行力度非常值得怀疑，因为这将涉及大范围的土地所有权的调整，而广东地区现存的明清地方志中，都没有关于这一事件影响的记载。这很可能只是官府的一个姿态，要求通过"寄庄田"的形式逃避科差的寺观承担更多的赋役责任。

除了永乐、宣德年间的几次地方性的寺观限田政策之外，朝廷还颁布了几次针对全国的寺观限田命令。如正统十三年（1448），朝廷下令：

> 各处寺观僧道，除洪武年间置买田土，其由续置者，令各州县有司查照散还于民。若废弛寺观，遗下田庄，令各该府州县踏勘悉拨与招还无业及丁多田少之民。每户男子二十亩，三丁以上者，三十亩。若系官田，照依减轻则例，每亩改科正粮一斗，俱为官田。如有户绝，仍拨给贫民，不许私自典卖。②

这一诏令的政策核心，是把寺观田产的数额分为"洪武年间置买"以及洪武之后"续置"两部分。前者由朝廷继续承认其僧道田的地位，而后者则不再获得朝廷的认可，而要求"散还于民"。同时，对于废弛寺观的田产，则由州县拨给无业之民以及丁多田少之民。针对废弛寺观田产之中属于官田的特殊"废寺田"，也根据官田之中的"减轻则例"，按照每亩纳正粮一斗的形式招收佃户耕种，并且不准私自典卖。这一道诏令的要求与宣德年间广东两位按察司佥事的请求相近，其核心还是限制寺观利用僧道田在赋役政策上的优势，吞并民田，或者成为地方豪民用作寄庄的工具。

而到了景泰以后，朝廷对寺观控制田产的态度更加严厉。如景泰三年

---

① 《明英宗实录》卷8"宣德十年八月癸卯"条，第152页。
② 〔明·正德〕《大明会典》卷19《户部四》，第234页。

(1452）下令"各处寺观田土，每寺观量存六十亩为业，其余拨与小民佃种纳粮"。成化十六年（1480）又下令"福建寺及有寺无僧田土，每寺除征粮及百亩以下，其多余田地，给无田小民领种"①。由以上数条令来看，在朝廷看来，寺观田并非寺观的私产，国家有进一步的处置权。朝廷的目的是限制寺观田产的规模，把高出限额的田产交给"小民佃种纳粮"，"纳粮"二字的意思很清楚，官府是希望把大量寄名于寺院的田产重新划入民田系统。正统十三年的诏令提到，作为官田的废寺田，以每亩正粮一斗起科，由贫民耕作，不得私自典卖。朝廷诏令的效果大概并不显著，否则不必三令五申。而且皇帝也往往尊崇佛教，尤其是宪宗一朝，对佛道方术大为推崇。如《明宪宗实录》成化二十一年（1485）礼部尚书周洪谟的陈奏提到："成化十七年（1481）以前，京城内外敕赐寺观至六百三十九所，后复增建，以致西山等处相望不绝，自古佛寺之多未有过于此时者。"②此言虽然有夸大之嫌，但也可见当时风气之一斑。

（同治）《番禺县志》中保存了两篇成化年间（1465—1487）永泰寺的碑记，恰好可以看到，在朝廷屡次颁发寺观限田政策的背景之下，地方官员仍然热衷于充当寺观及其田产的支持者和保护者。第一篇是由时任广东市舶提举、前翰林侍读学士、经筵讲官江朝宗所撰的《敕赐永泰禅寺碑记》：

> 太监韦公钦奉上命提督广东市舶司，兹者建寺既成，疏于上，敕赐名永泰，公属予记之。惟太监公自幼选侍中禁，于兹五十余稔矣。事体日闲，忠勤日著，岿然为当。时老成故能遭际圣朝，屡荷宠赉，一旦俛而思，仰而叹曰：吾致身荣显，能无一念之诚，以上答圣恩于万一邪？肆于广州城东门外四里许姚家冈市不耕之地，坐震向兑营建佛寺……始于成化丙申冬十月，告成于庚子夏六月。命僧戒玉住持，徒弟定选、定通、定逾、定延、定镛，番、南二县置田五顷九十亩零，以为常住。臣子报国之心，无往而不在也。太监公建立佛寺，俾僧徒阐扬教典，祝圣寿于万年。有生诸物，咸享太平之福。于悠冬其报国之心，得不于是乎验耶。公名眷，字效忠。弟韦泉，字朝宗。锦衣卫

---

① 〔明·正德〕《大明会典》卷19《户部四》，第234-235页。
② 周齐：《明朝诸帝的佛教认知与政治文化环境》，载《法源》2001年第19期，第273-293页。

正千户,西广宜山人。成化二十一年岁在丁巳秋九月吉日立。①

从该碑记可知,永泰寺由提督广东市舶司太监韦眷所新建,为了宣示该寺的正统性,韦眷利用自己与成化皇帝的密切关系,请来了皇帝的敕额命名。该寺始建于成化十二年(1476),落成于成化十六年。为了保证永泰寺的日常运行,韦眷在该寺周边的番禺、南海二县置买了590余亩田作为其常住田。此处值得注意的是,永泰寺位于番禺县辖区之内,但其常住田却能分布在南海、番禺两县,可见即使到了成化年间,官府也没有完全禁绝寺院跨境寄庄的可能性。对于这些常住田本身的性质,估计很大一部分并非僧道田,而是由民田转变而来的。由民田转为永泰寺的常住田之后,其所承担的赋役原则是否也要由民田改为僧道田,在该碑记中并未言明。第二篇《敕谕护持永泰寺碑》提到:

> 皇帝敕谕官员军民诸色人等:朕惟金仙氏之教,以圆明空寂为体,利济慈悲为用,化导众生,觉悟群迷,功德所及,诚有资于治理。肆自汉以来,流行中国。泊朕祖宗列圣,咸崇尚之,而中外善士尊信崇奉,亦无间焉。总镇两广内官监太监韦眷,先是提督广东市舶提举司事,时尝捐所受累岁赏赉,于广东广州府番禺县永泰乡,市得善地创造佛宇一所,陆续置买田园房屋地塘若干区亩,俱与本寺以供赡僧供佛斋膳香油之费。恐年滋久,被人侵占,樵牧作践,奏乞玺书护持之。朕念韦眷捐资作寺,无非为国祝厘,为民祈佑,其心善矣,特允其请,既赐额曰永泰寺,复护以敕俾僧众自在焚修,凡官员军民诸色人等毋得欺慢侵凌,及昏占田土池塘,污毁佛殿僧房,以沮其教。敢有不遵朕命者,论以重法,故谕。成化二十三年五月二十五日。②

成化皇帝在敕谕之中强调,新建的永泰寺的田宅,韦眷"恐年滋久,被人侵占,樵牧作践",所以请求皇帝降下玺书护持,凡是"昏占田土池塘,污毁佛殿僧房"者,都将论以重法。从韦眷建永泰寺之例,可见到了成化年间,同样可以通过购买田产的形式,把数额颇大的一笔田产转换为

---

① 〔清·同治〕《番禺县志》卷31《敕赐永泰禅寺碑记》,见《广东历代方志集成·广州府部》第20册,第406页。
② 〔清·同治〕《番禺县志》卷31《敕谕护持永泰寺碑》,见《广东历代方志集成·广州府部》第20册,第406-407页。

寺观的常住田。

但是在广东大部分地区，大约到了明代中叶，僧道田的免差特权似乎逐渐被取消了，而且大量的田产也通过各种渠道逐渐流失。位于东莞县西春堂村的觉华寺，根据（成化）《广州志》记载，该寺最初是由于："绍兴初，广州东莞县文顺乡归化里春堂村徐邦彦得观音像于江流堂以奉之。绍兴三年（1133）邑令张君勋命僧宗鉴为之主。明年请于州，乞旧觉华寺额之，州可其请。宗鉴经营创始未成而没。妙台继焉。"此后屡经加修，一直到了南宋末年的淳祐二年（1242），才由乡民□汉奇最终建成。该寺旧有的80亩寺田，据明人灵祥所作《僧田记》中提到，是宋咸淳二年（1266）将仕郎徐渊、教谕何汉清所舍，其土名还存在于该寺古钟铭文之中。而到了明初，虽然由于"迩年厄于兵燹，惟观音一堂存"，但觉华寺的80亩寺田仍然登记在册。不过，寺僧依然担心寺田的流失，所以做了一件事情，就是在景泰三年起任觉华寺住持的南海佛山堡人道通的任上，于天顺六年（1462）在东莞县第十九都第一图立了一个以道通为户主的僧户，以保证其80亩原额不致流失①。

此外，位于惠州府兴宁县的宝成寺，是该县的祝圣道场。据（嘉靖）《兴宁县志》，其最初之名为宣化寺，嘉靖三十年（1551）由嘉靖皇帝赐名，才改为宝成寺。该寺最初是在景泰二年（1451）由该县典史卢高募建，日久废坏。到了嘉靖九年（1530）由知县吴悌重建。其建筑规模：左为玄帝殿，稍南为六祖堂，右为惭愧殿，稍南为花公堂。嘉靖三十年，知县黄国奎把宝成寺被侵夺之地全部夺回，前至老街，后至新街，深二十余丈，广九丈五尺。此后又将十间官铺交由宝成寺收管，而将其岁入租税作为西河浮桥的维修之费②。但（崇祯）《兴宁县志》的记载透露了更多的信息。该方志记载，在崇祯年间，该寺寺田为"圳陂烟墩和尚塘田种十石二斗，粮米二石一斗零七合一勺"。但（崇祯）《兴宁县志》又查成化十八年（1482）的"侯志"［指今日已经失传的（成化）《兴宁县志》］记载，称："本寺在洪武年间（1368—1398）原有僧田二顷余，秋粮四石六斗。年久，本寺乏僧主持，有六都民李成占耕前田。成化十三年（1477），众保僧荣钰住持，累告取回前田，本寺立户当差。闻长老云：前田二顷，久已销毁。

---

① 参见〔明·成化〕《广州志》卷25《寺观二》，见《广东历代方志集成·广州府部》第1册，第157页。

② 参见〔明·嘉靖〕《兴宁县志》卷2《建置》，见《广东历代方志集成·潮州府部》第37册，第110页。

今十石二斗之田，十石施自张翁，二斗乃一僧所续也。"①

以上的记载信息量十分丰富，由此可见，早在明初的洪武年间，兴宁县的宣化寺就已经存在，而且拥有200多亩的土地。从其所纳秋粮来看，相当于平均纳秋粮2.3升/亩（按田产为200亩计算）。这一科则水平，没有洪武年间的数据可资比较，但可以通过（崇祯）《兴宁县志》②所载科则来比较（如表1-2所示）：

表1-2 （崇祯）《兴宁县志》田土数字与科则比较

	数额（亩）	科官米（升/亩）	科民米（升/亩）
上则田	6650	0.15479	2.34522
中则田	79545	0.15990	1.66000
下则田	292288	0.07826	1.18574

（崇祯）《兴宁县志》的科则，无论是上则田、中则田，还是下则田，都须交纳官米、民米之科，这显然是经过"一条鞭法"原则的改革之后，将官田与民田的赋税进行通匀均摊之后的结果，在此姑且不论。但是，其科则还是能大体反映其田土等级的。洪武年间宣化寺田产所纳秋粮，显然是根据上则田的2.3升/亩的水平来收取的。这显然属于民田之中科则最高者，但是没有按照（嘉靖）《惠州府志》中的僧道田5升/亩的科则进行缴纳。这其中的原因，到底是因为兴宁县没有遵循惠州府的僧道田科则，而自行把宣化寺寺田的僧道田科则定为与上则民田一致，还是因为宣化寺的寺田并不被视为僧道田，而被视为一般的上则民田？限于史料，笔者只能做一个推测：既然到了成化十三年才以该寺的名义"立户当差"，那反推此前，该寺所拥有的田产应该是以附入民户的形式登记的，所以估计后者的可能性更大。而景泰二年卢高的"募建"之举，只是在旧有宣化寺的基础上重建而已，但是此后又由于年岁渐久、该寺缺乏僧人主持而逐渐荒废。其寺田也被该县六都民李成所占耕。200多亩并不是一个小数字，这个"李成"，指的是一个人，还是一个家族，还是一个里甲登记里面的户头名字？由于史料所限，不能细究。但既然"李成"能占耕这些田土，很可能是因为这些田土世代都是"李成"名下的这批人所承佃的，"李成"一直

---

① 〔明·崇祯〕《兴宁县志》卷3《礼记》，见《广东历代方志集成·潮州府部》第37册，第259页。
② 〔明·崇祯〕《兴宁县志》卷2《政纪》，见《广东历代方志集成·潮州府部》第37册，第222页。

享有租佃权。只是后来见宣化寺无人主持，所以不再上交租粮给宣化寺，而是以"李成"的名义向官府纳粮应差，俨然成为这些田土的主人了。成化十三年，当地人找了一个叫荣钰的和尚担任宣化寺住持，并以此为名，多次向官府提出控诉，才把这项寺田"取回"，这里"取回"的意思，估计并不是把"李成"的承佃权收回，而是重新确立了宣化寺才是这些田产纳粮当差的主体。所以为了防止田产再次被"李成"这样的民户所侵占，于是以该寺为名在官府进行登记，"立户当差"。

由宣化寺的这一例子可见，兴宁县的寺田科则，在明初是按当地上则民田来纳粮的，其田产也没有专门立一个僧户，而是附于民户进行纳粮应差。但是，这也给承佃的"李成"提供了侵吞的方便，所以到了成化十三年，宣化寺通过向官府控诉取回寺田之后，另立了一个宣化寺的粮差户口。到了明代后期，已改名为宝成寺的宣化寺，其拥有的产业也继续变动着。原有2顷多的寺田都已荡然无存。崇祯十年（1637），知县刘熙还写了一篇牒文，申明该寺土地的权益，提到："从来有施田山入寺，未有侵寺地入己者。今本县清查寺地，半为人筑铺竖宇。"①可见，除了田地之外，宝成寺的屋地也多为他人所占。崇祯年间的宝成寺所拥有的可收十石二斗租的田地，其中"十石施自张翁，二斗乃一僧所续"。明代中后期宝成寺新置的田产，并非原来的僧道田性质，相关文献也没有提及在编差上有任何优免，估计在科税税则上已与一般民田无异了。

但是，还有一些个别寺院，其免差的特权，从明代一直延续到了清初。如韶州府英德县的明化寺，该寺位于县西宾贤坊，是本县的祝圣道场。该寺在正统年间建观音殿、六祖殿。天顺七年（1463）知县杜宥重修，嘉靖二十二年（1543）僧会何绍韂重修，嘉靖三十四年（1555）知县谌廷诏于寺内东廊建公馆一所，作为接待之所。崇祯七年（1634），当地人李裕出资二百两拓基重修。康熙年间（1662—1722）该县教谕邱有璇所作《明化寺田免差碑记》提到的该寺田产情况如下：

> 旧设有香灯田米四石二斗，又众信施百子灯田米三斗二升。向来承平无事，僧俗皆相忘于含铺鼓腹之余。自明末四方多事，徭役繁兴，民间因粮派差，岁无停息。惟僧以出家缁流，无家室生聚蓄养之业，清修苦行，不与民间一例当差，幸而得免。清朝鼎兴，承平既久，当事各上

---

① 〔明·崇祯〕《兴宁县志》卷3《礼记》，见《广东历代方志集成·潮州府部》第37册，第259页。

台清除繁役，调粮均差，此正去宿弊、省民力之大经也。明化僧田原在城厢十甲谢乾班下，阖邑诸乡绅、文学、里排虑僧粮之杂于民户，概行均差也，为之呈明当事乃从例免，当事概允所请，给以印照，纳正供不加杂派。诸绅士、里排尤虑其日后久而无征也，又谋为勒之□珉，竖之寺内，以永其传，请余数言以为之记。余不文也，谓纪以事，然非余之言也，乃英邑诸绅士里甲之言也。又非英邑诸绅士里甲之言也，乃英邑大夫稽之往例，立诸章程之言也。是可摩石以永其传也已。①

从这段记载来看，明化寺在明代，有"香灯田米四石二斗，又众信施百子灯田米三斗二升"的田产。"香灯田"大概就是指僧道田性质的常住田，而"百子灯田"则是由信众捐赠的田产，看起来，这两种田产都是被认定为僧道田性质的。这些田产，被登记在城厢十甲谢乾班户的名下。可见其与明代僧道田的附入民户里甲之内的原则一致。而在明末"四方多事，徭役繁兴"的情况下，里甲"因粮派差"，而被登记在谢乾班户名下的明化寺的寺田，则因为僧人不必与民户一体当差的理由而获得差役加派的免除。到了清朝初年，经历了明清鼎革之后，当地的"乡绅、文学、里排"等人，考虑到明化寺的僧田仍然混杂于民户之中，恐怕日后会与民户一起承担各项差事，所以就向县官呈请按照旧例优免，而知县也因此准许其所请，颁发印照，规定明化寺的寺田"纳正供不加杂派"，也就是只需要交纳税粮、承担正供的里甲正役，而无须承担杂派差役。这看上去与（嘉靖）《惠州府志》中僧道田的"折半差"，以及东莞县觉华寺、兴宁县宝成寺等事例不太一样。但是明化寺之所以要特意立下此碑，恐怕正因为明化寺此举并非常例，而是一种特权，所以才要呈请知县、勒石为记。正如邱有璇所言，明化寺为本县的祝圣道场，因此"与他僧尼募建梵刹禅院等有别"。因此，英德县其他寺观的田产，恐怕是不能像明化寺一样，可以全免杂差的。

综上可见，明代的僧道田在赋役原则上，经历了从明初的"止纳秋粮，别无科差"，到明代中叶与民间"一体当差"的变化过程。但是这个"一体当差"的原则，在不同地区有不同的实践，总体的原则是里甲正役不免，而杂差则有"折半差"等折中方案。只有少量拥有特权的寺院，如英德县明化寺，能够一直坚持明初僧道田原则——"纳正供不加杂派"，但这并非普遍之例，而是得到州县特别许可的特例。

---

① 〔清·道光〕《英德县志》卷8《寺观》，见《广东历代方志集成·韶州府部》第11册，第196页。

第二章　明前期广东寺观田情况：
以广州府为中心

由于现存历史材料的限制，我们对明代广东地区寺观田的整体情况已经难以确考。（成化）《广州志》保存的寺观沿革历史及土地登记资料，是一个非常难得的个案，呈现明前期广东尤其是珠江三角洲地区的寺观田情况。其中非常值得注意的是，据（成化）《广州志》的记载显示，广州府的南海、番禺二县所辖佛寺，有大量寄庄田的存在，广泛分布于南海、番禺、顺德、新会、香山等县，这些拥有大量寄庄田的寺观，不仅是一个宗教场所，而且还有田产管理机构的功能。

第一节　（成化）《广州志》寺观卷中寺观田数字的由来

成化九年（1473）成书的《广州志》，是现存地方志中对珠江三角洲地区寺观记载最为详尽的一部。方志的作者详细列出了这些寺观的方位、建立时间、沿革历史、田土情况和相关诗文。尤其是对所记载寺观拥有的田产数额的详细记载，在广东现存方志中是非常少见的。这一情况的出现，绝非方志编纂者的心血来潮，而恰恰反映出这一时期寺观田土的登记在官府眼中是重要的行政内容，这与嘉靖以后的珠三角方志简单罗列寺观的情况大异其趣。当前学术界对这一方志中涉及的寺观的研究并不多，黎志添曾以该方志考察宋代广州道教庙宇的营建与广州地区经济、人口和城乡发展的关系①。笔者曾据该方志简单估算过明初南海县、新会县的寺观田规模②。但

---

① 参见黎志添《宋代地区道教的个案研究——广州道观、道堂及道院》，见《"中央研究院"历史语言研究所集刊》第八十四本第二分，2013年6月，第2页。
② 参见任建敏《明中叶广东禁毁"淫祠"寺观与寺田处理》，载《新史学》2015年第26卷第4期，第4页。

除此之外，尚未有较为深入利用该方志的研究。事实上，该方志中所详列的各县寺观庵堂的田土数字，能够提供一份较为全面而且可供量化比较的数据，从而可使人们据此了解明前期珠江三角洲寺观田产的整体规模。此外，结合该方志所记载的寺观庵堂的历史沿革，能够对宗族组织兴起之前珠江三角洲的地方社会面貌有更进一步的了解。

首先应该明确该方志所记载的大量寺观田土数字的性质。以该方志所载第一所佛寺——南海县报恩光孝寺所载田土为例：

> 寺有田地山塘四百八十六顷九十九亩三分五厘三毫。南海县田地山塘五十四顷八十八亩二分五厘三毫，番禺县寄庄田五十五顷七十七亩二分，新会县寄庄田地山塘三百五十七顷六十四亩，（田）[香]山县寄庄田八顷八十八亩八分二厘，东莞县寄庄田九顷八十九亩二厘。①

由该条记载可见，光孝寺寺田的数字单位精确到了"毫"，也就是"亩"的小数点后三位。以当时的测量技术，是不可能在实际操作中把土地精确到"毫"的，可见这并不是土地实际面积单位，而是赋税计量单位。那这是什么时候的数据呢？从体例来说，这并不像是宋元时期的赋税登记数字。查现存广州府地区的方志，对宋元时期的赋税记录，都是详列该征钱、米、布之数字，而不提及田亩数。②这是因为宋代虽然在江南地区推行过经界法，但只是在两浙地区较为认真执行了，其他地方都是草草了事，而且经界图册中的数字也并不是真正的顷亩数，而是"并随土俗"的③。宋元时期地方政府征收赋税其实并不依赖于田亩数字，而是以地方赋税基数为基础，进行赋税的增派与调整④。所以成化年间成书的《广州志》，不太可能还保留这么详细的宋元时期的土地数字。而且，如果是宋元时期的记录，按（成化）《广州志》寺观部分的体例，从旧有方志中抄录的记载

---

① 〔明·成化〕《广州志》卷24《寺观一》，见《广东历代方志集成·广州府部》第1册，第119页。

② 宋、元的赋税记录，可参见《永乐大典方志辑佚》中广州府连州部分的记载；另可参见马蓉等点校《永乐大典方志辑佚》（第四册）《湟川志》，中华书局2004年版，第2585-2593页。

③ 参见何炳棣《中国古今土地数字的考释与评价》，中国社会科学出版社1988年版，第11-31页。

④ 包伟民发现，虽然宋代各地税赋总额的记载非常多，但单位土地面积的税则，只有福州留下具体记录，这与明清各地随处可见的土地税则形成鲜明对比。参见包伟民《宋代地方财政史研究》，上海古籍出版社2001年版，第249页。

一般会以"旧志"二字标出①。或者是直书其时代，如南海县宝真寺条，就有"（元）至治二年（1322）何氏妪舍田地塘四顷三十八亩二分四厘"②的说明。因此，可以排除是宋元时期的赋税登记数字。

排除了宋元时期的赋税记录的可能性之后，就只可能是明代的赋税记录。从精确到"毫"这一级计量单位的做法，与明代官府统计的地方田亩数字的习惯是一致的。虽然由于（成化）《广州志》是残本，缺少了赋税部分的记录，但可以根据稍后成书的（嘉靖）《广州志》的赋税记载进行验证。以光孝寺所在的南海县的数字为例，洪武二十四年："南海县官民等田地山塘二万七千九顷七十三亩六分五厘一毫。"③同样是精确到"毫"一级。因此，（成化）《广州志》中所记载的寺观田土数字，是与明代官方的土地赋税登记数字有相同源头的。需要说明的是，因亩以后的分、厘、毫数据对比较相关田产规模意义不大，因此本书在进行相关定量分析时，只精确到亩，其后数据按四舍五入原则处理。

这些寺观田数字，很可能是成化八年（1472）大造黄册时期的官方登记数字。从（嘉靖）《广州志》来看，该方志记载了广州府各县洪武二十四年、永乐十年（1412）、天顺六年（1462）、成化八年四次的田地数字。这些年份正是明代大造黄册、重新登记户口田土数字之年。明代是从洪武十四年开始攒造黄册，此后每十年一次大造〔只有永乐元年（1403）、永乐十年两次例外〕。④而且，（嘉靖）《广州志》中所记录的成化八年的田土数字，正好在（成化）《广州志》成书之前一年，所以（成化）《广州志》中的这些寺观田数字，很可能就是在成化八年大造黄册时的记录。如"番禺县海珠慈度寺"条，在其田产前面就有"见管常住田"的说明⑤，可以佐证这是距离修志时间并不遥远的记载。但是还要注意，从（嘉靖）《广州志》的记载来看，洪武二十四年、永乐十年、天顺六年这几次的田地数字都有所变化，而成化八年的田地数字，却往往以"成化以后同"带过。具体来说，成化八年与天顺六年的田地数字没有变化的有南海、番禺、顺

---

① 〔明·成化〕《广州志》所引旧志版本不详，可能是元（大德）《南海志》，也有可能是（洪武）《广州府志》。

② 〔明·成化〕《广州志》卷24《寺观一》，见《广东历代方志集成·广州府部》第1册，第133页。

③ 〔明·嘉靖〕《广州志》卷17《贡赋》，见《广东历代方志集成·广州府部》第1册，第344页。

④ 参见栾成显《明代黄册研究》，中国科学社会出版社1998年版，第1页。

⑤ 〔明·成化〕《广州志》卷25《寺观二》，见《广东历代方志集成·广州府部》第1册，第141页。

德、东莞、增城、连州、连山 7 个州县；成化八年与天顺六年的田地数字有增减的有香山、新会、清远、阳山 4 个县。

综上可知，（成化）《广州志》中南海等 7 个州县的寺观田数字实际上是天顺六年黄册的土地赋税记录，而香山等 4 个县的寺观田数字，是成化八年黄册的土地赋税记录。（成化）《广州志》既然登记了这些数字，表明这些数字在当时是有意义的，应该是作为官府征收赋税的参照标准，因此有极高的史料参考价值，是了解成化年间及此前珠江三角洲寺观田产演变的极好材料。

第二节　（成化）《广州志》所载广州府各州县寺观田统计

成化九年成书的《广州志》，很能反映当时珠三角地区的佛教寺院田产之雄厚，可见方志作者对寺观的重视，这和嘉靖以后的珠三角方志简单罗列寺观的情况大异其趣。例如，拥有最多田产的是位于广州城西北角的报恩光孝寺，（成化）《广州志》记载该寺有田地山塘 486.99 顷，分布在南海、番禺、新会、田山（应为香山之误）、东莞五县。其次是位于广州城西南的南华廨，有田 114.50 顷。而其余的寺庙，较大的田产在 20～40 顷之间，较小的则在一两顷之间。至于庵堂，多数只有田数亩到数十亩。这些田产记录来源不详，也不清楚记录所反映情况的时间①，但（成化）《广州志》既然登记了这些数字，那就表明这三卷的记录在当时是有意义的，也许是来自成化年间官府用来征收寺观田赋税的簿册记录。粗略统计，（成化）《广州志》所记载南海县辖区有田额数字的 52 所寺院，合计有田 1048.60 顷，较小的道观庵堂，登记的田额大约有 50 顷，总数约 1100 顷（其中外县寄庄田约有 500 顷）②。而成化年间南海县官民田地山塘总额是

---

①　大部分情况下只会说明该寺有田地若干。但在一些寺院条目之下，会说明是"见管常住田"，如位于番禺县的海珠慈度寺。[参见〔明·成化〕《广州志》卷 25《寺观二》，见《广东历代方志集成·广州府部》第 1 册，第 141 页］

②　参见〔明·成化〕《广州志》卷 24《寺观一》，见《广东历代方志集成·广州府部》第 1 册，第 119 页。

29603.12顷①，也就是说，仅仅是登记在册的寺观庵堂的田地，就占南海县田额大约3.80%（不计入外县寄庄田的话，则是2%）。这一数字是什么概念呢？据（嘉靖）《广州通志初稿》记载，广州左、右、前三卫的屯田原额加起来也不过895顷②，这还比不上南海一县的寺院占田。新会县的比例肯定要比南海县更高，因为仅仅是报恩光孝寺就在新会县有寄庄田357.64顷③。（嘉靖）《广州志》记载，新会县成化八年有官民等项田地山塘11599.52顷④。即一个广州光孝寺在新会的田产就占了整个新会县登记田地数字的3%。加上其他寺观以及新会本地的寺观田产，新会县的寺观田产也许要占到全县田额的10%。在（成化）《广州志》的编者看来，这些寺观大概不算"淫祠"，那些不被官方记录下来的民间信仰场所，数目肯定更多，单个的田产规模虽然远比不上大寺院，但是加起来总数也不少。

笔者将（成化）《广州志》中所涉及的相关广州府属各州县所载寺观祠庙，按编号、寺（观、庵、堂）名、位置、简史、田产、艺文（主要选录与田产相关者）进行摘录筛选，并形成了本书的辑录二"（成化）《广州志》寺观卷辑录"。通过该辑录，可以进行更进一步地深入统计与分析，从而了解（成化）《广州志》所登记的各州县寺观田产的沿革、规模、比例等具体情况。

（成化）《广州志》三卷寺观志，其记载次序以南海县、番禺县、顺德县、东莞县、增城县、香山县、新会县、清远县、连州、阳山县、连山县为次，一共是10县1州。其中南海县独占一卷，为第24卷，番禺县至香山县为第25卷，新会县至连山县为第26卷。各州县所记载的寺观，以寺、庵堂、观、道堂为次。将各州县寺观田的总数与根据（嘉靖）《广州志》⑤所记载的成化八年的广州府各州县的官民田地总数进行比较，可知各州县的寺观田占本州县田亩总数的比例如下表2-1所示：

---

① 参见〔明·嘉靖〕《广州志》卷17《贡赋》，见《广东历代方志集成·广州府部》第1册，第344页。
② 参见〔明·嘉靖〕《广东通志初稿》卷29《屯田》，见《四库全书存目丛书·史部》第189册，齐鲁书社1995年版，第496页。（下引该书均同此版本，除书名及页码外，其他不再另注）
③ 参见〔明·成化〕《广州志》卷24《寺观一》，见《广东历代方志集成·广州府部》第1册，第118-140页。
④ 参见〔明·嘉靖〕《广州志》卷17《贡赋》，见《广东历代方志集成·广州府部》，第344页。
⑤ 参见〔明·嘉靖〕《广州志》卷17《贡赋》，见《广东历代方志集成·广州府部》，第344页。

表2-1 （成化）《广州志》载各州县寺观田占本州县田亩总数比

	本州县田亩总数（亩）	寺观田总数（亩）	寺观田占本州县田亩总数比（%）
南海县	2960312	107868	3.64
番禺县	990411	21352	2.16
顺德县	847765	5161①	0.60
东莞县	1209445	6732②	0.56
增城县	910759	3123③	0.34
香山县	548125	3731	0.68
新会县	1159952	22488	1.94
清远县	439609	7714④	1.75
连州	144949	2049⑤	1.41
阳山县	56253	74	0.13
连山县	13046	22	0.17

由上可见，寺观田占本州县田亩总数的比例中，南海县最高，达到3.64%。其次则是番禺、新会、清远、连州四州县，在1.41%~2.16%之间。再次则是香山、顺德、东莞三县，在0.56%~0.68%之间。占比最少的是连山、阳山二县，只有区区0.17%、0.13%。那么，各州县之内的寺观田情况具体又是如何？

（成化）《广州志》一共记录了10县1州一共519所寺观，其中记载有田地的寺观达到了294所，占比56.7%。有田寺观之中，佛寺数额最大，达到187所，在有田寺观之中，占比达到63.6%，接近2/3。而有田的道观数额为29所，占有田寺观比约9.9%。有田庵堂数为44所，占有田寺观比约15%。有田道堂数32所，占有田寺观比约10.9%。各州县的情况，详见表2-2。

---

① 其中作为顺德重要禅林的宝林寺的田产数不详，今不计入。普胜寺有田2顷□10亩，今按210亩计入。

② 其中慧云寺说明是旧有田地7顷1亩，今按701亩计入。

③ 按〔明·成化〕《广州志》中万寿寺有田96亩，而〔明·嘉靖〕《增城县志》载万寿寺有田30余顷。今从前者计入。

④ 其中罗汉寺有田□顷50亩，顷数无法辨析，今按150亩计入；胜因寺有田6顷90□亩，今按690亩计入。

⑤ 其中惠济寺有田地□14亩，十位数无法辨析，今按14亩计入。

表 2-2 (成化)《广州志》有田寺观统计

	寺观总数（所）	有田地的寺观数（所）	有田寺观占比（%）	有田佛寺数（所）	有田道观数（所）	有田庵堂数（所）	有田道堂数（所）
南海县	127	95	74.8	56	3	24	12
番禺县	69	40	58.0	31	6	3	0
顺德县	34	27	79.4	14	1	4	8
东莞县	24	15	62.5	11	1	0	2
增城县	31	18	58.1	16	1	0	1
香山县	40	16	40.0	3	1	8	4
新会县	49	39	79.6	18	14	2	5
清远县	41	12	29.3	12	0	0	0
连州	84	27	32.1	21	2	3	0
阳山县	10	4	40.0	4	0	0	0
连山县	10	1	10.0	1	0	0	0
总计	519	294	56.7	187	29	44	32

通过以上数据，可以很直观地看到广州府属各州县的寺观庵堂总数，以及拥有田产的寺观庵堂占比数字。拥有田产可以说是这些庵堂在成化年间继续存续的最重要的标志（虽然有一部分是寺毁田存）。

进一步分析上表数据，可知各州县的寺观分布与占比情况。其中，无论是寺观总数，抑或有田寺观总数，南海县都是毫无争议的第一名。就寺观总数而言，南海县占比达24.48%，将近占整个广州府的1/4。其次则为连州、番禺二州县，其寺观总数各占16.18%、13.29%。第三梯队则为新会、清远、香山、顺德、增城、东莞六县，其寺观总数占比在4%～10%之间。最少的是阳山县与连山县，占比均只有区区1.93%。其情况可用图2-1的饼状图来做更直观地展现。

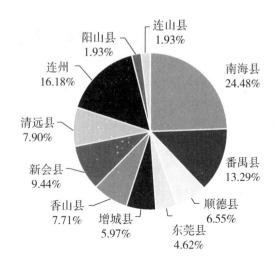

图 2-1 广州府各州县寺观数比例

至于有田寺观的比例分布就更为悬殊。而这一比例，更能反映广州府各州县寺观田产的实际力量。其中，南海县达 95 所，占比达 32.32%；其次为番禺县、新会县，各占 13.61%、13.27%；再次则为顺德县、连州、增城县、香山县、东莞县、清远县六州县，其占比在 4%～10% 之间。而阳山县（4 所）、连山县（1 所）则只有区区的几所，占比几乎可以忽略。相关比例见图 2-2 所示。

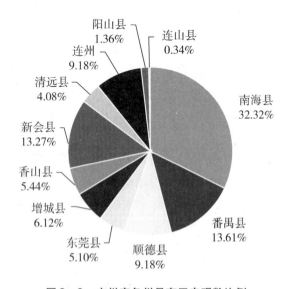

图 2-2 广州府各州县有田寺观数比例

至于各州县内部寺观所控制田产规模的比例，也有很大的区别。兹将各州县寺观田亩的总数、田亩数第一寺观田亩数、田亩数第二寺观田亩数、田亩最多一间寺观田亩占比、田亩最多两间寺观田亩占比这几个指标分别进行收集与统计，可以通过表2-3进行比较：

表2-3　广州府各州县田亩数前二位寺观占本州县寺观田比例

	本州县寺观田亩总数（亩）	田亩数第一寺观田亩数（亩）	田亩数第二寺观田亩数（亩）	田亩最多一间寺观田亩占本州县寺观田比例（%）	田亩最多两间寺观田亩占本州县寺观田比例（%）
南海县	107868①	48699	11449	45.1	55.8
番禺县	21352	2345	2165	11.0	21.1
顺德县	5161②	896	564	17.3	28.3
东莞县	6732③	1980	701	29.4	39.8
增城县	3123④	910	448	29.1	43.4
香山县	3731	1330	687	35.6	54.1
新会县	22488	11533	1597	51.3	58.3
清远县	7714⑤	4782	1303	52.0	78.9
连州	2049⑥	324	307	15.8	30.8
阳山县	74	32	19	43.2	68.9
连山县	22	22	0	100	100

通过上表的统计数字，可以了解到更多很有价值的信息。如就广州府所辖各州县的寺观田亩总数的占比来看，南海县一家独大，占总数的

---

① 其中和光寺有田1顷70□亩，今按170亩计入。

② 其中作为顺德重要禅林的宝林寺的田产数不详，今不计入。普胜寺有田2顷□10亩，今按210亩计入。

③ 其中慧云寺说明是旧有田地7顷1亩，今按701亩计入。

④ 按〔明·成化〕《广州志》中万寿寺有田96亩，而〔明·嘉靖〕《增城县志》载万寿寺有田30余顷。今从前者计入。

⑤ 其中罗汉寺有田□顷50亩，顷数无法辨析，今按150亩计入；胜因寺有田6顷90□亩，今按690亩计入

⑥ 其中惠济寺有田地□14亩，十位数以上无法辨析，今按14亩计入。

59.83%，而番禺县、新会县二县分别占11.84%和12.47%，其余清远县、东莞县、顺德县、香山县、增城县只占2%～5%不等，而位于粤北的阳山县、连山县，其占比都在1%以下。其具体比例见图2-3。

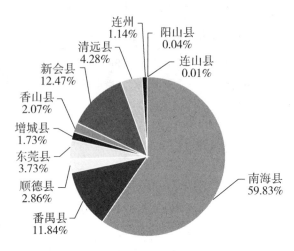

图2-3　广州府属各州县寺观田亩总数比例

结合以上数字来看，位于广州府核心区域的南海、番禺二县无论是寺观的数量，还是寺观田产的总数，都远远高于其他诸处，尤其以南海县比例最高。而位于珠江三角洲两岸的新会县、东莞县，数量也比较大。至于宋、明两朝才新建立的香山县与顺德县，其份额又在其次。至于粤北的清远县、连州、连山县、阳山县诸州县，份额更少。但是连州、清远县的寺观数额并不低，这与两县在宋代以前作为岭南地区的先开发地区有密切关系，这些地区寺观的兴建时间往往更早，但到了明代成化年间，粤北地区的大量寺观已经衰败，所以往往空有寺观之名，而无田土之实。

再进一步分析各州县内部，拥有田土最多的两间寺观占本州县的比值，其分歧也特别大。通过所占比值的比较，可以知道各州县的寺观田产的土地集中度的情况。根据表2-3可制作图2-4：

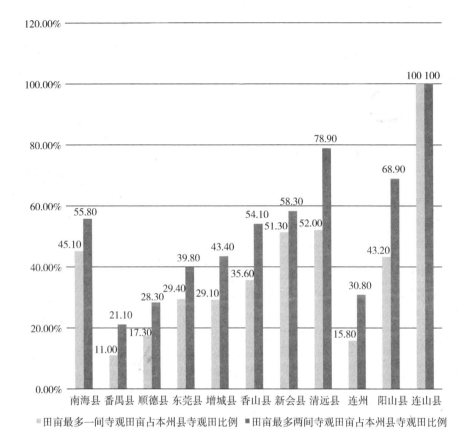

图2-4 田亩数前二位寺观田占本州县寺观田比例

分析上图可见，各州县之中，粤北的连山、清远、阳山三县，其田亩数前二位寺观田占据本县的寺观田产的比例非常高，在70%～100%之间。其次则是新会县、南海县、香山县，均在50%～60%之间。再次则是增城县、东莞县，在40%～50%之间。最后则是连州、顺德县、番禺县，都在20%～30%。由此可见，广州府属各州县的寺观田产集中度最高的，以粤北为最，这些地方寺观数量往往较少，而拥有田产的寺观更是少之又少，所以比例显得异常之高。其次则是新会、南海、香山等寺观数量较多而且大寺院也较多的地区。如南海县的寺观田数虽然非常大，但排行第一名的光孝寺就拥有将近487顷土地，这个数字差不多相当于广州府除了寺观田产总数最多的南海县、位于第二的新会县之外，其余1州8县寺观田总数的总和。无怪乎宣德十年广东按察司佥事赵礼上奏谈论广东地区佛寺田产问题的时候,就以光孝寺作为最重要的例证①。

再做进一步的考察,在笼统的"寺观田"之下,佛寺、道观、庵堂、道堂等不同类型的寺观,其田产规模的比例大致如何呢?笔者根据(成化)《广州志》寺观部分中所有寺观田产的记载进行综合统计,制作表格如下(见表2-4):

表2-4 广州府各州县佛寺、道观、庵堂、道堂田亩总数统计

(单位:亩)

	本州县寺观田亩总数	佛寺田亩数	道观田亩数	庵堂田亩数	道堂田亩数
南海县	107868	103122②	2973	1492	281
番禺县	21352	18334	1512	1506	0
顺德县	5161③	3698	162	754	547
东莞县	6732④	5987	580	0	165
增城县	3123⑤	3082	33	0	8
香山县	3731	2007	662	731	331
新会县	22488	20205	911	1248	124
清远县	7714⑥	7714	0	0	0
连州	2049⑦	1581	346	122	0
阳山县	74	74	0	0	0
连山县	22	22	0	0	0
总计	180314	165826	7179	5853	1456

从上表可见,广州府所属各州县,大体上的情况都是佛寺所占田亩数

---

① 参见《明宣宗实录》卷8"宣德十年八月癸卯"条,第152页。

② 其中南华廨院虽有院名,但元朝时为圆觉寺,而且田地数达到114顷49亩,因此仍归入佛寺进行统计。

③ 其中作为顺德重要禅林的宝林寺的田产数不详,今不计入。普胜寺有田2顷□10亩,今按210亩计入。

④ 其中慧云寺说明是旧有田地7顷1亩,今按701亩计入。

⑤ 按〔明·成化〕《广州志》中万寿寺有田96亩,而〔明·嘉靖〕《增城县志》载万寿寺有田30余顷。今从前者计入。

⑥ 其中,罗汉寺有田□顷50亩,顷数无法辨析,今按150亩计入;胜因寺有田6顷90□亩,今按690亩计入。

⑦ 其中惠济寺有田地□14亩,十位数无法辨析,今按14亩计入。

额远远大于其他三者,就总体数字而言,占了91.96%。而道观、庵堂其次,各占3.98%和3.25%,最少为道堂的田亩数,占总数还不到1%。其扇形图见图2–5。

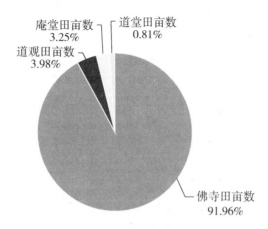

图2–5　广州府各州县佛寺、道观、庵堂、道堂田亩总数比例

具体到各州县本身,其中粤北地区的清远、阳山、连山三个县都只有佛寺拥有田产,而道观、庵堂、道堂都没有田产。而南海县、东莞县、连州三处的情况,是道观的田产要多于庵堂、道堂,主要与这三处拥有几所规模较大的道观有关。如南海县实际上只有3所道观拥有田产,其中,玄妙观有2642亩田地,五仙观有281亩田地,仅这两所道观,就占了南海县道观田亩数的98.3%。东莞县的道观只有一所,即上清观,有田产580亩,自然也占了东莞道观田亩数的100%。而连州有4所道观拥有田产,其中,清虚观有田地206亩,占了连州道观田亩数的59.5%。另外,位于珠江三角洲西岸的顺德、香山、新会三县,都属于在宋代以后珠江三角洲西岸的沙田开发区,其共同的特点则是庵堂所占田亩数要大于道观所占田亩数。如顺德县的庵堂有田754亩,占全县寺观田的15%,而道观只有区区162亩,只占3%。香山县庵堂有田731亩,占全县寺观田的19%,而道观只有662亩,占18%。新会县庵堂有田1248亩,占全县寺观田的5%,道观只有田911亩,占全县寺观田的4%。

除此之外,各州县的佛寺、道观、庵堂、道堂平均占田的规模是多少呢?将表2–4所统计出来的数字与拥有田地的寺观庵堂数字相除,可以得出表2–5。

表2-5 广州府各州县佛寺、道观、庵堂、道堂平均田亩数统计

(单位:亩)

	佛寺平均田亩数	道观平均田亩数	庵堂平均田亩数	道堂平均田亩数
南海县	1841.5	991.0	62.2	23.4
番禺县	591.4	252.0	251.0	0
顺德县	284.5①	162.0	188.5	68.4
东莞县	544.3	580.0	0	82.5
增城县	192.6	33.0	0	8.0
香山县	669.0	662.0	91.4	82.8
新会县	1122.5	65.1	624.0	24.8
清远县	642.8	0	0	0
连州	75.3	173.0	40.7	0
阳山县	18.5	0	0	0
连山县	22.0	0	0	0

为了更直观地比较各州县的寺观庵堂占有田产的平均数,兹根据表2-5制作一张堆积柱形图(见图2-6),可以由此更清楚地比较不同州县的情况。

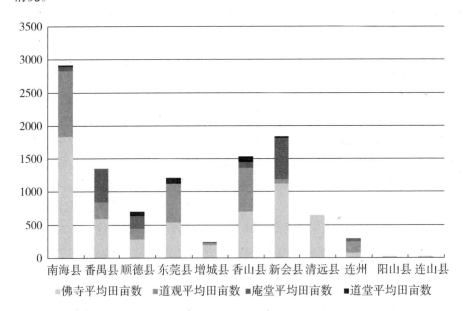

图2-6 广州府各州县佛寺、道观、庵堂、道堂平均田亩数统计

---

① 因宝林寺田亩数不详,所以本数字是剔除了宝林寺之后的平均数。

从表 2-5 及图 2-6 可以非常清楚地看出不同州县之间的佛寺、道观、庵堂、道堂的平均田亩数字的大小。由上可见，南海县、新会县的佛寺平均拥有田地数最大，都超过 1000 亩。其次则是香山、清远、番禺、东莞四县，其佛寺平均占有田地在 500～700 亩之间。再次则是顺德县与增城县，其佛寺平均占田在 190～300 亩之间。至于连州、阳山县与连山县，则都在 100 亩之下。而道观占田的情况，南海县道观平均田亩数有将近 1000 亩，相当于南海县佛寺平均田亩数的一半，但是平均规模也还是相当大的了。而香山县、东莞县道观平均田亩数在 500～700 亩之间，与其佛寺平均田亩规模也相近。番禺县、连州、顺德县三处，其道观平均田亩数在 150～300 亩之间，番禺县、顺德县的道观规模显然远不及同县的佛寺，而连州则相反，其道观平均田亩数远超其佛寺平均田亩数。至于新会、增城二县，其道观田亩数都小于 100 亩。阳山、连山、清远三县，则根本连道观都没有。还有比较特别的地方，如新会、顺德二县的庵堂平均田亩数都比道观还要多，顺德县庵堂平均田亩数略高于道观平均田亩数，相当于该县佛寺平均田亩数的 2/3。新会县庵堂的平均田亩数几乎是道观的 10 倍，而且也超过该县佛寺平均田亩数的一半。而南海县、香山县、连州的庵堂平均田亩数都较小，在 40～100 亩之间。另外，各县道堂的平均田亩数大多在 20～90 亩之间（道堂田亩数为 0 的除外），只有增城县比较特别，其道堂占田平均数只有区区 8 亩，这是因为（成化）《广州志》中，该县只记载了一间名为"三教堂"的道堂，为元朝延祐年间（1314—1320）民人江善所创，年久已毁，但是其田产数还登记在（成化）《广州志》之中。

第三节 广东所见寺观寄庄田问题

从（成化）《广州志》的记载可知，该方志所记录的寺观田产从本质上来说，其实就是一个赋役登记单元，不一定要对应到具体寺院的存废与否。从该记录来看，很多寺院前代已毁，但其名下登记的田产还在，甚至还能收纳寄庄田产。如果做更深入的考察，甚至可以看到某些寺院更多时候是作为田产管理机构而存在，而非一个弘扬佛法的宗教场所。

广东寺观寄庄田最集中的区域是位于珠江三角洲的广州府南海、番禺、新会三县。此外，粤东的潮州府、粤北的韶州府也有少量寺观寄庄田的存在。兹先就广州府的情况展开讨论。

以南海县的南华廨院为例。从（成化）《广州志》的相关记录来看，该廨院有田产 114 顷 49 亩。这些田产分布在南海、番禺、新会三县，其中，南海县寄庄田 18 顷 39 亩、番禺县寄庄田 5 顷 30 亩、新会县寄庄田 90 顷 80 亩。也就是说，南华廨院的所有田产，都不是常住田，而是"寄庄田"。南华廨院，据（成化）《广州志》记载，是元朝至元二十九年（1292），由凌江何遇祖始创，位于广州城西南的山羊街枣树巷。最初名为圆觉堂，前面建有华严阁。该堂内相传有达摩祖师传来的西天锡杖，至元三十一年（1294），改名为南华廨院。到了大德八年（1304），又改为圆觉寺。到了元末，该寺毁于兵火，达摩祖师的西天锡杖也一并失踪。明洪武九年（1376）由僧庆祖重建，仍改为旧额，称南华廨院。[①]但不知道在什么时候，南华廨院重建之后，又有人在城西以圆觉寺为额改创了一座新的寺宇，而且该寺同样也有田产记录，共有田地塘 3 顷 4 亩。其中，南海县田地塘 1 顷 16 亩，番禺县寄庄田 36 亩，东莞县寄庄田 1 顷 40 亩，香山县寄庄田 13 亩。[②]这座圆觉寺的田产结构和南海县大部分佛寺相似，其常住田多位于南海县内。而番禺、东莞、香山等处的土地，则为寄庄田。至于这两座寺院之间是否有更多的关联，由于史料不详，所以不能细究。看上去，洪武九年所恢复创建的南华廨院，更像是一个挂靠寄庄田的控产机构，因此其田产规模（仅次于光孝寺）才会如此之大。

从（成化）《广州志》来看，拥有寄庄田的寺院，全部都位于南海、番禺、顺德三县，而且只有佛寺才有寄庄田产，道观、庵堂、道堂都是没有这一性质的田产的。兹将（成化）《广州志》中上述三县佛寺中相关的寺观田产信息进行统计，制作表格如下（见表 2-6）：

表 2-6　南海、番禺、顺德三县佛寺寄庄田情况

	寺观田总数（亩）	寄庄田亩数（亩）	寄庄田占比（％）	寄庄南海（亩）	寄庄番禺（亩）	寄庄顺德（亩）	寄庄新会（亩）	寄庄香山（亩）	寄庄东莞（亩）	寄庄高要（亩）	寄庄增城（亩）
南海县	107868[③]	70303	65.2	—	12911	0	49795	1955	1153	4354	135
番禺县	21352	5625	26.3	2057	—	592	2110	247	0	149	470

---

① 参见〔明·成化〕《广州志》卷24《寺观一》，见《广东历代方志集成·广州府部》第1册，第134页。

② 参见〔明·成化〕《广州志》卷24《寺观一》，见《广东历代方志集成·广州府部》第1册，第127页。

③ 其中，和光寺有田 1 顷 70□亩，今按 170 亩计入。

续表 2-6

	寺观田总数（亩）	寄庄田亩数（亩）	寄庄田占比（%）	寄庄南海（亩）	寄庄番禺（亩）	寄庄顺德（亩）	寄庄新会（亩）	寄庄香山（亩）	寄庄东莞（亩）	寄庄高要（亩）	寄庄增城（亩）
顺德县	5161①	230	4.5	0	0	—	212	18	0	0	0

从上表来看，南海县的寄庄田占本县寺观田的比例最高，居然达到了65.2%，将近占寺观田总数的2/3，这是相当不可思议的一个数字。而番禺县也达到了26.3%，超过1/4，至于顺德县则小得多，只有4.5%，而且还是在没有计入不详田土数字的宝林寺的情况下。进一步分析南海、番禺两县的佛寺寄庄田分布情况，其中南海县佛寺所辖寄庄田分布情况见图2-7。

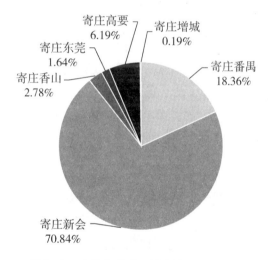

图 2-7　南海县佛寺所辖寄庄田分布情况

南海县寄庄田的数额是非常巨大的，有超过70顷的广阔土地，占该县所辖寺观田的65.2%，也就是说，在南海县登记的寺观田中，有2/3的田产都不在南海县境内。而这些寄庄田中，有高达70.84%的都集中在新会县，其次则是番禺县，有18.36%；再次为高要县，有6.19%；香山、东莞、增城县都在3%以下。新会县的寄庄田数量之大，甚至远超新会县辖下寺观所拥有的田产总数，超出了新会县自身寺观田数量的一倍有多。如果

---

① 其中，作为顺德重要禅林的宝林寺的田产数不详，今不计入。普胜寺有田2顷□10亩，今按210亩计入。

再加上番禺、顺德寄庄在新会境内的寄庄田，可以说，坐落在新会县的寺观田，有超过2/3是外县的寄庄田。

以光孝寺为例，该寺在（成化）《广州志》中登记有田地山塘一共约486顷99亩。其中，南海县的田地山塘54顷88亩、番禺县寄庄田55顷77亩、新会县寄庄田地山塘357顷64亩、香山县寄庄田8顷88亩、东莞县寄庄田9顷89亩。由此可见，光孝寺最大宗的寄庄田就位于新会县，其数额甚至超过了新会县境内所有寺观所控制的田产总数。光孝寺之所以拥有如此巨额的寄庄田产，一方面可能与光孝寺曾经积极参与到新会县的沙田开发有关，另一方面还有一些慷慨的施主把大量的田产捐献给了该寺（至于为何捐献给光孝寺，而非新会县本地的寺院，则不得而知了）。更多的部分，很可能是拥有新会大量田产的地方大姓，把田产寄庄在光孝寺名下，可以获得寺田在"杂差"一项的优免。光孝寺实际上只是一个这些地方大姓用来获取优免的纳税户头，其从中只能获得一些准许寄庄的好处，而并非这些寄庄田的真正主人。正因为如此，后世追溯光孝寺的庞大田产时，也往往没有采纳（成化）《广州志》里面的这段记载。如（乾隆）《光孝寺志》称："考光孝税亩，载于南、番志乘者不下五十余顷，当年食指万数，南中梵宇，此为极盛，乃一坏于弘治间之分房，再坏于崇祯间之寇乱。"① 由此可知，在乾隆时人看来，南、番志乘（无法详考是哪一两部《南海县志》及《番禺县志》）所记载的光孝寺田五十余顷的数字已经算是"极盛"的了，和（成化）《广州志》的400余顷的记录相比差距非常大，但是却非常接近（成化）《广州志》记载的光孝寺在南海县拥有的54顷88亩田地这一史实。因此，（乾隆）《光孝寺志》所提到的"五十余顷"田地，很可能专指光孝寺在南海县所拥有的常住田而已，这又从侧面证明了登记在光孝寺名下的大量寄庄田，很多并非光孝寺本身能完全控制的田产。

此外值得注意的是，南海县的佛寺还拥有4000多亩位于广州府之外、属于肇庆府的高要县的寄庄田。这一笔田产，全部位于肇庆府城西的崇报寺，是寄庄田产。按（成化）《广州志》所载，该寺旧名为宝光寺，是广州市舶司所始创，作为番舶祈福之所。北宋大观年间（1107—1110）中胡商曾舍财重修。明洪武二年（1369）之时该寺被毁，其原址被改建为南海

---

① 〔清·乾隆〕《光孝寺志》卷5《净业志》，见《中国佛寺史志汇刊》第3辑第3册，台北丹青图书公司1985年版，第121页。

县治，而其佛像、僧田地塘则都被并入了西禅寺。① 西禅寺即龟峰寺，查（成化）《广州志》中的"龟峰寺"条，该寺为宋淳熙三年（1176）由广东经略安抚使周自疆向朝廷陈请建寺，寺内有威烈王行祠。元朝时该寺颓毁。明洪武十二年（1379）由僧光运重建。到了正统十二年（1447），由僧真泰鼎创正殿。景泰四年（1453），广东镇守右少监阮能、奉御黎敖又捐资进行创建，此后寺僧又在殿西建立了供奉阮能的祠堂。陈琏《重建龟峰寺记》中提到：

> 国朝正统十二年净慧寺住持僧真泰发心重建，寺后地狭隘，遂出己资赎之周围一顷余。……时市舶司内官黎敖悯僧真泰笃志兴造，竭资助之。正殿既成……神像未完，遭逆寇跳梁，山门诸处与周围林木俱罹拆毁，惟存正殿而已。景泰元年正月，内臣阮公素以韬略，钦命来握兵平之。阮公能以功升左监丞、黎公敖长随奉御。后敖公出琼海封□，竟卒于波。景泰三年二月阮公将敖遗下金银衣服等件具题，钦奉圣旨，将前物在彼支销埋殡祭急用，钦遵将敖葬于寺北，总兵、巡抚、巡按并都、布、宪三司诸公咸来吊祭。……阮能犹以寺额未蒙恩赐，传驿以闻。景泰六年（1455）七月十二日礼部……尚书胡濙等于奉天门钦奉圣旨："就与做龟峰寺。"②

由此可见，龟峰寺（即西禅寺）与崇报寺一样，都与市舶司及内官太监有密切的联系。所以崇报寺的寺田虽然名义上并入了龟峰寺，但是（成化）《广州志》"龟峰寺"条只记载该寺有田地塘共计20顷。其中，南海县田地塘2顷67亩，新会县寄庄田17顷33亩③。也就是并未把崇报寺的田产并入龟峰寺的纳税户口之下进行登记。高要县的这一笔田产，很可能只是高要县的实际田产拥有者通过与市舶司太监之间的关系，把田产登记在崇报寺的户名之下，以获取在"杂差"上相应的优免而已。另一个证据，就是在后文将提到的嘉靖十一年（1532），广东按察司佥事龚大稔弹劾购买了不少寺田的南海士大夫霍韬，在《明世宗实录》所节录的龚大稔弹劾疏文中提到：

---

① 参见〔明·成化〕《广州志》卷24《寺观一》，见《广东历代方志集成·广州府部》第1册，第127页。
② 参见〔明·成化〕《广州志》卷24《寺观一》，见《广东历代方志集成·广州府部》第1册，第129页。
③ 参见〔明·成化〕《广州志》卷24《寺观一》，见《广东历代方志集成·广州府部》第1册，第129页。

韬居南海，乃受高要县民投献，而争过沙塘，致伤人命。臣理官也，据法以塘归主，以杀人者抵罪。韬乃取狱词，标榜名曰《俗毒牍解》送臣，胁使翻案。①

龚大稔是主管寺田租佃纠纷的省级司法官员，所以他的弹劾即使对事实有所偏离，也是基于当时的真实情形进行的演绎。此处的龚大稔提到霍韬"受高要县民投献"之说，很可能就是类似于崇报寺所受的高要县寄庄田的情形。

接着简单分析一下番禺县佛寺所辖寄庄田分布情况，见图2-8。

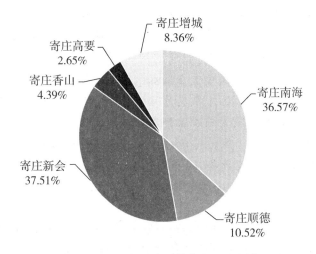

图2-8 番禺县佛寺所辖寄庄田分布情况

番禺县寄庄田的总额，相对南海县要小得多，只相当于后者的8%，而且番禺县的寄庄田分布地点也相对较为均衡。其中，寄庄南海县、新会县的占比最大，分别占36.57%和37.51%；其次是寄庄顺德县的，占10.52%；再次是寄庄增城县的，占8%；最后是寄庄香山县、高要县的，分别占4.39%和2.65%。兹以高要县的寄庄田为例进行分析。

番禺县佛寺的高要县寄庄田，全部来自海珠慈度寺，该寺是番禺县的主寺。据传于南汉大宝年间始创，是作为南汉所建应天山列宿的二十八寺之一。岁久颓圮。到了南宋宝祐年间（1253—1258），当时来自番禺的著名士大夫李昂英捐财与僧鉴义，将该寺从县东徙创于珠江江心的海珠石，仍

---

① 《明世宗实录》卷140"嘉靖十一年七月辛酉"条，第3273-3274页。

请旧额来命名。后来该寺立了李昴英的祠堂,以及石刻遗像。元大德年间(1297—1307),广东宣慰司元帅罗璧捐俸重修。明洪武二十四年朝廷下令清理佛教,海珠慈度寺作为番禺县的丛林,归并了不少各寺的僧众。宣德年间寺毁。广东总兵官程玚重修,命令游方僧居其处,然而去留无定,该寺又逐渐倾圮。明正统年间(1436—1449),广东按察使郭智才任命光孝寺择僧明通为住持,重整规模,而当时该寺的寺田已逸失过半了。明通见该寺日渐凋敝,于是就捐出自己的资产,并加上募集的捐资,购买坚实的木材来鼎建佛殿,其后修葺工程一直到成化八年才全部完工。(成化)《广州志》记载,该寺见管常住田:增城县寄庄田4顷70亩。本县31亩。肇庆府高要县樟村都寄庄鱼塞一所,土名大步头、大步尾、低□、三□□、拽木、汪栋、谏鳝、婆湾、□溶等处。共税1顷49亩。明洪武二十四年归并逸失者,则不赘述。①成化年间的肇庆府府学教授、江西浮梁人王文凤所作《重建海珠慈度寺记》,对海珠慈度寺的寺田问题有更详细的记载,可使我们能更好地了解海珠慈度寺寺田的来历及具体情况:

> 时以左史之建,故常平为置田土以膳缁众,拨渡头以充香火,阃帅金蛋丁以备洒扫。……洪武辛未清理佛教,寺为丛林,是归并今顺德县北水堡隆兴寺田四顷零二亩,白藤堡镇康村国寿寺寄庄新会县田二顷一十二亩一分,巴由都紫泥堡瑞云山隆兴寺田七顷五十五亩九分。是时寺可谓盛矣。迨宣德间寺毁,都阃程公玚饬之,俾云游僧居之,去止无定而寺日就敝,而归并三寺之田亦遂亡矣。正统间宪使芜湖郭公智乃命光孝寺都纲择行僧住持而明通始膺是命。……所入之租,惟寺之旧增城县田四顷七十亩,番禺县田三十亩,肇庆府高要之塘塞一顷四十九亩,内而赡寺之众,外而供云水之游。②

从王文凤的记载来看,在洪武二十四年归并佛寺的行动中,海珠慈度寺其实是大赢家,获得了顺德县北水堡隆兴寺、白藤堡镇康村国寿寺、紫泥堡瑞云山隆兴寺等寺将近14顷的田地,所以王文凤说"是时寺可谓盛矣"。但是宣德年间寺毁之后,归并三寺的田产大部分都亡失了。到了成化

---

① 参见〔明·成化〕《广州志》卷25《寺观二》,见《广东历代方志集成·广州府部》第1册,第141-142页。
② 〔明·成化〕《广州志》卷25《寺观二》,见《广东历代方志集成·广州府部》第1册,第141-142页。

年间，王文凤作记之时，剩下的番禺县田30亩、增城县寄庄田4顷70亩、高要县寄庄塞塘1顷49亩，都是该寺的旧产。值得注意的是，此处高要县的寄庄物，其实不是土地，而是"塞塘"，大概指的是鱼塘。而且（成化）《广州志》还很具体地记载了这一"塞塘"的具体所在地（位于高要县樟村都）乃至鱼塞所处的各个地名。这有可能是为了申明海珠慈度寺对远在高要县的这些鱼塞的所有权，所以才不厌其烦地载入（成化）《广州志》之中。应该指出的是，王文凤本人就是（成化）《广州志》的主要纂修者。①

综合上述资料和数据，我们还可以分析广州府内各州县在内、在外的寄庄田占本县田亩总数、本县寺观田总数的具体情况（见表2-7）。

表2-7　广州府各州县内外寄庄田情况分析

	寺观田总数（亩）	本州县寄庄外州县田亩数（亩）	外州县寄庄本州县田亩数（亩）	本州县寄庄外州县田占本州县寺观田比（%）	外州县寄庄本州县田占本州县寺观田比（%）
南海县	107868	70303	2057	65.18	1.91
番禺县	21352	5625	12911	26.34	60.47
顺德县	5161	230	592	4.46	11.47
东莞县	6732	0	1153	0	17.13
增城县	3123	0	605	0	19.37
香山县	3731	0	2220	0	59.50
新会县	22488	0	52117	0	231.75
清远县	7714	0	0	0	0
连州	2049	0	0	0	0
阳山县	74	0	0	0	0
连山县	22	0	0	0	0

上表把寄庄田分为本州县寺观寄庄外州县田，以及外州县寺观寄庄本州县田两个部分进行比较。通过第一个部分，我们可以了解到广州府各州县寺观拥有的外州县寄庄田占本州县寺观田的比值。其中，南海县在这一部分的比值遥遥领先，达到65.18%，几乎占了本州县寺观田的2/3；其次

---

① 参见〔明·嘉靖〕《广东通志初稿》卷11《循吏·吴中》，见《四库全书存目丛书·史部》第189册，第221页。

为番禺县；再次是顺德县；而其余8个州县，均无外州县寄庄田。通过第二部分则可知外州县寺观寄庄本州县的田土与本州县拥有的寺观田的比值。在这一部分中，新会县的比例极端之高，达到231.75%，也就是外州县寄庄本州县的田产是本州县寺观田的2.3倍；其次则是番禺、香山二县，比值都在60%左右。再次是增城县、东莞县与顺德县，比值在10%～20%之间；还有南海县，比值为2%左右；至于清远、连州、阳山、连山四个州县，则其境内均无外州县的寄庄田。就整体比例而言，通过计算可知，广州府属各州县的寺观寄庄田，占了该府寺观田总数42%以上，这一比例非常之高。

如果把本州县寄庄在外州县的寄庄田全数剔除，同时把外州县佛寺寄庄在本州县的寺观田计入，则可以知道本州县境内实有的寺观田总数。这一数值，可以反映广州府境内各州县寺观田占本州县田亩总数的真实比值，如表2-8所示：

表2-8 广州府各州县境内实有寺观田数统计

	本州县田亩总数（亩）	本州县寺观田总数（亩）	本州县境内实有寺观田数（亩）	本州县境内实有寺观田数占本州县田亩总数比（%）
南海县	2960312	107868	39622	1.34
番禺县	990411	21352	28638	2.89
顺德县	847765	5161	5523	0.65
东莞县	1209445	6732	7885	0.65
增城县	910759	3123	3728	0.41
香山县	548125	3731	5951	1.09
新会县	1159952	22488	74605	6.43
清远县	439609	7714	7714	1.75
连州	144949	2049	2049	1.41
阳山县	56253	74	74	0.13
连山县	13046	22	22	0.17

将本州县境内实有寺观田数占本州县田亩总数比用柱状图的形式来表现会更加直观，见图2-9。

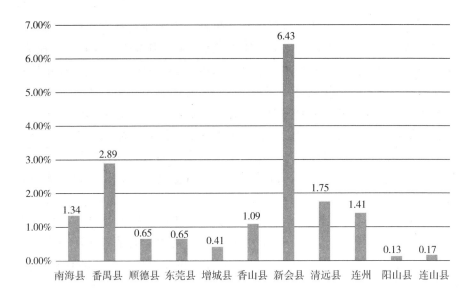

图2-9 广州府属各州县境内实有寺观田数占本县田亩总数比

从以上统计可知,虽然南海县的寺观田总数最高,但是如果就境内实有寺观田总数来看,南海县只能排第二,实有寺观田总数最高的其实是新会县,达到746顷,占本县田产的比值也最高,达到6.43%。虽然南海县在实有寺观田数额上排到第二,但由于南海县本身拥有的田地总数相当大,所以在占本县田产总数比值中只有1.34%,排名第五。番禺县在实有寺观田数额上排名第三,而在占本县田产总数比值中为2.89%,排名第二。东莞县、清远县在实有寺观田数额上分别排名第四、第五,总量相差不大,不过因为东莞县本身拥有的田地总数差不多是清远县的3倍,所以在占本县田产总数比值相差较多,东莞县只有0.65%,清远县则为1.75%。香山县与顺德县在实有寺观田数额上排名第六、第七,总量相差也不大,由于顺德县本身拥有田地总数较多,所以香山县占比为1.09%,而顺德县只有0.65%。增城县、连州在实有寺观田数额上排名第八、第九,总量都在2000～4000亩之间,在占本州县田产总数比值上,增城县只占0.41%,连州由于本地田产总数较小,所以占了1.41%。至于阳山县、连山县,两县的寺观田数额都非常小,在本县的田产总数比值中几乎可以忽略不计。

广州府以外的寺观寄庄田情况,见于文献记载者颇为匮乏。其中值得重点关注的,是潮州府寺观的寄庄田规模。据(嘉靖)《潮州府志》卷8《寺观》的记载,可以统计嘉靖年间(1522—1566)潮州府各县寺观田数额（见表2-9）①。

表2-9 潮州府各县寺观田数统计

(单位：亩)

	海阳县	潮阳县	揭阳县	饶平县	程乡县	惠来县	大埔县	潮州府总计
寺观数（所）	12	4	1	3	2	2	1	25
寺观田数	19248	9192	2445	3992	3873	730	1073	40553
寺观平均有田数	1604	2298	2445	1331	1936	365	1073	1622

由上表来看，这些登记在册的寺观拥有的田产规模都非常大，最少的惠来县平均有田数也超过300亩，最多的揭阳县平均有田数则超过了2400亩。但是潮州府邻近福建，佛教影响力更甚于珠江三角洲地区，所以以上登记在册的寺观，大概只是当时潮州府中各县规模较大的若干所的记录而已。还有大量的小型寺院、道堂、庵堂并未列入该方志的统计之中。如果仅以该方志记录的数字而言，与（成化）《广州志》中各州县佛寺的平均田亩数进行比较的话，排第一位的仍然是潮州府揭阳县（2445亩），其次是潮阳县（2298亩），第三为程乡县（1936亩），广州府排第一位的南海县（1841亩）只能屈居第四位。接下来的第五位和第六位，则分别是潮州府的海阳县（1604亩）、饶平县（1331亩）。第七位为广州府新会县（1122亩），第八位为潮州府大埔县（1073亩），第九、第十位分别为广州府的香山县（669亩）、清远县（642亩）。由此可见，广州府寺观的平均寺观田规模，大部分都要小于潮州府各县。潮州府7县中有6个县都在广州、潮州二府各州县佛寺平均田亩数的前十位，而且排名也更为靠前。

至于（嘉靖）《潮州府志》所记载的寺观寄庄田的情况，只有海阳县开元寺、光孝寺有明确记载其寄庄田的数额，而且光孝寺也只是记载了其寄庄于揭阳县的田地数字，其在潮阳县的田地是与海阳县一起计入的。另外，位于海阳县的龙潭寺、慈惠堂都只是笼统记载其海阳、揭阳二县田地总数，而没有单列寄庄在揭阳县的寺观田数额。玄妙观也是笼统记载了其海阳、潮阳二县田地总数，而没有单列寄庄在潮阳县的田地数字。潮阳县的石塔寺也只笼统登记了其潮阳、惠来二县的田地总数。即使只统计开元

---

① 〔明·嘉靖〕《潮州府志》卷9《寺观》，见《广东历代方志集成·潮州府部》第1册，第123-124页。

寺、光孝寺中有明确登记数字的寄庄田，其总数也达到了71.45顷，粮税达425.9石。这项寄庄田数额占了该方志登记在册的寺观田总数的17.6%，如果把其他各寺中未明确记录的寄庄田数字统计在内，这一数字必定超过20%。这一比例相当之高，最少相当于广州府寄庄田占寺观田比例的一半。

第三章　明中叶广东毁"淫祠"寺观活动与寺观田处置①

佛寺并不仅仅是宗教场所,它还对地方社会有深远影响。本章将进一步考察珠江三角洲地区佛教与地方社会之间的关系。明中叶,以嘉靖初年广东提学魏校毁"淫祠"寺观为标志的一系列活动,对广州地区的佛寺及其田产是一场很重要的打击,深刻影响到明代以后珠江三角洲的社会形塑与历史进程。

第一节　毁"淫祠"寺观运动在广东各府州县的展开

明代中叶珠江三角洲的毁"淫祠"寺观活动及其社会影响,是研究者十分关注的问题。已有研究大多从礼仪变革的角度来探讨这一社会变迁。科大卫、刘志伟等学者的研究,揭示了明中叶珠三角地区宗族兴起的历史。一方面,士大夫通过礼仪的方式创建宗族;另一方面,士大夫又打出"辟邪崇正"的旗号,大毁"淫祠",争夺佛道及民间信仰的空间。在明中叶前后一两百年间,珠三角地区寺观林立的景象逐渐变成了祠堂遍布的景象。②已有研究虽然指出了在这一过程中,"淫祠"寺观所控制的大量田土被官府变卖,落入了官府以及地方权势之家的手中,但并没有进一步考虑

---

① 本章内容主要改写自拙文《明中叶广东禁毁淫祠寺观与寺田处理》,载(台北)《新史学》2015年第4期;《魏校毁淫祠与广东士大夫的应对》,见景海峰、黎业明主编《岭南思想与明清学术》,上海古籍出版社2011年版。

② 代表性研究,例如:科大卫《国家与礼仪:宋至清中叶珠三角洲地方社会的国家认同》,载《中山大学学报》(社会科学版)1999年第5期,第65-72页;科大卫、刘志伟《宗族与地方社会的国家认同——明清华南地区宗族发展的意识形态基础》,载《历史研究》2000年第3期,第3-14页;刘志伟《地域社会与文化的结构过程——珠江三角洲研究的历史学与人类学对话》,载《历史研究》2003年第1期,第54-64页;科大卫《祠堂与家庙——从宋末到明中叶宗族礼仪的演变》,载《历史人类学学刊》2003年第1卷第2期,第1-20页。

这些田土的性质以及由此引发的明中叶广东地方赋役结构的变化。

关于何谓"淫祠",可参考日本学者井上彻的定义:

> 所谓淫祠,就是指与朝廷所编纂的祭祀典籍(祀典)里所记载的祠庙,即与通称的正祠不同,未被祀典登录的祠庙。①

不同时期、不同地方的官员会根据其需要来定义当地的寺观庵堂是不是属于"淫祠"。在唐宋以前,史籍中就已经偶有朝廷或者地方官员打击地方"淫祠"的记载。佛寺,严格来说不属于"淫祠",在中古时期,上至宫廷,下到民间,佛教与道教的影响力之大,恐怕要让当时的儒家相形见绌。

宋代理学兴起,理学家不仅要让自己的学说为朝廷所认可,为民间社会所信服,更要宣扬其学问的"正统性"。在宋明理学熏陶之下成长起来的明代士大夫,与佛教之间的关系十分微妙。正如冯友兰所言,宋明道学家"皆欲使人成儒家的佛,而儒家的佛必须于人伦日用中修成",因此他们"虽援佛入儒而仍排佛也"。②卜正民(Timothy Brook)在讨论明代士绅与佛教的关系的时候,也提到这个问题。他认为,理学的兴起是在"儒家哲学之外的领域向佛教权威挑战",由此"破坏了儒家文人和佛教机构之间的关系。而且随着时间的推移,裂缝越来越大。理学和佛教之间的这种疏远使明代知识人士感到左右为难"③。同是儒家文人,对待佛教乃至民间风俗的态度是有很大分歧的。如何淑宜指出的,明代很多士绅都会把《朱子家礼》作为"对抗社会习俗的利器",在丧葬中《朱子家礼》与"不作佛事"如同对立不相容的两套仪式。但是与此同时,由于种种原因,士绅对佛道仪式采取模棱两可态度的情况也十分常见。明代士绅的移风易俗活动"并非单纯地灌输一套单一的思想,而是企图整合民间习尚,抽取出符合儒家礼仪的部分,用以推广另一种儒家道德伦理,以教化庶人,改造社会"④。在这种模棱两可的情况下,熟读儒家经典的地方官员,是否要在其任上打击

---

① [日]井上彻:《魏校的捣毁淫祠令研究——广东民间信仰与儒教》,载《史林》2003年第2期,第41页。
② 冯友兰:《中国哲学史》,中华书局1961年版,第812页。
③ [加]卜正民:《为权力祈祷——佛教与晚明中国士绅社会的形成》,张华译,江苏人民出版社2005年版,第14页。
④ 何淑宜:《以礼化俗——晚明士绅的丧俗改革思想及其实践》,载《新史学》2000年第10卷第3期,第49-100页。

佛道或者"淫祠",是颇为自主的行为。正如罗冬阳指出的:"禁毁'淫祠'并不是官员们日常化的行政事务,而是带有浓重理学理想色彩的行为。"①

明代中期,在理学与科举熏陶下成长起来的士大夫群体,掀起了一股"近乎异常的复兴正统教学的活动"②。这一股潮流大致从弘治年间延伸到万历年间,而以正德、嘉靖两朝最为突出。毁"淫祠"不仅是儒学与佛道以及民间信仰的较量,还关乎这些"淫祠"尤其是地方上力量雄厚的寺观背后庞大田产的争夺。科大卫、井上彻等学者都曾就嘉靖初年广东提学副使魏校大毁"淫祠"进行了专门的探讨,科大卫把魏校毁"淫祠"放到珠三角地区礼仪与民间信仰发展的历史脉络中探讨,而井上彻则具体考察魏校政策的内容及广东社会的反应③。

明代珠三角地区最早打击寺观的记录是洪武二十四年十月"广州大毁寺观",这是根据明太祖的诏令实行的统一行动。当时"诏令郡县止存寺观一区,余归并为丛林"④。从记录来看,确实有一些寺庙在这一诏令中被归并到光孝寺、景泰寺等大寺之中,但多数都存续下来了。所以(成化)《广州志》记录下来的寺观数量和规模仍然非常巨大。在魏校大毁"淫祠"之前,广东只有零星的打击寺观"淫祠"的记录。根据科大卫的研究:

> 在16世纪以前,珠江三角洲只有相当零碎的打击"淫祠"的记录,其中最著名的是新会县令吴廷举于弘治二年(1489)捣毁数百"淫祠"的行动,而且,吴廷举的行动完全得不到上级的赏识,他还因此坐牢,罪名是侵吞"淫祠"的栋梁。到了16世纪20年代,打击"淫祠"的运动,被悄悄加入了打击佛教的成分。佛教遭受打击,与明世宗的性格与信仰应该是有关系的,但是,早在明世宗登基之前,我们已经察觉到珠江三角洲的反佛教倾向。明武宗正德十二年(1517),

---

① 罗冬阳:《从明代淫祠之禁看儒臣、皇权与民间社会》,载《求是学刊》2006年第33卷第1期,第135页。

② [日]井上彻:《魏校的捣毁淫祠令研究——广东民间信仰与儒教》,载《史林》2003年第2期,第42页。关于明清时期"淫祠"问题的研究,可参考罗冬阳《从明代淫祠之禁看儒臣、皇权与民间社会》第131页罗列的小岛毅、科大卫、井上彻、赵世瑜、滨岛敦俊等人的代表性文章。

③ 参见科大卫《明嘉靖初年广东提学魏校毁"淫祠"之前因后果及其对珠江三角洲的影响》,见周天游主编《地域社会与传统中国》,西北大学出版社1995年版,第129-134页;[日]井上彻《魏校的捣毁淫祠令研究——广东民间信仰与儒教》,载《史林》2003年第2期,第41-51页。

④ 〔明·嘉靖〕《广东通志初稿》卷3《政纪》,见《四库全书存目丛书·史部》第189册,第61页。

广州北面白云山上的一个佛教"邪教"宗派,就被朝廷镇压了。该教派自 15 世纪中叶以来就与白云山的佛教活动有关。①

科大卫指出了珠江三角洲毁"淫祠"的历史,弘治年间(1488—1505)吴廷举的打击行动,主要还是针对五显神庙这类僭越礼制的祠庙,而不是佛教的大寺院。而且吴廷举所毁"淫祠"的规模应该都很小,所以方志宣称在顺德县有 225 所"淫祠"改为了社学②。在洪武二十四年之后,魏校就任之前的一百年间,很少看到针对佛教寺院的打击行动。黄瑜的《双槐岁钞》虽然有白云山景泰寺的"妖僧扇乱"的记载③,但这本书实际上是由黄瑜之孙黄佐所编次,而黄佐正是在魏校毁"淫祠"时承买景泰寺之人,利益攸关,所以很难据此认为当时官府曾经刻意打击这些"妖僧"。事实上,景泰年间(1450—1456)的总督两广军务左都御史马昂、镇守太监阮能等都为景泰寺重修出资④。此外,嘉靖十一年广东按察司佥事龚大稔弹劾吏部尚书方献夫,称其夺取了在魏校毁"淫祠"中改为朱熹书院的仁王寺基,而方献夫在为自己辩护的时候说是因为"正德九年(1514),有诏毁斥'淫祠'"的时候就把仁王寺基买下来了。⑤这是很值得注意的一条,在嘉靖初年魏校毁"淫祠"的时候,魏校已经称仁王寺为"仁皇废寺"了,但是目前还找不到其他资料佐证正德九年的这一次毁"淫祠"行动,方献夫是否在当时就已经买下该寺基则颇有疑问。后文对此会再做进一步探讨。

科大卫推断,广东的毁"淫祠"行动,在 16 世纪 20 年代,即正德嘉靖之际,加入了反佛教的成分。但科大卫亦强调:"明代的反宗教运动,往往牵涉地方庙宇和佛寺两方面。……然而,明代的官吏,并不是反对所有的宗教。……禁制巫觋是全面性的,反佛教是局部性的政策。"⑥也就是说,

---

① 科大卫:《皇帝和祖宗——华南的国家与宗族》,卜永坚译,江苏人民出版社 2009 年版,第 120 页。

② 参见〔明·嘉靖〕《广州志》卷 45《吴廷举》,见《广东历代方志集成·广州府部》第 1 册,第 526 页。

③ 参见〔明〕黄瑜《双槐岁钞》卷 8《妖僧扇乱》,见《元明史料笔记丛刊》,中华书局 1996 年版,第 167 页。

④ 参见〔明·成化〕《广州志》卷 25《寺观二》,见《广东历代方志集成·广州府部》第 1 册,第 143—144 页。

⑤ 参见《明世宗实录》卷 140 "嘉靖十一年七月辛酉"条,第 3272 页。

⑥ 科大卫:《明嘉靖初年广东提学魏校毁"淫祠"之前因后果及其对珠江三角洲的影响》,见周天游主编《地域社会与传统中国》,西北大学出版社 1995 年版,第 129 页。

在正德、嘉靖之际，全面性的禁制巫觋与局部性的反佛教的毁"淫祠"运动在珠江三角洲合流了，其发展的顶峰即嘉靖初年广东提学副使魏校所主持的毁"淫祠"运动。井上彻亦指出："在魏校实施捣毁'淫祠'政策前后，在当时的官界可以看出，捣毁'淫祠'的行动好像已成为一种时尚。"井上彻又据滨岛敦俊的研究指出："到明代中期，出现了一股近乎异常的复兴正统教学的活动。甚至出现了提议将天下的寺院、道观全部都禁毁的上奏文。"① 魏校的毁"淫祠"行动之所以在珠三角地区引起巨大的反响，就是因为他的政策不仅仅是单纯的打击地方上的各色"淫祠"，而且是将"毁'淫祠'"与毁寺观紧密结合起来。

魏校任广东提学副使的具体任职时间，多数史书都笼统称为嘉靖初年，其时间跨度为期一年②。按（万历）《广东通志》所记载的任官记录。魏校条小注称："昆山人，进士，正德十六年（1521）任提学。"下一条任提学官的为欧阳铎："泰和人，进士，嘉靖二年（1523）任提学。"③根据（万历）《广东通志》的记载惯例，这表明魏校的任期当是自正德十六年至嘉靖二年（1521—1523），其时间跨度应该是两年。再翻阅魏校文集《庄渠遗书》，其《乞休疏一》中称："正德十五年（1520）钦升前职（引者按：即广东按察副使提督学校），越明年夏，敕书及门，适当陛下龙飞之始，臣不自度其不肖，黾勉赴官，教无根原，事无渐次，疾恶过甚，奖善太轻，不能宣扬陛下之风教。嘉靖二年五月初十日，臣父封主事魏奎不幸在家病故，万里阻隔，至六月二十七日臣始闻讣，匍匐奔丧。"④又《乞休疏二》称："臣先任广东按察司副使。嘉靖二年五月初十日，臣父不幸在家病故，至六月二十七日臣始闻讣，匍匐奔还原籍守制。嘉靖四年九月终服阕。"⑤二疏皆称其父卒于嘉靖二年五月初十。《庄渠遗书》所记载的魏校任广东提学副使的最早文告发布所署时间为正德十六年八月，而该文告开篇称："钦差提督学校广东等处提刑按察司副使魏，案验当职，祗奉上命，将与尔诸生朝夕从事，今欲宣布明诏，俾为师、为弟子者，崇正学、迪正道、革浮靡之

---

① 〔日〕井上彻：《魏校的捣毁淫祠令研究——广东民间信仰与儒教》，载《史林》2003年第2期，第42页。
② 参见〔明〕何乔远《名山藏·臣林记二十》，福建人民出版社2010年版，第2252－2253页。
③ 〔明·万历〕《广东通志》卷10《秩官》，见《四库全书存目丛书·史部》第197册，第256页。
④ 〔明〕魏校：《庄渠遗书》卷1《乞休疏一》，见《景印文渊阁四库全书》第1267册，台湾商务印书馆1983年版，第682页。（下引该书，只注书名及页码，其他不再另注）
⑤ 〔明〕魏校：《庄渠遗书》卷1《乞休疏二》，见《景印文渊阁四库全书》第1267册，第683页。

习、振笃实之风。"①这一开场白显然是魏校新官上任时的语气，由此推测，魏校正式就任广东提学副使的时间当为正德十六年八月。因此，魏校在广东提学副使任上的时间应该在正德十六年八月至嘉靖二年六月之间，任职广东的时间应为两年而非一年。

魏校在其广东提学副使短短两年任期内，发布了多项命令捣毁"淫祠"，根据《庄渠遗书》所收录的公移文字，魏校颁布的毁"淫祠"兴社学的命令最早应该在正德十六年十一月的《为毁"淫祠"以兴社学事》。②魏校的这一道公移，所针对的是广州城内的"不载于祀典、不关风教、及原无敕额"的神祠佛宇，其行动是"尽数拆除"，以其宽敞者建七区社学和复一区武社学。从这些"淫祠"的性质来看，其中似乎并无特别针对佛教或者某一神灵信仰的倾向，但其最终目的则很明确，就是要平毁这些"淫祠"而兴建作为"正学"教化场所的社学。在这项命令发布后的次月，魏校又颁发了《谕民文》，提出了"教子弟以兴礼义""禁火化以厚人伦""辟异端以崇正道""敦朴俭以保家业""息争讼以免刑罪""化愚顽以息盗贼"六项具体要求③。至嘉靖元年（1522）六月再次针对社学之事，专门发布命令，详细申明社学各项规程以及要求④。

广州城坊以内的"淫祠"被列入打击目标之后，魏校的毁"淫祠"行动进一步扩大，矛头直指广州城北粤秀山及其周边的寺观。魏校下令将观音阁、迎真观、悟性寺、仁王废寺、天竺寺等寺观改为了濂溪、明道、伊川、晦庵、崇正五书院，奉祀宋儒周敦颐、程颢、程颐、朱熹⑤。与社学

---

① 〔明〕魏校：《庄渠遗书》卷9《岭南学政》，见《景印文渊阁四库全书》第1267册，第848-851页。

② 参见〔明〕魏校《庄渠遗书》卷9《为毁"淫祠"以兴社学事》，见《景印文渊阁四库全书》第1267册，第851页。

③ 参见〔明〕魏校《庄渠遗书》卷9《谕民文》，见《景印文渊阁四库全书》第1267册，第856-861页。

④ 参见〔明〕魏校《庄渠遗书》卷9《为申明社学事》《谕教读》，见《景印文渊阁四库全书》第1267册，第861-869页。

⑤ 参见〔明〕魏校《庄渠遗书》卷9《为崇正学以辟异端事》，见《景印文渊阁四库全书》第1267册，第870页。本公文的发布时间不见载于《庄渠遗书》，但可推测时间应该在广州城内毁"淫祠"命令发布以后。〔明·嘉靖〕《广东通志初稿》中记载这五所书院中的崇正书院有"嘉靖元年迁濂溪祠于粤秀山"小注。〔〔明·嘉靖〕《广东通志初稿》卷16《学校》，见《四库全书存目丛书·史部》第189册，第313页〕与该公移中"故有观音阁，今改而新之，崇奉宋广东漕宪周元公遗像"的叙述相吻合，可见这里的"今改而新之"正当嘉靖元年。而伊川书院、晦翁书院中均有"嘉靖二年提学副使魏校改建"的小注，表明这两所书院的落成当在嘉靖二年。因此该公移大概是发布于嘉靖元年，而书院的落成则在嘉靖二年。

相比，书院的教育层次更高，而奉祀作为理学家所认定的道统体系内的四位宋儒，则更为强化了魏校"崇正学"的理念。

在打击广州府城内外"淫祠"的同时，魏校的毁"淫祠"活动向府城以外各县扩展。嘉靖元年四月所发布的毁"淫祠"命令显示，魏校毁"淫祠"的目标已经不局限于广州府城及其城北粤秀山。该命令中称："仰各县通查废额寺观及'淫祠'之田，清出归官，召人佃种，分拨各社学供给师生。"①这里所指的"各县"的范围不甚明晰。而另外一篇发布时间不详的《为毁"淫祠"以兴社学事》公移则开列了广州府境内南海、番禺两县毁"淫祠"的具体部署②。井上彻根据该公移指出："广州城及番禺、南海两县的农村存在着许多'淫祠'，完全没有建立社学。因此，他请求临近六县（高明、四会、增城、新会、从化、新宁）的教谕、训导进行协助，对两县农村进行调查，并发布了废除所有的'淫祠'，建立社学的通告。"③魏校对南海、番禺二县的毁"淫祠"活动的重视，至少在数字统计上是取得了巨大的成功。从嘉靖十四年（1535）《广东通志初稿》中所记录的社学数量，可以大致窥见魏校在广东毁"淫祠"的成效情况，根据井上彻的统计：

> 大概在整个广东都建有社学，广州府有207所，韶州府有54所，南雄府有19所，惠州府有32所，潮州府有15所，肇庆府有59所，高州府有93所，廉州府有6所，雷州府有15所，琼州府有185所。广州和琼州两府特别多。广州府下的地区如下，广州府城内有8所，南海县有105所，番禺县有48所，顺德县有36所，从化县有1所，香山县有3所，增城县有2所，新宁县有1所，龙门县有3所。但是，这些社学大多在魏校离任后不久就逐渐废弃了。④

这一统计结果距离魏校毁"淫祠"不过十数年，颇能反映魏校的毁"淫祠"成效。其中，广州府所属南海县、番禺县、顺德县最多。由此可

---

① 〔明〕魏校：《庄渠遗书》卷9《为毁"淫祠"以兴社学事》，见《景印文渊阁四库全书》第1267册，第861页。
② 参见〔明〕魏校《庄渠遗书》卷9《为毁"淫祠"以兴社学事》，见《景印文渊阁四库全书》第1267册，第872页。
③ 〔日〕井上彻：《魏校的捣毁淫祠令研究——广东民间信仰与儒教》，载《史林》2003年第2期，第44页。
④ 〔日〕井上彻：《魏校的捣毁淫祠令研究——广东民间信仰与儒教》，载《史林》2003年第2期，第45-46页。

见，魏校对"淫祠"打击成效最大者，当是广州府南海、番禺等县。而被魏校称为"所在'淫祠'布列，巫觋盛行，而雷郡尤甚"①的雷州府，其所建社学不过15所，居于全省各府的末位。南海、番禺二县与雷州府之间数字的反差，很大程度上反映了地方官员、士绅对魏校政策的配合和执行力度。南海、番禺二县所取得的成效，除了魏校专门发布命令以及要求临近六县学校官协助以外，更重要的应该是二县的官员及居乡士大夫的配合。

继魏校之后出任广东提学副使的欧阳铎，在毁"淫祠"上的态度和行动并没有魏校如此突出。但有证据表明，欧阳铎在其任上仍然延续魏校的政策。韶州府通判符锡曾在其《拟沂亭记》中论及：

> 嘉靖甲申，本府通判符锡按历憩此，诸生景从，叹曰此何减浴沂之乐。遂畀废庙之材，构亭洲上，随毁于潦，复重新之，自为记曰：拟沂亭作于乳源邑西二里，温泉之上，志乐境也。嘉靖甲申夏予始莅兹郡，适奉提学欧阳公檄，去六邑淫祠，且厉云务祸本之斯绝，听风教之可兴。乃六月适英德，访诸不在祀典祠寺凡百六十五区，立命毁之。师生请改建旧学，宰刘议弗合，遂去之。翁源如英德，去诸祠寺之当毁者七十七区。李尹请曰：寺有翁山，僧会在焉。院有耽石，余襄碑刻在焉。惟一二僧察毁诸已乎？曰：僧会制也，宋碑额也，不在毁列，遂去之。仁化如翁源，毁诸祠寺百十三区，作会贞社学。乃之乐昌，访诸祠之当毁，与学之当建者，龙令皆为之矣，遂去之。乳源有挟而作奸者，廉得其实，先置于法，乃尽云所蔽祠寺八十九区，师生请复社学，岁久浸为民所侵据。得古杉一株，命典史林珂职其事，事详太守《唐铁峰记》。改崇林废观为仰止书院，祀昌黎濂溪二先生，泷口庙者，衔民为之请，予诘曰何神，曰邹尚书。曰乡贤乎？名宦乎？曰不知。曰淫祠也。邑有义士邓可贤者，父子死贼有保障功，盍祀焉？明日率诸生诣祠，火淫神，奉可贤神主。②

该记作于嘉靖六年，而以上内容则非常详细地记载了嘉靖三年（1524）时，符锡作为韶州府通判，负责执行当时广东提学副使欧阳铎"去六邑淫

---

① 〔明〕魏校：《庄渠遗书》卷9《为毁"淫祠"以正风化事》，见《景印文渊阁四库全书》第1267册，第871-872页。

② 〔清·康熙十二年〕《韶州府志》卷13《拟沂亭记》，见《广东历代方志集成·韶州府部》第1册，第334页。

祠"之檄。所谓"六邑"，指的是韶州府所属曲江、乐昌、英德、仁化、乳源、翁源六县。据此还难以判断，欧阳铎此举是专门针对韶州府六县进行的毁"淫祠"指示，还是像魏校一样面向全省各府发布的命令。不过就韶州府的情况而言，符锡所经手的毁"淫祠"的成果应该说是相当丰厚的。详见表3-1。

表3-1　嘉靖三年韶州府毁"淫祠"数字统计

县份	毁"淫祠"数量（所）	备注
英德县	65	师生请以"淫祠"改建旧学，与刘知县意见不合而未成
翁源县	77	翁山寺为僧会所在，"不在毁列"
仁化县	113	"作会贞社学"
乐昌县	不详	龙知县已毁"淫祠"
乳源县	89	先将"挟而作奸者"置于法；"改崇林废观为仰止书院"
曲江县	不详	
总计	344以上	

仅根据符锡《拟沂亭记》中不完全的记录，嘉靖三年韶州府所毁"淫祠"的数量就已经超过344所。而这距离魏校大张声势地毁"淫祠"行动也还不到两年时间，可见地方官府在毁"淫祠"这一问题上，是无法做到根绝的，地方上各种力量在其中也会上下其手，游走其间。如符锡提到的乳源县的"挟而作奸者"，居然能"蔽祠寺八十九区"，可见他是当地相当有影响力的人，能够为当地的寺观祠宇提供庇护。符锡毁"淫祠"之后的处置也延续了魏校的政策，就是将其改建为书院或社学。不过效果大概也十分有限。如符锡打算在英德县以"淫祠"改建县学，但是刘姓知县对此并不赞成，符锡对此也无如之何。但在仁化县、乳源县，他都成功地改创了社学与书院。不过，这些书院与社学的实际运行效果，估计并不会太成功。如符锡提到的乳源县的"崇林废观"，查各版本《韶州府志》或《乳源县志》均无该观的记载，崇林观应该是"崇宁观"之误。据（嘉靖）《广东通志初稿》记载："仰正（止）书院，在乳源县东一里，旧系崇宁观，嘉靖四年督学欧阳铎改建。"[①]这一所仰止书院，就是符锡根据欧阳铎

---

① 〔明·嘉靖〕《广东通志初稿》卷16《书院》，见《四库全书存目丛书·史部》第189册，第314页。

的行政命令所改创的，但是这一书院存续的时间恐怕并不长。据康熙二十六年（1687）《韶州府志》记载："玄妙观，旧名崇宁观，洪武初创，成化十一年（1475）道士彭希凤重修。"①该方志没有提及成化以后的记录，也没有提到该观曾改为仰止书院的历史。而且显然在康熙年间，这座崇宁观已经不再是仰止书院，而是恢复其道观的功能，只是把旧名崇宁观改为了玄妙观而已。

由上可见，继魏校之后，欧阳铎大体上还延续了魏校对待"淫祠"寺观的毁祠建学的政策，而拥有大量田土的佛寺与道观，是这一波政策中被官府重点打击的对象。

第二节　广东士大夫的寺产承买

魏校所毁"淫祠"中南海、番禺二县与雷州府之间数字的反差，其实很大程度上反映了地方官员、士绅对魏校政策的配合和执行力度。南海、番禺二县所取得的成效，除了魏校专门的发布命令以及要求临近六县学校官协助以外，更重要的应该是二县的官员及居乡士大夫的配合。这就牵涉到井上彻提到的毁"淫祠"中"以乡绅为中心的权势之家"的问题。魏校毁"淫祠"行动，一方面需要得到广东地方官员的配合执行，另一方面还要取得广东地方士绅之家的支持。这是因为地方士绅及其家族拥有地方事务上的话语权，如果地方士绅不配合，毁"淫祠"的行动是很难在地方开展的。而且还要考虑到，虽然在魏校的公文中，他预期"淫祠"寺观都会改为书院、社学，其田产则作为学田，但实际操作的空间是相当大的。毁"淫祠"寺观所释放出来的大量田土，是需要招人承买的，一般平民没有能力承买这些田产，而地方的士绅之家与地方官府的各种联系，可以使其很方便地获得承买资格。如《明史》中述及姚镆时所称："初，广东提学道魏校毁诸寺观田数千亩，尽入霍韬、方献夫诸家。镆至广，追还之官。韬、献夫恨甚，与张璁、桂萼合排镆。"②那么，广东士大夫对毁"淫祠"与寺观田产的态度到底如何？

---

① 〔清·康熙二十六年〕《韶州府志》卷7《寺观》，见《广东历代方志集成·韶州府部》第2册，第227页。

② 《明史》卷200《姚镆》，第5278页。

当时广东的地方士大夫，以霍韬、方献夫、湛若水、黄佐等人为代表。魏校与霍、方、湛等广东士大夫都有来往，其中魏校与霍韬关系最好，书信往来也最多。①嘉靖六年五月霍韬再次北上时，还特意经过昆山拜访魏校，讨论"圣明求治之心"②。魏校与方献夫关系也不错，他们的通信还提及了魏校"丧子丧孙"与方献夫老来得子的问题③。方献夫还将所著《大学原》《中庸原》寄给魏校④。此外，魏校文集也收有一篇与湛若水往来的书信⑤。在魏校开展毁"淫祠"行动时，这些广东士大夫对魏校的支持十分重要，而且霍韬等人也以自己的实际行动来捣毁"淫祠"，打击寺观。

以霍韬为例：霍韬在正德十六年初北上谒选，经过清远大庙峡时主持拆毁了那里的"淫祠"。这一件事被记入霍韬的日记之中，根据其门人郭肇乾的注释，大庙峡有怪石为舟楫患，当地人为此怪石建祠，而且周围的山寇也常常潜伏在庙中劫掠商旅。霍韬乘舟经过，舟人请他上香，但霍韬却登岸纵火焚毁祠宇以及窖藏的六十余具甲胄，自此"寇患遂息"。霍韬本人对这件事是很自豪的，他因此把大庙峡改名为毁庙峡。其好友湛若水在多年后经过此地，还赋诗一首，称："文敏曾祛大庙祠，一时洗尽粤人疑。"⑥这一件事发生在魏校就任广东提学之前，所以是霍韬自发的行为，由此可见霍韬本人对"淫祠"的态度，舟人对"淫祠"笃信不疑，霍韬却要以捣毁"淫祠"的行动来宣示其态度，何况这所"淫祠"还有窝藏山寇的作用。

而霍韬等人在嘉靖初年因大礼议获得嘉靖皇帝赏识，入居要职之后，

---

① 参见〔明〕魏校《庄渠遗书》卷3《与霍渭先》（两封）、卷4《与霍渭先》，见《景印文渊阁四库全书》第1267册，第742页、744页、756页。
② 参见〔明〕霍韬《石头录》，见《北京图书馆藏珍本年谱丛刊》，北京图书馆出版社1999年版，第239-240页。（下引该书均同此版本，除书名及页码外，其他不再另注）
③ 参见〔明〕魏校《庄渠遗书》卷4《答霍渭先》，见《景印文渊阁四库全书》第1267册，第790页。
④ 参见〔明〕魏校《庄渠遗书》卷4《答霍渭先》，见《景印文渊阁四库全书》第1267册，第775页。在该信中魏校向霍韬表示方献夫所著"其间发明固多亦尽有合商量者"。
⑤ 参见〔明〕魏校《庄渠遗书》卷3《答湛元明》，见《景印文渊阁四库全书》第1267册，第735页。二人的学术主张大概略有分歧。湛若水在与其友人的书信中提到，魏校在提学广东时立四言学规，有邓童生问"四者不知何处下手"，魏校斥之，称"童子何知"，湛若水却认为童子此问"正有知也"，湛若水认为训规诸条"皆原于心，而心又本于几上用功"，所以应该要有易简繁难之分。见〔明〕湛若水《甘泉大全集》卷11《复谢惟仁》台北"国家图书馆"藏明万历刻本，钟彩钧主持整理、标点本之稿本（下引该书均同此版本，除书名及卷次外，其他不再另注）。
⑥ 〔明〕霍韬：《石头录》，见《北京图书馆藏珍本年谱丛刊》，第204页。霍韬门人沈应乾在霍韬此条日记的注释中详细介绍了霍韬毁大庙峡"淫祠"的经过。

同样在朝廷中表明他们反对佛道和"淫祠"的态度。嘉靖六年十二月初五日,詹事霍韬上《袆治疏》,议太祖旧章十二事,其中三事都与僧道有关,包括重申度牒制度、禁止私自削发为僧、限制寺观田土等措施①。四天以后,礼部尚书方献夫又上疏,认为尼僧道姑有伤风化,请求把庵寺拆毁变卖,并诫谕勋戚之家不得私度。这一请求得到嘉靖皇帝的批准,并表示:"昨霍韬言僧道盛者,王政之衰也,所言良是。今天下僧道无度牒者,其令有司尽为查革,自今永不许开度及私创寺观庵院,犯者罪无赦。"②据说方献夫上疏后,"遂诏毁京师尼姑寺六百余所"。但与此同时,皇帝并无意将拆毁京师尼姑寺的行动扩大化。就在嘉靖皇帝批准方、霍请求的同时,江西提学副使徐一鸣也在江西大毁"淫祠",徐一鸣此举,也许受到魏校在广东毁"淫祠"成功经验的影响。不过,这一次嘉靖皇帝却大为震怒,他命锦衣卫将徐一鸣逮捕。方献夫与霍韬、少詹事黄绾、右金都御史熊浃联合上疏,请求宽宥徐一鸣,认为"僧道不事农业,善为幻术,惑弄愚民",徐一鸣"拆毁'淫祠'及额外寺观,正宪司之职,而陛下顾欲罪之,此臣等所未喻也"。嘉靖皇帝对此表示不满,并提出质疑:他指出徐一鸣"未奉明旨,尽毁古建寺观,并逐僧道,为地方扰,故逮问之",而且"尼姑与僧道不同,京师与在外不同",而方献夫等人却把这些混同起来。③方、霍等人联合上疏救徐一鸣的行为,可以清晰地看出他们对待僧道以及"淫祠"的态度。此外,霍韬、湛若水在南京任职期间,也都大力打击当地的尼僧与"淫祠"。④

  魏校毁"淫祠"行动,一方面需要得到广东地方官员的执行,另一方面还要取得广东地方士绅之家的支持。这是因为地方士绅及其家族拥有地方事务上的话语权,如果地方士绅不配合,毁"淫祠"的行动是很难在地

---

  ① 参见《明世宗实录》卷83"嘉靖六年十二月戊申"条,第1857-1861。该疏的全文见霍韬《渭厓文集》卷2《袆治疏》,见《四库全书存目丛书·集部》第68册,齐鲁社1995年版,第506-512页(下引该书均同此版本,除书名及页码外,不再另注)。

  ② 〔明〕霍韬:《石头录》卷4,见《北京图书馆藏珍本年谱丛刊》,第246页。

  ③ 参见《明世宗实录》卷83"嘉靖六年十二月壬子"条,第1866-1867页。《渭厓文集》中收有方献夫、霍韬、黄绾、熊浃此疏以及嘉靖皇帝的批复全文,其字词与实录所节取者稍有出入。见〔明〕霍韬《渭厓文集》卷2《乞宥宪臣疏》,第512-514页。《石头录》中亦有相关记载,见〔明〕霍韬《石头录》卷3"嘉靖六年十二月"条,第245页。

  ④ 嘉靖十六年二月十二日霍韬在其任南京礼部尚书期间上《正风俗疏》,特别指出南京的尼僧问题,要求把"尼僧庵院,尽籍于官",其铜像销毁,地基召民承买,价银作为尼僧还俗衣资。参见〔明〕霍韬《渭厓文集》卷4《正风俗疏》,第15页。《正风俗疏》的上疏时间,见〔明〕霍韬《石头录》卷7,第321-322页。嘉靖十八年秋,湛若水初任南京兵部尚书所颁告示中亦有"毁'淫祠'"之文。见〔明〕湛若水《泉翁大全集》卷82《初任参赞机务南京兵部尚书告示》。

方开展的。而且还要考虑到，虽然魏校预期"淫祠"寺观都会改为书院、社学，田产作为学田，但实际操作的空间相当大。毁"淫祠"寺观所释放出来的大量田土，需要招人承买，一般平民没有能力承买这些田产，而地方的士绅之家与地方官府有着各种联系，可以很方便地获得承买资格。在魏校担任广东提学副使的两年，不少珠三角士大夫在这一过程中通过各种方法，取得在魏校的政策中应该改为书院、社学等公共用途的大量寺观基址及田产的所有权。

魏校毁"淫祠"政策的核心是没收"淫祠"的财产来创建书院或社学，这一措施也与广东尤其是珠三角地区的士大夫之家关系密切。在实际执行中可以看到，很多书院和社学实际上就是由当地的士大夫控制的，这些田产通过各种手段流到了这些士大夫手中。这一点，在黄佐所编《广东通志》中也没有回避：

> 提学魏校毁淫祠寺观，乡士大夫多承田土，或至兴讼，（广州府同知沈）尚经剖断，动中肯綮，均其徭役，舆情慊服。①

沈尚经作为广州府同知，直接面对广州府境内大量因寺观田被承买而产生的田产诉讼问题，而其关键核心，就是"徭役"，可见寺观田被承买之后，寺观田本身的徭役是会发生调整的。此外，嘉靖四年出任提督两广都御史的姚镆指出："（寺观）地土田塘等项，多被豪宗右族乘机强占为业，或立作书院等项。"②这些士大夫在处置他们所获得的寺产时，往往将这些"淫祠"、寺观改建为自己的书院或家族祠堂，而这些寺观原有的田产，相应地也成为这些书院及祠堂的产业③。黄佐、霍韬、方献夫、湛若水等当时的广东士大夫在魏校毁"淫祠"中都曾将被毁寺院改为书院或祠堂④。

如广州著名的白云山上的三座重要寺院——景泰寺、白云寺、月溪寺，

---

① 〔明·嘉靖〕《广东通志》卷50《沈尚经》，广东省地方史志办公室1997年誊印版，第1304页。
② 〔明〕姚镆：《东泉文集》卷8《督抚事宜》，见《四库全书存目丛书·集部》第46册，第748页。
③ 如霍韬所建立的大宗祠、四峰书院，方献夫后人在广州城西禅寺建立的文襄公祠；参见《石头霍氏族谱》卷1《祠记》，广东省立中山图书馆藏光绪二十八年刻本；〔清〕方菁莪纂修：《南海丹桂方谱》（八九三）《方谱祠墓·祠》，广东省立中山图书馆藏民国十五年刻本。
④ 参见〔日〕井上彻《魏校的捣毁淫祠令研究——广东民间信仰与儒教》，载《史林》2003年第2期，第46-47页；任建敏《从"理学名山"到"文翰樵山"——16世纪西樵山历史变迁研究》，广西师范大学出版社2012年版，第29-43页。

就分别为黄佐、湛若水、黄衷等士大夫所承买，相继改为泰泉书院、白云书院、铁桥精舍。

黄佐是最早将其承买的景泰寺改为书院的。元明时期的"羊城八景"中，有一景名为"景泰僧归"，指的是广州城北白云山的景泰寺。景泰寺在洪武二十四年广东大毁寺观的时候也没有被牵连，反而作为官方认定的合法佛寺而得以壮大。（成化）《广州志》记载景泰寺有田21顷65亩①。不过这个赫赫有名的景泰寺，也不能在魏校毁"淫祠"行动中幸免于难。为此，黄佐还刻意改写了景泰寺的历史，将其塑造为一个"妖僧扇乱"的场所，而非国家赐额的正经寺院。除了黄佐祖父黄瑜《双槐岁钞》里面"妖僧扇乱"的说法，黄佐还在嘉靖三年写了一篇《泰泉书院兴作记》，其说法与《双槐岁钞》一脉相承：

> 白云之半，永泰之泉出焉。……宋天禧间，有好事者以地在罗浮西麓，乃结茅其上，以俟飞仙之来。扁曰栖霞堂。崔清献公登眺说之。于其前太霞洞右筑庵游息，今虽芜没，人犹指曰丞相庵云。正统末，妖僧德存言于中官阮能曰："此景泰禅师卓锡泉也。"适景泰改元，诏至，即称禅师出世，伪立寺额，遇佛生日，作赛会，立天龙八部统领村氓扇乱，适能罢镇守北还，德存就擒，祸变乃已。弘治初，大父双槐府君上寿藏于泉之西南聚龙冈。而德存之徒，赛会喧嚣犹故也。……嘉靖改元，臬副昆山魏公校以董学至，大毁寺观，用复洪武彝宪，檄郡守简侯沛率耆民躬往视之，顾泉上浮屠之宇蔽亏成蔀，当芳春伐木，斧斤铮相闻。佥谓："经弗正，山弗宁。"于是言于部使者既藩臬，驱群髡，划厥居，使陟降，罔或不宜。……征诸旧志，复名其山曰栖霞，水曰泰泉。已乃召承寺基，予以先茔伊迩，买于官，用直三十镒，遂建泰泉书院，与子弟讲学。……甲申孟冬载笔以纪勒于贞珉，诒后之人，俾毋忘其始。②

黄佐强调的是这个景泰寺是宋元时期"好事者"所结的庵堂，而不是

---

① 如〔明·成化〕《广州志》记载，开元万寿寺于洪武二十四年归并景泰寺。参见〔明·成化〕《广州志》卷24《寺观一》，见《广东历代方志集成·广州府部》第1册，第122页。

② 〔明〕黄佐：《泰泉集》卷30《泰泉书院兴作记》，中山大学图书馆藏本，第1-3页。科大卫也留意到这篇《泰泉书院兴作记》，而文字转引自黄培芳《黄氏家乘》。参见科大卫《明嘉靖初年广东提学魏校毁"淫祠"之前因后果及其对珠江三角洲的影响》，见周天游主编《地域社会与传统中国》，西北大学出版社1995年版，第132-133页。

"羊城八景"这样的名胜。只是到了正统末逢景帝继位,改元景泰,妖僧德存与镇守太监阮能宣称这个地方是景泰禅师的卓锡泉之地,和景泰年号相符,所以宣称禅师出世,"伪立寺额"。这一点非常关键,因为魏校毁"淫祠"的布告中,有一条就是针对"原无敕额"的寺观。可是景泰寺的寺额应该是真的。(光绪)《广州府志》称:

> 景泰寺在栖霞山泰霞洞。宋天禧间僧智严创,明正统十三年住持僧德存重建,遇景泰改元,以同号请易寺名。奉旨仍赐旧额山半。旧有僧归亭。天顺三年金城黄谏由内翰谪判广州,易名厉趣,刻石记之。①

(光绪)《广州府志》说,景泰寺在景帝改元景泰时,以寺名与年号相同,请求更改寺名,于是景帝赐其旧额名"山半",天顺三年(1459)广州同知黄谏又更名为"厉趣寺"。(成化)《广州志》还保存了黄谏的《重修景泰寺记》,该记中黄谏称之为景泰寺,可以为证②。从该记里也完全看不出德存是妖僧,而是一个得到总督两广左都御史马昂、镇守太监阮能等多位广东主要官员的礼遇的有德僧人。有这些官员的支持,德存要请到敕额也是情理之中的事情。不过黄佐强调这是伪额。于是在魏校大毁"淫祠"的时候,终于以"经弗正,山弗宁"的理由驱逐寺僧,召人承买寺基。黄佐以其父坟墓在侧的理由用银三十镒(计银六百两)买下,在此处建泰泉书院。从黄佐的花费来看,他不仅是买下景泰寺的寺基,应该还包括景泰寺的田产,(成化)《广州志》载景泰寺有田21顷65亩③,这一数额非常巨大,由于不知道黄佐所花费的银两中有多少是用于购买景泰寺的寺观田(这些寺观田应该以常住田为主,但由于洪武二十四年广东归并寺院时景泰寺也接收了一些其他寺院的田产,所以可能也带有部分废寺田),也不知道寺观田的卖价,所以不能做进一步的考察。

此外,白云寺由于"僧广遁于魏督学毁寺之初,匿此地不以报官",所以一直到嘉靖二十九年(1550)才由湛若水通过广州府同知曾广翰的协助

---

① 〔清·光绪〕《广州府志》卷88《古迹略六》,见《中国方志丛书》第一号,台北成文出版社1966年版,第512页。(下引该书均同此版本,除书名及页码外,其他不再另注)
② 参见〔明·成化〕《广州志》卷25《寺观二》,见《广东历代方志集成·广州府部》第1册,第143页。
③ 参见〔明·成化〕《广州志》卷25《寺观二》,见《广东历代方志集成·广州府部》第1册,第143页。

承买下。湛若水《新创白云书院记》对此事有简单的记载：

> 嘉靖庚戌三月明生，甘泉翁游于景泰之下，谒黄宫詹祖考粤洲府君之墓。泰泉公私与人曰："盍为泉翁卜书院为山？"儳以告曰："未有主者，白云毁寺之基，其可。"遂闻于府别驾曾君广翰。曾君慨然亟查，僧广遁于魏督学毁寺之初，匿此地不以报官。召卖者，准湛瑶纳军饷，出帖税付管。①

嘉靖庚戌即嘉靖二十九年，此时距魏校毁"淫祠"已经20余年。这一毁寺之基通过黄佐的中介最终转手到了湛若水手中。对此，湛若水为此还发出一番感慨：

> 右景泰，泰泉黄公得之，左月溪，铁桥黄公得之，皆毁寺之初也。于时为易，而此寺独若鬼隐神秘，而无有取之者。夫三寺者，白云之山之三胜也。左右既先主于二黄公，而此地独留之二十八年以待予，岂人谋所能及哉？②

湛若水认为，白云山三寺改为三书院还表明了世道的隆替以及儒学的兴盛："仙化而释，释化而儒，大定也。自有宇宙以来，恭遇圣皇立极，厘正毁淫，辟异端，息邪说，以正人心，万世事业也。"③

此外，湛若水在南京任官期间同样采取行动打击"淫祠"，嘉靖十八年（1539）秋，湛若水初任南京兵部尚书所颁告示中即有"毁淫祠"之条：

> 一照例拆毁僧尼寺庵，以端治化。夫僧尼道士，不耕而食，不蚕而衣，不役而逸，诚为大蠹。屡奉钦依禁革，拆毁寺院，化之还俗，所以哀矜其不得为人世之四民，抑且有伤化理也。近该礼部拆毁，诚

---

① 〔明〕湛若水：《甘泉先生续编大全》卷5《新创白云书院记》，台北"国家图书馆"藏明万历刻本，钟彩钧主持整理、标点本之稿本。（下引该书均同此版本，除书名及卷次，其他不再另注）科大卫据屈大均《广东新语·白云书院》条"泰泉黄公以景泰为泰泉书院，铁桥黄公以月溪为铁桥精舍，甘泉湛公以白云为甘泉书院"认为湛若水在此处所创建者为甘泉书院。（科大卫：《皇帝和祖宗——华南的国家与宗族》，第122页）事实上据湛若水文集及罗洪先所作湛若水墓表可知，以甘泉为名者在湛若水家乡、溧阳，而在白云山者实则是白云书院。

② 〔明〕湛若水：《甘泉先生续编大全》卷5《新创白云书院记》。

③ 〔明〕湛若水：《甘泉先生续编大全》卷5《欧阳公修白云精舍记》。

为遵时例、复古道之意,职前署事,亦切申严之。今忝参赞守备,此亦抚安人民之大端。访得各城无敕额庵寺,尚多隐匿者,非兵马及该县官吏不用命之咎乎?自今以后,许兵马官一一陆续报呈,以凭拆毁,以仰副朝廷化淳之治。兵马等官有仍前不用命,即记以为不职。①

关于湛若水在南京毁"淫祠"的成效,在湛若水文集中对南京一座影响力巨大的"淫祠"——刘公祠进行拆毁、变卖、处置的经过有详细的记载②。

除了把"淫祠"寺观改作书院、社学以外,改为祠堂的情况也有记载。霍韬家族在魏校毁"淫祠"中就购买了不少的寺产,其中的详细情形已难确考,但是现存文献中还有一些记载可以加以追踪。

位于广州府南海县的西樵山,在明代中叶是著名的"理学名山"。湛若水、方献夫、霍韬等著名理学家都曾在此栖息并创建书院,因而后世有西樵山四大书院之说。这四大书院之中由霍韬创建的四峰书院,涉及一桩公案,即民间传说这是霍韬在嘉靖初年毁宝峰寺、逐宝峰僧、霸占其地所建。这一说法在嘉靖年间就已经造成一定的纷扰。霍韬日记体性质的《石头录》中,对四峰书院兴建的经过避而不谈,只是提到他在嘉靖二年六月五日"如樵",紧接着六月二十一日就"移家入西樵"。对这个"家"的来龙去脉语焉不详。霍韬门人沈应乾对此作注,并叙述了其缘由:

> 嘉靖初,督学魏公校大毁淫祠。西樵山宝峰僧以奸情追牒,寺在毁中。邑人黄少卿承买,公以寺在西庄公墓左,与兄弟备价求得之。至是移家居焉。复为陈白沙高弟邓公德昌卜筑铁泉之下,作山居近邻云。③

沈应乾这一记载,简单叙述了西樵山宝峰寺被毁,霍韬以其地建设四峰书院的经过。可见宝林洞原有僧寺确是实情,而毁寺逐僧之事亦有之。沈应乾称毁寺是因为魏校嘉靖初年在广东大毁"淫祠",西樵山宝峰僧"以奸情追牒",而宝峰寺亦列入了禁毁名单,不能幸免。所毁之寺,本由

---

① 〔明〕湛若水:《泉翁大全集》卷82《初任参赞机务南京兵部尚书告示》。
② 参见〔明〕湛若水《泉翁大全集》卷83《奏请置各城漏泽园疏》。
③ 〔明〕霍韬:《石头录》卷2"嘉靖二年六月"条,见《北京图书馆藏珍本年谱丛刊》,第223页。井上彻推断此处的邑人黄少卿,应该指的是南海人太常寺少卿黄重,见〔日〕井上彻《魏校的捣毁淫祠令研究——广东民间信仰与儒教》,第46页。

南海人太常寺少卿黄重承买，霍韬则以"寺在西庄公墓左"为由，"备价求得之"①。

关于霍韬买下宝峰寺建四峰书院的历史记录，更为详细的说法源于《石头霍氏族谱》中的两段记载：

> 一西樵书院御书楼，坐四峰山上。系嘉靖五年（1526）丙戌十月十四日建。先是，九江乡宦黄重承作为馆舍，文敏公葬山时乃具书黄家，求作行祠。往来书札现在录于此，以折浮议，毋致奸人谓占寺作祠，子孙不可不知也。②

又：

> 大宗祠地原系淫祠。嘉靖初年，奉勘合拆毁发卖，时文敏公承买建祠。嘉靖初年又奉勘合，拆毁寺观。简村堡排年呈首西樵宝峰寺僧奸淫不法事，准析寺卖田。时文敏公家居，承买寺田三百亩，作大宗蒸尝。③

综合《石头霍氏族谱》这两处记载可知霍氏族人对四峰书院由来的说法。此处的大宗祠，即霍韬家乡石头的霍氏大宗祠，其地本身也曾是"淫祠"。而西樵宝峰寺被列入"淫祠"，则是因为其寺僧"奸淫不法事"被简村堡排年呈首举报之故，所以被提学副使魏校列为"淫祠"，"准析寺卖田"。当时霍韬家居，因此就承买了其寺田三百亩，这一田土数字并不小，可见宝峰寺原有田产之丰。按《石头录》"正德十年"（1515）条霍尚守注称："公素贫，兄弟五人，田不满四十亩。"④霍韬《叙采樵卷后》称：

---

① 西庄公即霍韬之父霍华。《石头录》记录了正德十三年十二月二十日："葬赠君西庄公于西樵雷坛峰，葬区氏夫人于宝峰。"参见霍韬《石头录》"正德十三年十二月"条，见《北京图书馆藏珍本年谱丛刊》，第199页。
② 〔清〕霍绍远：《石头霍氏族谱》卷1《祠记》，广东省立中山图书馆藏光绪二十八年刻本第1册，第2页b。
③ 〔清〕霍绍远：《石头霍氏族谱》卷1《祠记》，广东省立中山图书馆藏光绪二十八年刻本第1册，第1页a。
④ 〔明〕霍韬：《石头录》，见《北京图书馆藏珍本年谱丛刊》，第198页。

昔者，渭厓生之致家君之毁于家也，侯致奠；渭厓生之襄家君之役于樵也，侯致奠、致赙；渭厓生之从吉，见侯于广也，侯致礼币。昔者渭厓生之贫不克葬也，告于侯，侯致惠。①

这篇《叙采樵卷后》是霍韬写给"太守魏侯"的，太守是知府的别称，此处所指即广州知府无疑。据（光绪）《广州府志》可知，正德九年至嘉靖元年期间的广州知府是湖广华容人魏廷楥②。从霍韬的文字可见，霍韬与魏廷楥的关系颇为密切③。而且在霍韬之父霍华卒于正德十二年之时，霍韬自己也宣称"贫不克葬"，还特别提及了广州知府魏廷楥的帮助。而此时霍韬却能与兄弟将宝峰寺及其三百亩田产买下，其原因或许是霍韬在这数年间家赀积聚，财力逐渐雄厚。又或者是霍韬依仗其官僚身份，通过魏校的关系低价强买了。此外，《石头霍氏族谱》称西樵书院御书楼建于嘉靖五年（1526）之事，在《石头录》中亦有记载，但嘉靖五年时所建只是御书楼，四峰书院的建成应在嘉靖五年以前④。也许正因为霍韬承买宝峰寺当中存在的不平等交易，以致后世的文献及西樵当地的传说中多有渲染霍韬强占宝峰寺的情节⑤。

有趣的是，霍韬承买西樵山宝峰寺与黄佐承买白云山景泰寺的理由完全相同。由此可见，霍氏大宗祠及四峰书院的原寺观都是在嘉靖初年魏校毁"淫祠"期间为霍韬所承买的。而这也许并不是霍韬取得的"淫祠"产业的全部。黄佐的《广东通志》中记录了一段嘉靖十一年广东按察佥事龚

---

① 〔明〕霍韬：《渭厓文集》（二）卷5《樵储录序》，见《四库全书存目丛书·集部》第68册，第78页。
② 参见〔清·光绪〕《广州府志》卷18《职官表二》，见《广东历代方志集成·广州府部》第1册，第328页。
③ 徐咸《西园杂记》中记载了一则霍韬中会元与魏廷楥有关的传说："霍兀崖尚书韬，正德八年某月，广州守魏廷楥梦府学明伦堂张一灯，两广山川皆洞照无遗。俄顷，十三省山川俱了了在目。魏守语人曰：'府学生员必有发解魁天下者。'是秋乡试，兀崖果第一。明年甲戌会试复第一。后议大礼，累官至宫僚。孤忠峭直，天下皆知有兀崖。梦不诬矣。惜未究其用而遂卒云。"见〔明〕徐咸《西园杂记》（二），见《丛书集成初编》，商务印书馆1937年版，第131－132页。这一则传说恐非真实，据〔清·光绪〕《广州府志》，正德八年霍韬乡试时，当时的广州府知府是钟文杰，其任职时间是正德六年（1511）至九年。〔清·光绪〕《广州府志》卷18《职官表二》，第328页〕因此，当时霍韬应举时的知府当非魏廷楥。但这个传说的由来正是因为霍韬与魏廷楥的关系密切所产生无疑。
④ 参见〔明〕霍韬《石头录》卷2"嘉靖五年十月"条，见《北京图书馆藏珍本年谱丛刊》，第233页。
⑤ 参见任建敏《从"理学名山"到"文翰樵山"——16世纪西樵山历史变迁研究》，第109－122页。

大稔弹劾方献夫和霍韬的文字，其中针对霍韬的文字说："既取宝峰寺改建书院，并攘化成、千秋、宝镇、崇圣等寺田土。"①其中化成、千秋二寺在（成化）《广州志》都有记录，化成寺位于南海鼎安都大同堡，宋绍兴十年（1140）创，有田5.79顷。②千秋寺，在广州城西南仙湖街，五代南汉时创，元末毁，洪武三年（1370）以其地为按察司，有田13顷，其精巧佛像都移入了光孝寺。③龚大稔的说法难以确切分辨，但作为一名广东按察司的主要官员，要向皇帝弹劾当时圣眷正隆的方、霍两位大臣，应该不敢全然捏造。

方献夫无疑也在魏校毁"淫祠"中受惠。龚大稔弹劾方献夫的奏词里面，就说"夺禅林、攘寺产，而擅其利，在二臣犹为细事。甚者若仁王寺基，已改先儒朱熹书院，而献夫夺之以广其居"。④而方献夫为自己辩护说：

> 惟正德九年，有诏毁鬻淫祠，臣时为郎家居，而仁王寺寔近臣宅。臣因输直，告请为业，并买寺田若干。近耕者以争佃讼，大稔深劾之，构成重狱，阴欲蔑臣，臣面以理折之，业已屈服矣。顷因臣被召，自生疑忌，又欲承望风旨，奏劾霍韬，恐臣为韬地，遂并诋臣。且大稔以海洋失事，被论褫职，乃欲藉此立名，以为后阶，其奸谲可见。⑤

井上彻认为龚大稔的上奏反映了当时势家强占寺产的情况。他认为："龚大稔的告发及方献夫和霍韬的辩解到底哪一方的陈述是事实我们无法确认。"⑥仁王寺，显然就是魏校提及的粤秀山附近的"仁皇废寺"。该寺在（成化）《广州志》中则被称为护国仁王禅寺，据说是晋太康二年（281）由西竺佛教徒迦摩罗所建，有田25顷。⑦仁王寺在魏校任提学时已经是

---

① 参见〔明·嘉靖〕《广东通志》卷62《霍韬》，广东省地方史志办公室1997年誊印版，第1609页。
② 参见〔明·成化〕《广州志》卷24《寺观一》，见《广东历代方志集成·广州府部》第1册，第133页。
③ 参见〔明·成化〕《广州志》卷25《寺观二》，见《广东历代方志集成·广州府部》第1册，第145页。
④ 《明世宗实录》卷140"嘉靖十一年七月辛酉"条，第3272页。
⑤ 《明世宗实录》卷140"嘉靖十一年七月辛酉"条，第3273－3274页。
⑥ [日] 井上彻：《魏校的捣毁淫祠令研究——广东民间信仰与儒教》，载《史林》2003年第2期，第47页。
⑦ 参见〔明·成化〕《广州志》卷24《寺观一》，见《广东历代方志集成·广州府部》第1册，第128页。

"废寺"，原因是正德九年"有诏毁鬻淫祠"。当时方献夫家居，将其寺及寺田买入。至嘉靖初年魏校又将其改为奉祀朱熹的晦翁书院。但方献夫上疏辩护时，强调的是自己于正德九年时买入所有权，却只字不涉已改书院之事。而魏校将其改为晦翁书院之时，又未见提及方献夫对仁王寺基的占有权。由此看来，这段时期仁王废寺的所有权一直不明晰。

方献夫家族也在毁"淫祠"过程中取得了佛寺的土地。除了前文提及的"仁王废寺"外，《南海丹桂方谱》记载了多处广州府城及其周边的方氏祠堂，其中还有在广州城西门外芦荻巷的文襄公祠，据《南海丹桂方谱》记载：

> 嘉靖初，公用价买受原提学魏校拆毁寺地一所，铭明世宗御赐心箴及视听言动箴，建亭于此，名曰五箴亭。併镌像于左旁，子孙因以为祠，改亭于寝室之前。崇祯末僧照彻左道惑世，妄言寝室凹地为古佛迹，倡众占毁。嫡孙竹因公遍谒当道，併启何师相，得达南海某公，迁佛逐僧，复为祠。迨两藩入粤，子孙散处。僧实行投藩占踞，改为西禅寺。①

又《广州城坊志》引《南海百咏续编》称："西禅寺，在西郊龟冈下，始建于宋淳祐间。……后因寺饶富，故辅方献夫垂涎，谋于学道魏校，以赴圣教为名，毁其像，夺其田，攘为己有。邑庠黄海若心不能平，诉讼经年，官不敢决。"②这里《广州城坊志》对西禅寺历史的记载，可以得到（成化）《广州志》的证实，该方志称西禅寺又名龟峰寺，宋淳祐三年（1243）经略周自强向朝廷申请所建。洪武十二年时有田地塘20顷③。这个田产数字是相当大的，不知道嘉靖初时还存留多少，看来也仍然"饶富"。方献夫所要争夺的，应该不仅仅是这座寺基，还有西禅寺的田产。但是，方献夫家族在买下这座西禅寺后，其产权仍然不清晰，所以连当地的庠生黄海若都会因为"心不能平"而发起诉讼，到明清之际也屡生争端，最终重新变为西禅寺。由此可见，方献夫所积累的宗族财富，也有相当一部分是来源于被毁的寺观田产。

---

① 〔清〕方菁莪纂修：《南海丹桂方谱》（八九三）之《方谱祠墓·祠》。
② 黄佛颐撰，钟文点校：《广州城坊志》卷4，暨南大学出版社1994年版，第289页。
③ 参见〔明·成化〕《广州志》卷24《寺观一》，见《广东历代方志集成·广州府部》第1册，第129页。

第三节　士大夫承买寺观田导致的纷争与上级官府的应对

珠三角地区的权势之家夺取大量"淫祠"寺观产业后，引发了广东地方当局与民间相当大的争议。因为这些田产被权势之家夺取之后，官府收不上这一笔赋税，而寺院与势家的新旧业主更替过程中产生的大量租佃诉讼，也令广东按察司应接不暇。嘉靖四年，兵部右侍郎姚镆任提督两广军务兼巡抚都御史。姚镆上任之后的首要大事，是对付广西田州土官岑猛——调兵筹饷乃最为重要之事。姚镆在其任上公开发布的《督抚事宜》，有一条专门针对魏校毁"淫祠"之后的田产问题：

> 一寺观田地：访得广东先该提学副使魏校建议，拆毁淫祠及废额寺观。固亦惩创异端之盛举也。但地土田塘等项，多被豪宗右族乘机强占为业，或立作书院等项。不以业贫民而以资权贵，不以充国税而以益私租。其名若美而实则非矣。以此人情大拂，士论不平。副使徐文溥目击奸弊，至誊奏牍，其概亦可知矣。及查本院节该案行二司官议处，久未见报。揆厥所由，盖因各官畏避权势，致有前却。若不督行查理，终非国法。仰布按二司，即转行各该守巡官，查照原行分投着实查理，务将各府州县原设淫祠寺观田塘地土顷亩号段，如系豪宗右族乘机强占者，尽数清出还官议处，以充正税，不必恤于怨詈。只在奉公而行。仍限三个月以秉。各将清查过亩数备细造册，星驰呈夺。毋得仍前延捱，取究不便。①

姚镆提到的核心问题，是这些原本要向官府纳税的田土被豪宗右族侵吞了之后，不能再"充国税"，而收益都成了豪宗右族的私租。姚镆还提到在徐文溥担任广东按察司副使时就因为看到这些权势之家的奸弊而上奏。徐文溥担任广东按察司副使的时间是嘉靖二年七月到四年一月，其在任上

---

① 〔明〕姚镆：《东泉文集》卷8《督抚事宜》，见《四库全书存目丛书·集部》第46册，第748–749页。

因为田土问题得罪地方权要,最后病故于副使任上①。可见从魏校离任伊始,广东当政的官员就开始想办法重新分配这些"淫祠"寺观的田土。姚镆的清查命令发到布按二司之后,都因为官员"畏避权势"而不敢动真格。姚镆的目标,是要把被豪宗右族强占的寺观田土清理出来,由官府重新议处,"以充正税"。姚镆的政策触动了当时珠三角地区在毁"淫祠"中获益的以方、霍为首的权势之家的利益,所以《明史》称:"初,广东提学道魏校毁诸寺观,田数千亩尽入霍韬、方献夫诸家。镆至广,追还之官。韬、献夫恨甚,与张璁、桂萼合排镆。"②姚镆在嘉靖六年正月攻入田州,杀死岑猛而达到其任上威望的顶峰。可是就在同年六月因田州与思恩府的土舍卢苏、王受复叛而被迫致仕,由王守仁接替其位③。不过,姚镆致仕之事,并不只是姚镆与方、霍等士大夫之间因为"淫祠"田产而引发的矛盾,以当时方献夫、霍韬的地位可能尚未足以影响这一重大人事的调整,实际上,这与当时朝廷之中各派力量的竞争关系密切。邓国亮的研究对这一问题有专节讨论,十分详细地梳理了姚镆与当时两广官员以及朝廷大臣之间的关系。他指出:在姚镆致仕一事上,方献夫、霍韬或许因为寺观田地问题对姚镆不满,但没有直接证据表明二人有攻击姚镆的实际行动。对姚镆最有力的攻击来自当时的阁臣桂萼,桂萼是要通过打击姚镆,来打击当时已经去位但是与姚镆关系非常密切的前首辅费宏,以巩固桂萼、张璁等议礼新贵的地位。④

姚镆对寺观田地的追还政策是怎么操作的,《督抚事宜》只是说"还官议处",具体措施语焉不详。姚镆于嘉靖四年至六年提督两广期间,林富于嘉靖二年至五年担任广东右布政使。姚镆要实行追还政策时,林富是姚镆政策的执行者。嘉靖五年,霍韬就追还寺产一事给林富之弟、当时谪任广东雷州府徐闻县丞、署顺德知县的林应骢写了一封言辞激烈的长信,从中可以看到以林富为代表的广东地方官员与以霍韬为代表的珠三角士大夫

---

① 徐文溥的任命时间,见《明世宗实录》卷29"嘉靖二年七月甲申"条,第787页。病故时间,见方豪为其所撰的《明广东按察司副使徐公墓志铭》。方豪又说:"广东沿海潮田最为民利,每苦势家告讦无休戚。公奏请比照江滨芦州,稍税之以资用而讼亦可息。厘革戎伍宿弊,奸胥墨吏靡不悚惕,又上言十事多涉权要,虑贻太夫人忧,乃密招二弟托之,欲待命于南雄焉。"参见〔明〕方豪《棠陵文集》卷5《明广东按察司副使徐公墓志铭》,见《四库全书存目丛书·集部》第64册,第406—408页。
② 《明史》卷200《姚镆》,第5278页。
③ 参见《明世宗实录》卷77"嘉靖六年六月丙午"条,第1709页。
④ 参见邓国亮《明代中叶"藤峡三征"研究》,香港中文大学硕士学位论文2007年,第91—105页。

之家在寺产问题上的激烈对立。井上彻也很重视这封信，他据此可知：

> 魏校采取的措施是捣毁淫祠建立社学、书院，但从上述来看，其社学和书院大多部分从一开始就归到了以乡绅为首的势家手里。因此，林富采取了命其属官用公款将乡绅到手的僧田买回，供给僧侣的措施。霍韬从辩护乡绅的立场对林富的措施虽然强烈排斥，但却理解了林富实行此政策的本意。就是说，林富将僧田付给僧侣只是因为害怕僧田归乡绅所有的话，税粮、徭役的负担将会被转嫁到庶民的身上。霍韬也对抑制乡绅势力，有助公法的态度表示赞同。但是，为了抑制乡绅，使用公款将僧田还给僧侣是表示"衣冠士族"连僧侣都不如。有一个僧侣就拥有数顷土地，也有象光孝寺那样拥有横跨数县数十顷土地的寺院，对这样的寺院，动用公款拨给寺田的作法不能被容忍，这是对士大夫的轻视，霍韬气愤这种对"异端禽兽"优厚的作法。①

井上彻认为，这是嘉靖二年霍韬写给广东布政使林富的信②。可仔细辨析，会发现井上彻弄错了这封相当重要的信函的时间和收信人，对理解这个问题产生了很大偏差。而且井上彻的这一判断只解读了部分霍韬书信的原意，并不完整。霍韬所表达出来的"气愤"，不只是针对林富对"'异端禽兽'优厚的作法"，更多是激愤于林富要夺取"权要"既得利益之举。

林富字守仁，福建莆田人③。霍韬书信中提及"令兄方伯先生"，方伯即布政使的别称，所以这里的令兄才是林富，书信中的林汝桓应该别有其人。查《明人室名别称字号索引》，别称为汝桓的林姓者有林应骢④。又据《明史》：

> 林应骢，亦莆田人。明衡同年进士。授户部主事。嘉靖初，尚书孙交核各官庄田。帝以其数稍参差，有旨诘状。应骢言："部疏，臣司

---

① ［日］井上彻：《魏校的捣毁淫祠令研究——广东民间信仰与儒教》，载《史林》2003年第2期，第47页。

② 参见［日］井上彻《魏校的捣毁淫祠令研究——广东民间信仰与儒教》，载《史林》2003年第2期，第47页。

③ 参见〔明〕林之盛《皇明应谥名臣备考录》，见《明代传记丛刊》第57册，台北明文书局1991年版，第213页。

④ 杨廷福、杨同甫：《明人室名别称字号索引》（上册），上海古籍出版社2002年版，第121页。

检视，即有误，当罪臣。尚书总领部事，安能遍阅？今旬日间，户、工二部尚书相继令对状，非尊贤优老之意。"疏入，夺俸。以救浙等，谪徐闻县丞。代其长朝觐，疏陈时事，多议行①。

可见，林应骢亦是福建莆田人，嘉靖初年任户部主事，后谪为徐闻县丞，与霍韬书信中的林汝桓的背景相符，因此林汝桓为林应骢无疑。按《明史》称林应骢是因救其同乡朱浙谏免命妇朝贺武宗生母昭圣皇太后之事而谪徐闻县丞。据《明世宗实录》可知，林应骢被谪为徐闻县丞的时间在嘉靖三年二月下狱之后，具体时间不详②。霍韬文集中该书信并无日期，井上彻将该书信的时间定为嘉靖二年③。查（万历）《雷州府志》，林应骢任徐闻县丞，在"四年谪任"，其继任为四川内江人萧翰，嘉靖十二年（1533）任④。又据（万历）《广东通志》可知林富任广东右布政使在嘉靖二年，其继任为浙江上虞人葛浩，任职于嘉靖五年⑤。因此，霍韬该信应该是写于林富与林应骢同时在广东任官期间，时间是嘉靖四年到五年，而此时霍韬正好在广东家居。由此可见，井上彻所考定的书信写作对象和时间都有问题。这封书信应该是嘉靖四年到五年之间霍韬写给林富之弟林应骢的，考定明白这一事实才可以做进一步的讨论。这一封信的信息含量非常大，兹就其内容做进一步分析。

在信的开头，霍韬称署顺德知县的林应骢秉承其兄右布政使林富的提议，要把魏校毁"淫祠"之后没入势家的僧田用公帑赎回给僧人，霍韬把林富兄弟的政策上升到名教与异端、衣冠与禽兽的斗争层面，批评有司没去管那些坐拥数十顷田业、"游手坐食，削小民以自肥"的光孝、崇报等大寺院，反而和士大夫之家"屑屑然较其锱铢之入"，责备林富兄弟对待士族的态度还不如异端。这是霍韬整篇书信的一个关键议题，这与霍韬本人一贯的反佛教态度有关。第二个关键议题，则是分析僧田对士大夫之家的利弊。最重要的是僧田的负担问题：

---

① 《明史》卷206《林应骢》，第5465页。
② 参见《明世宗实录》卷36"嘉靖三年二月乙丑"条，第912-914页。
③ 参见〔日〕井上彻《魏校的捣毁淫祠令研究——广东民间信仰与儒教》，载《史林》2003年第2期，第47页。
④ 参见〔明·万历〕《雷州府志》卷6《秩官志》，见《日本藏中国罕见地方志丛刊》，北京书目文献出版社1992年版，第217页。
⑤ 参见〔明·万历〕《广东通志》卷10《秩官》，见《四库全书存目丛书·史部》第197册，第250页。

僧田粮差视民田倍重，非士夫之愚者，不取此为利，以自贻子孙无穷之忧也，不然则为家族之穷迫无聊者，出不得已之下计耳。当路君子曾不为之设身思？曰承僧田果利乎？害乎？与其取锱铢之利，孰与勿顾行检，或郡或邑，渔猎数年，以自肥乎？士夫而利僧田可恶也，不有奸脏污墨者乎，不尤可恶也乎？京官全免差役，十年而止。尔承僧田而脱十数年之差役，曾几何时，或升外任、或休致、或物故，则亦平人之家耳，为利害曾几何耶？①

　　霍韬指出僧田的粮差要比民田的"倍重"，这一点非常关键。霍韬该信写于嘉靖五年，这与《明宣宗实录》宣德八年说广东等地的寺田"止纳秋粮，别无科差"的原则显然有别。广东的寺田什么时候开始要应差，笔者尚未看到相关记录。据（万历）《漳州府志》记载，成化以后，该地凡寺田"一应徭差兵饷，与民田丁米通融编派"②。广东的寺田也许在某个时候也经历了相同过程，但没有文献记载这一事件的发生时间。可为什么僧田粮差比民田重，霍韬这样的士大夫仍然会承买？究其原因，其一是因为士大夫取得僧田的成本比较低，霍韬也承认寺田是"贱其直"来发卖的；其二是在于士大夫的免役权。明代对士大夫之家的优免，虽然变化不一，但总的来说，是里甲正役不免，杂泛徭役全免。如霍韬提到，像他这样的京官，是可以全免差役十年的。这大概是根据当时沿用的弘治十七年（1504）制定的官员优免则例而言③。即使粮差要比民田重，但由于京官家庭不需要承担差役，只要交税粮，就算僧田的税则较民田稍高，也未到不可负担的程度。所以起码在这十年之中，经营僧田仍然有利可图。问题是士大夫死后，假如家族中不再有高级功名者，就要变成"平人之家"，不能再拥有优免权，所以霍韬说只有士大夫中的愚蠢者才会觉得这个是有利的，实际上是给子孙留下"无穷之忧"。④

　　霍韬认为，林富的出发点既然是"抑权要以扶公法"，那可以选择的方

---

① 〔明〕霍韬：《渭厓文集》卷6《与林汝桓》，见《四库全书存目丛书·集部》第68册，第145页。井上彻所引者为《霍文敏公全集》卷6下《与林汝桓》。

② 林枫：《福建寺田充饷浅析》，载《厦门大学学报》（哲学社会科学版）1998年第4期，第48页。

③ 该则例规定京官"照旧例优免"，而地方官及举人、生员等则按照其等级对人丁数字加以限制。参见伍丹戈《明代徭役的优免》，载《中国社会经济史研究》1983年第3期，第40～54页。

④ 张显清指出，明朝有些士大夫"在其为官户时，不受里甲之扰，而在其成为官户前，或由官户败落为民户之后，则要承担里役，以致家资倾荡"。参见张显清《明代官绅优免和庶民"中户"的徭役负担》，载《历史研究》1986年第2期，第166页。

法有很多，但是霍韬绝对不能接受把寺田归还给寺僧，他提议：

> 设曰恶其权要夺细民之利也，则严为禁曰：凡官户勿承田，可也；举而属之军饷，善为区画以弭后弊，亦可也；或每都建一社仓，岁终出纳，巡检守之，县官领之，亦可也。今既无善处之策，乃逼迫皇皇，夺既卖之田，出官银赎回以资髡僧者，是此举也，始则庾魏公所以斥僧道以扶名教之意，中则庾户部所以议处军饷之意，终则结果成就其抑夺士夫以取不畏强豪之誉而已。自是而异类益横，凌辱士夫，诬奏风宪，皆不可禁矣。自是惟民田得舍与僧，僧田不可断给民家矣。①

霍韬为林富、林应骢设想了几个处理方案：或者禁止官户承田，或者把寺田"举而属之军饷"，或者以寺田建社仓。霍韬提到林富的赎回政策细节是："田自正管甲首以上，尽数给僧，惟畸零小户，乃充军饷。"霍韬说正管甲首以上的才是十数顷的大户，而"淫祠"都是些数亩的小户，所以林富的政策是"弃岱岳而取尘埃"，对军饷无甚裨益。从霍韬的立场来看，珠三角地区的士绅之家同意对寺田问题进行重新处置，但用官银赎回寺田给僧人则万万不可。霍韬又说：

> 僧田发卖，虽曰贱其直适足以资权豪也，犹可取银数千百两为国家之利。今尽数给僧，则不惟军饷无措，而铢两之利亦归之僧，官司无所赖矣，况复出官银买田以给之耶？僧田为权要所利，犹吾人也，今给之僧，则举而与禽兽矣。岂曰厚禽兽而薄吾人也？夫权要承田，固曰可恶，然人岂有十数百年不死者？苟死矣，则子孙有求为平民不可得者矣，其为利为害可指日计也。②

霍韬承认"权豪"承田是"贱其直"取得的，这一行为"固曰可恶"，但他强调这些不过是"铢两之利"，而且能让官府收到"数千百两"的田价。他重申寺田如果交给僧人的话，军饷无从筹措，而且连"铢两之利"都收不上来了。霍韬这里的"铢两之利"指的是权豪承买寺田所交纳的

---

① 〔明〕霍韬：《渭厓文集》卷6《与林汝桓》，见《四库全书存目丛书·集部》第68册，第145页。
② 〔明〕霍韬：《渭厓文集》卷6《与林汝桓》，见《四库全书存目丛书·集部》第68册，第145页。

"数千百两"田价。所以把寺田交还给僧人的话,官府还要动用官银向权豪购买寺田,这样的话官府就"无所赖"了。所以,他表态支持将士大夫之家购买寺田的田价充作军饷,来换取"权要"对寺田的保有权。霍韬回避的是寺田交还给僧人以后,还是要纳粮应差的,而霍韬这样的官户却是享有差役优免的。霍韬又认为,等权要死了之后,子孙都变成平民了,这些田的粮差也是免不了的。但这都是难以预测的身后之事了,从现状来看,权要们所占据的还是实实在在的利益。此外,霍韬又继续强调毁寺夺田与对抗"异端"的功劳,就算权势之家因而获利,也不应该"屑屑于计小利之锱铢"。霍韬告诫林应骢,说林富此举是"愤激之过当",而林应骢又"承行之过勇"。霍韬又对比南海与顺德,说他家乡所在的南海县作为省城首县,知县还在"周悉思虑",等待上司更好的善后之策,而在顺德,林应骢则"追赎唯恐不急,给髡唯恐不早"。霍韬告诫林应骢,同时也要林应骢转告林富要"翻然改悔"。最后,霍韬说自己受林富的照顾很多,自己家族的祠堂、社学、书院、学田、祠田都有林富帮忙的功劳。霍韬这番话,把本家族财产的积累与林富关联起来,这样林富再对霍韬所承买的寺产重新处置,也有违林富照顾霍韬家族的初意。霍韬结尾所说的话耐人寻味:

> 几欲致书讲此事,第邸报不闻令兄敦择何省,故书难致。执事幸详思此事,力可改,尚可语当路君子,共改图焉,切勿重于改悔,多为异说,以自文为异端渊薮,贻他年名教不可解说之累也。仍便付此草于省吾先生共细思其详悉,毋曰初议,卓有定论,而重于改过,为异端渊薮,贻他年名教不可救之累也。①

这段话的意思是,由于林富要从广东调职了,但是邸报没有说明所调何处,所以没办法直接给林富写信,请林应骢转达,并和"当路君子"说明此事,一起改正,不然就会留下不可挽回的后果。此处当路君子也许就是不便明言的当时主政两广的姚镆。

总而言之,霍韬这封信其实是对林应骢以及其背后的林富、姚镆的一封言辞激烈的交涉书。井上彻认为"霍韬气愤这种对'异端禽兽'优厚的

---

① 〔明〕霍韬:《渭厓文集》卷6《与林汝桓》,见《四库全书存目丛书·集部》第68册,第145页。

作法"①。但这只是霍韬书信上所强调的道德理由。在经济层面来看，霍韬也自知势家夺取寺产这一行为不甚光彩，所以他的信一而再，再而三地强调士绅之家也会变成平民，到时候寺田就会成为负担。

霍韬在给林应骢的书信中提到林富当时已经调离广东，但不知道林富"敷择何省"。林富同乡柯维骐所作《兵部右侍郎林公富传》，把林富被调任的原因与"为忌者所中"联系起来：

> （林富）连升广东右布政。先是魏督学毁寺，籍其田。巨室争利之。富定议以田充军饷、给学膳，以地为书院、社学、医学有差。阉掠崇报寺腴田五千亩，称寺故市舶所建，闻富欲毁，乃撤佛像祀先圣。富谓于制匪宜，阉又移文御史，改祀崔清献。富谓阉图土田，以圣贤借口，卒毁之。……丙戌入觐为忌者所中，调广西。②

柯维骐所作传记中，林富被塑造为毁"淫祠"政策的坚定执行者。这一点与霍韬书信中维护僧人利益的形象大相径庭。这一对比，不知是不是为了回应霍韬那封言辞激烈的书信对林富形象的诋毁。有意思的是，崇报寺正是霍韬在写给林应骢书信中指责林富不去处理的坐拥数十顷田土的大寺院。林富毁崇报寺的记载，未见于其他同时代的文献，但值得注意的是，崇报寺确实是由前代市舶司所建，而且是有敕额的佛寺。在（成化）《广州志》中，明确记载该寺由"市舶司始创启之，以为番舶祈福之所，唐大观中贾胡舍财重修，市舶司请于朝，赐今额"。该寺在洪武二年被毁，其址作为南海县县衙，佛像、僧田地塘并入西禅寺，原有南海、番禺、高要等处田地共有4902亩。③（成化）《广州志》记载的崇报寺田土数字与《兵部右侍郎林公富传》提到的腴田5000亩的数字非常接近，但据（成化）《广州志》的记载，该寺在洪武二年已毁，其址成了南海县的县衙。按林富的传记，似乎是市舶司的宦官重新恢复了崇报寺的名号，接管了崇报寺的原有田产。林富对此并不买账，认为宦官是以奉祀圣贤为借口，图谋田土，最终林富仍然毁寺。林富毁寺之举是不是受了霍韬该信的影响，不得而知。

---

① ［日］井上彻：《魏校的捣毁淫祠令研究——广东民间信仰与儒教》，载《史林》2003年第2期，第47页。

② 〔明〕柯维骐：《兵部右侍郎林公富传》，转引自〔明〕焦竑《国朝献征录》卷58《都察院五》，见《续修四库全书·史部》第528册，上海古籍出版社2002年版，第171页。

③ 〔明·成化〕《广州志》卷24《寺观一》，见《广东历代方志集成·广州府部》第1册，第127页。按唐代无大观年号，疑为宋之误。

丙戌就是嘉靖五年，正是霍韬给林应骢写信之年，柯维骐说林富是被"忌者所中"，所以调任广西。这里没有指出"忌者"是什么人，从柯维骐的行文来看，也许指从魏校毁"淫祠"中获利的"巨室"或宣称拥有崇报寺的市舶司太监。按嘉靖二年，霍韬再疏乞归，方献夫亦在嘉靖四年四月以妻子病故为由还乡，直到嘉靖六年五月二人才在嘉靖皇帝一再催促下重新北上。①所以嘉靖五年林富调职时，二人都不在朝任职，应该没有能力决定林富的去留，这大概也是为什么霍韬只能给林应骢写信的原因之一。至于是不是市舶司太监向皇帝告状，不得而知。

林富调任广西右布政使之后，协助王守仁抚平田州的复叛。而方献夫则主动上奏推荐林富为都御史驻扎田州，可见此时方献夫对林富是颇为友善的。②王守仁也于嘉靖七年（1528）二月十三日、四月初六日两次上疏请求皇帝"准如方献夫所奏，将林富量改宪职，仍听臣等节制"，不过朝廷最终没有采纳方献夫与王守仁的意见，而是在同年五月二十二日升林富为右副都御史，抚治郧阳③。虽然林富没有按方、王等人的意愿继续驻守田州，但其官职却得到进一步提拔。由此看来，在嘉靖六、七年间，林富与方献夫、霍韬等广东士大夫的关系还是比较融洽的。在寺田问题上，方、霍等广东士大夫与林富大概也达成共识，正如柯维骐所言，林富最终是"定议以田充军饷、给学膳"，如果是指以寺田田价充作军饷的话，就与霍韬书信里面的"举而属之军饷"等建议一致。④不久王守仁病重，于嘉靖七年十月举林富自代后不候命即归，同年十一月二十九日病逝于赣州南安⑤。嘉靖八年（1529）正月，刚刚升任郧阳抚治不久的林富，随即晋升为兵部右侍

---

① 参见〔明〕霍韬《石头录》卷2"嘉靖二年三月"条，见《北京图书馆藏珍本年谱丛刊》，第217-218页；《明世宗实录》卷50"嘉靖四年四月庚戌"条，第1261页；卷76"嘉靖六年五月丙申"条，第1702页。

② 方献夫上疏称："田州乃边境要地，又去军门远涉……臣愿陛下暂置都御史一员，同广西副总兵专在田州驻扎，一听守仁节制。……臣见见任广西右布政使林富识见优长……臣愿陛下即用其人，则必能悉心协力赞辅守仁，以收全功矣。待事宁之日，别议取回，或即与巡抚可也。"见〔明·嘉靖〕《广东通志》卷62《方献夫》，广东省地方史志办公室1997年誊印版，第1603页。

③ 参见〔明〕王守仁《王阳明全集》卷14《奏报田州思恩平复疏》《举能抚治疏》，上海古籍出版社1992年版，第477页、第494-496页。（下引该书均此版本，除书名及页码外，其他不再另注）

④ 井上彻也认为林富采取了霍韬的提案。不过井上彻根据信中霍韬指责光孝寺、崇报寺有数十顷田就认为"林富不是将判定为淫祠寺院的僧田返还给原来的寺院，而是采取了将其归属给了作为正祠的寺院"，这一说法证据不充分。见〔日〕井上彻《魏校的捣毁淫祠令研究——广东民间信仰与儒教》，载《史林》2003年第2期，第47页。

⑤ 参见〔明〕王守仁《王阳明全集》卷35《年谱三》，第1323-1324页。

郎兼右佥都御史、巡抚两广提督军务，成为两广地区最高军政长官①。

第四节　嘉靖十一年龚大稔弹劾方献夫、霍韬之案

　　林富在两广一把手的任上似乎并不顺遂，由于"山贼海寇"问题处置不力，林富就任不久即屡屡向嘉靖皇帝上疏乞归②。林富与方献夫、霍韬等人的关系似乎也逐渐恶化，是不是仍然因为寺观田的问题则不得而知。嘉靖十一年三月，朝廷终于以陶谐代林富总督两广。《明世宗实录》说原因是当时"广寇未靖"，嘉靖皇帝疑心林富"有所规避，下巡按御史核状以闻"。吏部以不能耽误机宜为由，预先派遣官员接替林富的职位③。到了六月，由于广东海贼许折桂的问题，林富等一大批官员受到牵连：

　　　　先是，广东海贼许折桂等聚众流劫。有旨责令地方官戴罪剿贼。已，贼势益炽，佯求抚以缓我师，大肆卤掠。指挥刘瀚督戴罪指挥焦钰、柯荣入海抚谕，贼执钰、荣以袭虎头门，遂薄省城，所残伤不可胜数。巡按御史吴麟以闻。上以镇巡等官玩寇，令兵部覆状奏，乃罢巡抚林富与原任分守参议王洙俱为民，海道副使江良材、分巡佥事龚大稔、都指挥欧儒、王兰俱褫职闲住。总兵官仇鸾及两广巡抚陶谐俱戴罪，刻期杀贼自效。其余文武官有地方责者皆停俸，以吴麟不从实参奏，令自陈状。麟上疏引罪，命夺俸半年。④

　　如果从实录来看，林富等大批官员落职是海贼许折桂进犯省城所致，此事引发两广官场的震荡，上至巡抚、巡按，下至守土文武官员都被追究责任。柯维骐所撰《兵部右侍郎林公富传》这样解释林富落职的原因：

　　　　（林富）累疏乞休。时方献夫家众怙势夺民产。富付佥事龚大稔裁

---

① 参见〔明〕王守仁《王阳明全集》卷15《乞恩暂容回籍就医养病疏》、卷35《年谱三》，第522-524页、第1324页；《明世宗实录》卷97"嘉靖八年正月乙巳"条，第2261-2262页。
② 参见《明世宗实录》卷100"嘉靖八年四月辛卯"条，第2382页；卷109"嘉靖九年正月甲寅"条，第2573页；卷134"嘉靖十一年正月戊辰"条，第3173页。
③ 参见《明世宗实录》卷136"嘉靖十一年三月己未"条，第3207页。
④ 《明世宗实录》卷139"嘉靖十一年六月癸卯"条，第3261-3262页。

以法。乞休疏至，献夫取旨，回籍听勘。富将归，海寇许折桂为梗。御史适行部海上，辄檄巡海副使某出兵，及兵败将没，则反以失事为富罪。献夫从中应之，遂落职。大稔随被逮以死。①

柯维骐把掀起一番大风波的龚大稔弹劾方献夫、霍韬一案，与林富的落职联系起来了。柯维骐说兵败的责任是在"御史"，无疑是指巡按御史吴麟。由于材料所限，兵败到底是林富还是吴麟的责任已经难以分辨。但这个说法中有一个疑点，三月林富乞休疏到朝廷的时候，方献夫还在从广东到北京的路上，当时主持吏部的还是尚书王琼（1459—1532）②。所以方献夫"取旨"的说法是站不住脚的，方献夫当时肯定还不能直接影响皇帝与吏部的决定。五月方献夫抵达北京后，以武英殿学士兼吏部尚书的身份入阁③。方献夫以广东南海出身的阁臣之尊，对广东海贼失事的处置的影响力肯定是非常大的。所以就算三月林富"回籍听勘"不是方献夫所为，但六月林富等一大批官员的落职肯定是要得到方献夫支持才能通过。如与方献夫及霍韬关系不好的分守参议王洙、分巡佥事龚大稔等都受到褫职为民或闲住这样严厉的处罚。④

受到牵连的龚大稔于七月上疏，弹劾方献夫及霍韬居乡不法事。这当然不只是龚大稔与方、霍二人的个人恩怨，正如霍韬在为自己辩解的奏疏中提到的，当时的议礼诸臣，张璁已致仕、桂萼病故、方献夫则在回北京的路上称病，所以霍韬称那些因为议大礼而得罪闲住、谪戍的官员认为这是一个"扫灭"议礼诸臣的机会。霍韬把龚大稔弹劾自己和方献夫归因于方、霍等议礼诸臣的政敌的谋划，说"今日之诬虽出龚大稔之口，然内外构议，远近合谋，机械翕张，非一人之力，非一日之故矣"⑤。

当时因议大礼而引发的政治斗争，在这里不多做展开，只就指控事实做进一步讨论。《明世宗实录》节录了龚大稔奏疏的部分内容，在针对方献夫的指控上，龚大稔称：

---

① 〔明〕柯维骐：《兵部右侍郎林公富传》，转引自（明）焦竑《国朝献征录》卷58《都察院五》，见《续修四库全书·史部》第528册，第172页。
② 据实录，嘉靖十一年四月的时候，方献夫还在江西，听说皇帝有微恙，上疏问安，皇帝"嘉其忠爱，促令速赴供职"。见《明世宗实录》卷137"嘉靖十一年四月己亥"条，第3230页。
③ 参见《明世宗实录》卷138"嘉靖十一年五月丙子"条，第3250页。
④ 王洙、龚大稔与方献夫、霍韬之间的矛盾，可参见〔明〕霍韬《渭厓文集》卷3《辩明雠诬疏》，见《四库全书存目丛书·集部》第68册，第570-571页。
⑤ 〔明〕霍韬：《渭厓文集》卷3《辩明雠诬疏》，见《四库全书存目丛书·集部》第68册，第571-572页。

> 献夫以阴鸷之资，纵溪壑之欲，而韬又以刚狠翼之。各任亲族、盘结党与、侵夺盐利、笼络货权、分据要津、并为龚断。毁官署、移巡司以便其私，夺禅林、攘寺产而擅其利，在二臣犹为细事。甚者若仁王寺基，已改先儒朱熹书院，而献夫夺之以广其居，又受奸僧梁鳌投献田土，奴畜之。鳌有罪当逮，匿护不以就鞠。①

黄佐所编修的（嘉靖）《广东通志》中还记录了一段嘉靖十一年广东按察金事龚大稔弹劾方献夫和霍韬的文字，可以做补充："初，大稔与方献夫有隙，讼方氏者皆为准理，因廖鹏云等犯罪，惩治方氏家人，韬愤为之作俗毒胰解，又因治仁王寺朱琳狱，韬益不平，复作续俗毒胰解。"②这里提到的两宗案件的关键人，在现有文献中都未见记载。龚大稔弹劾的焦点集中在方、霍二人"各任亲族、盘结党与、侵夺盐利、笼络货权"、毁官署、夺寺产、"保养奸回，沮挠法守"等事。其中龚大稔最强调的就是方献夫夺取仁王寺的问题。此疏上奏之后，方献夫随即上章自辩：

> 惟正德九年，有诏毁鹭淫祠，臣时为郎家居，而仁王寺寔近臣宅。臣因输直，告请为业，并买寺田若干。近耕者以争佃讼，大稔深劾之，构成重狱，阴欲蔑臣，臣面以理折之，业已屈服矣。顷因臣被召，自生疑忌，又欲承望风旨，奏劾霍韬，恐臣为韬地，遂并诋臣。且大稔以海洋失事，被论褫职，乃欲藉此立名，以为后阶，其奸谲可见。③

据实录的记载，方献夫称龚大稔弹劾自己是因为自己"尝讽其行事乖方，用刑酷暴，遂益恨臣，阴求所以中臣"，以此表明龚大稔所劾出于一己之私。又自辩龚大稔所评之罪名，主要是就仁王寺及"保养奸回"二事进行了辩驳，方献夫说仁王寺是在正德九年为郎家居时所买，回避了"寺基已改先儒朱熹书院"的攻击。至于奴畜奸回之事，方献夫亦称龚大稔只是"阴欲蔑臣"，又回避了畜奴的问题。井上彻认为龚大稔的上奏反映了当时势家强占寺产的情况。他认为："龚大稔的告发及方献夫和霍韬的辩解到底哪一方的陈述是事实我们无法确认。"④从龚大稔及方献夫二疏来看，龚大

---

① 《明世宗实录》卷140"嘉靖十一年七月辛酉"条，第3272页。
② ［明·嘉靖］《广东通志》卷62《霍韬》，广东省地方志办公室1997年誊印版，第1609页。
③ 《明世宗实录》卷140"嘉靖十一年七月辛酉"条，第3273－3274页。
④ ［日］井上彻：《魏校的捣毁淫祠令研究——广东民间信仰与儒教》，载《史林》2003年第2期，第47页。

稔的攻讦虽然有挟私之嫌，但方献夫对其攻击事实无法正面反驳。此处提到的仁王寺，（成化）《广州志》中则被称为护国仁王禅寺，据说是晋太康二年由西竺佛教徒迦摩罗所建，有田25顷①。亦即魏校公移中的粤秀山附近的"仁皇废寺"②。仁王寺在魏校任提学时已经是"废寺"，据方献夫所言是正德九年"有诏毁鬻淫祠"的结果，当时方献夫家居，将寺及寺田买入。方献夫提到的这一诏令在现有文献中都没有发现。按理，方献夫在正德七年（1512）至嘉靖二年初都在广东家居③，因此魏校毁"淫祠"时，如果方献夫此时已经承买了仁王寺基，魏校若无视方献夫先前的购买权，又将其夺过来改为奉祀朱熹的晦翁书院，似乎不合情理。方献夫上疏辩护时，强调的是自己于正德九年时买入所有权，却只字不涉已改书院之事。而魏校将其改为晦翁书院之时，又未见提及方献夫对仁王寺基的占有权。霍韬在其申辩中也提到仁王寺的问题，称是"此地皆抚按明文召人承买，地止十亩七分，彼则诬曰五十亩"④。强调的也只是寺基的面积大小有误，也回避了改建书院的问题。值得注意的是，黄佐在嘉靖六年编成的《广州志》中记录了这所晦翁书院，但在其主纂的嘉靖三十六年（1557）《广东通志》中所罗列的广州府众多书院中，却没有晦翁书院了⑤。成书于嘉靖十四年的由戴璟主修的（嘉靖）《广东通志初稿》中亦记有晦翁书院，但只是说该书院原为仁王寺故址，嘉靖二年由魏校改建，并未说明此后的变化⑥。而从方献夫的回奏可知，最晚在嘉靖十一年该寺就已经是方献夫的产业了，《广东通志初稿》中有一篇方献夫所作序文，可见戴璟与方献夫关系良好，戴璟可能是刻意回避了方献夫夺取仁王寺的问题。（崇祯）《南海

---

① 参见〔明·成化〕《广州志》卷24《寺观一》，见《广东历代方志集成·广州府部》第1册，第128页。

② 参见〔明〕魏校《庄渠遗书》卷9《为崇正学以辟异端事》，见《景印文渊阁四库全书》第1267册，第870页。

③ 参见〔明〕李本《明故光禄大夫柱国少保兼太子太保吏部尚书武英殿大学士赠太保谥文襄方公神道碑铭》，见〔清〕方菁莪纂修《南海丹桂方谱》之《方谱祠墓·神道碑》。

④ 〔明〕霍韬：《渭厓文集》卷3《辩明雠诬疏》，见《四库全书存目丛书·集部》第68册，第572页。

⑤ 参见〔明·嘉靖〕《广州志》卷28《学校下》，见《广东历代方志集成·广州府部》第1册，第399页；〔明·嘉靖〕《广东通志》卷38《礼乐志三》，广东省地方史志办公室1997年誊印版，第925-929页。

⑥ 参见〔明·嘉靖〕《广东通志初稿》卷16《学校》，见《四库全书存目丛书·史部》第189册，第313页。

县志》中,则称晦翁书院"久废"①。将嘉靖六年到嘉靖三十六年之间晦翁书院的消失,与嘉靖十一年龚大稔的弹劾进行对照,方献夫攘夺已改为晦翁书院的仁王寺基的嫌疑非常大,正德九年就已承买仁王寺基的辩护并没有坚实的证据。

龚大稔对霍韬的弹劾,在《明世宗实录》所节录的疏文称:

> 韬居南海,乃受高要县民投献,而争过沙塘,致伤人命。臣理官也,据法以塘归主,以杀人者抵罪。韬乃取狱词,标榜名曰《俗毒牍解》送臣,胁使翻案。②

这一疏文节录得太简略,不过霍韬回应龚大稔弹劾的《辩明雠诬疏》还收录在其文集中,可资对照。从霍韬该疏来看,霍韬强调的有三点,其一是议大礼中失势官员对"议礼诸臣"的攻击。其二是指责龚大稔的弹劾是"添捏塘税"。霍韬辩护称自己家族所购田土不过税30亩,而龚大稔则添塘税19顷,这个数字是霍韬所报的60倍,两者之间差距相当大,一方面也许是龚大稔夸大其词,另一方面也可能是真实田塘面积与税收面积之间的反差,因为霍韬反驳的只是税亩的数字,而没说明真实田土的面积数字。其三则是为自己守制期间注供词解释,称是为了辩解龚大稔在争沙塘一案中对自己的诬蔑。③以上三点除了第二点外,大多没有涉及事实层面的问题。

黄佐(嘉靖)《广东通志》还提到龚大稔指控霍韬:"既取宝峰寺改建书院,并攘化成、千秋、宝镇、崇圣等寺田土。"④值得注意的是,这些指控在霍韬的《辩明雠诬疏》中都没有回应。霍韬将西樵山宝峰寺改建书院的详细过程,可参见已有研究⑤。至于其他各寺田土在(成化)《广州志》中都有记录:化成寺位于南海鼎安都大同堡,宋绍兴十年创,有田5.79顷;宝镇寺,(成化)《广州志》作宝真寺,在南海黄鼎都张槎堡,宋嘉定

---

① 〔明·崇祯〕《南海县志》卷7《礼乐志》,见《广东历代方志集成·广州府部》第10册,第296页。
② 《明世宗实录》卷140"嘉靖十一年七月辛酉"条,第3273—3274页。
③ 参见〔明〕霍韬《渭厓文集》卷3《辩明雠诬疏》,见《四库全书存目丛书·集部》第68册,第571—572页。
④ 〔明·嘉靖〕《广东通志》卷62《霍韬》,广东省地方史志办公室1997年誊印版,第1609页。
⑤ 见任建敏对从宝峰寺到四峰书院的变化及霍韬强占宝峰寺故事演变的考察。参见任建敏《从"理学名山"到"文翰樵山"——16世纪西樵山历史变迁研究》,广西师范大学出版社2012年版,第104—123页。

十一年（1218）创，元至治二年（1322）何氏妪舍田地塘4.38顷；崇圣寺，在南海鼎安都沙头堡，宋乾道年间创，有田95亩①；千秋寺，在广州城西南仙湖街，五代南汉时创，元末毁，洪武三年（1370）以其地为按察司，有田13顷，其精巧佛像都移入了光孝寺。由于千秋寺在元末即被毁，（成化）《广州志》所记录的千秋寺田土，也许是属于废寺田的性质②。

龚大稔对霍韬的这些指控是否站得住脚，还要从霍韬当时所处环境来考察。根据《石头录》的记载，霍韬在正德十六年初已经北上谒选，一直到嘉靖二年五月底才返抵广东③。而魏校在正德十六年八月才就任广东提学副使，在嘉靖二年七月以后离开广东，所以两人在广东的时间交集大概是在嘉靖二年五、六月之间，这时已经是毁"淫祠"行动的尾声，就算霍韬要夺取大量的寺田，他亲自参与的可能性也不大。但是霍韬不在广东期间，其家族成员，尤其是其四弟霍任（字尹先），加意经营其家族的产业。霍韬在家书中就提到"化成寺地基及前田塘，先闻尹先承了，可与执事收管，以助为善"。可见霍韬是知道化城寺及其田产由霍任承买了的，而且没有表示反对，只是说要拿来"为善"。不过霍韬又嘱咐道："仍说尹先，谕家中兄弟，再或增分厘产业，积子孙罪过，只守得旧足矣。有余推之亲友，无益事勿干。"④即使霍韬本意没有打算购入这些寺田，但是霍韬的家族成员仍然仗霍韬之名涉足各种生意，如采石、开矿、卖盐、做沙等⑤。为此，霍韬屡屡在家书中告诫家人，如他给其好友郭肇干的书信中提到：

> 予每戒家人，勿生事，勿求官司，勿得罪乡里，过人口舌。何为又去卖盐，又开银矿，又去做沙，皆不知足也。卖盐做矿，必置之法，不许解救，愈解此处，行之愈急，是速致死也。我今为天下任怨，只求致太平，不负古圣贤行道济时之志。如家人生事累我，则道不行于

---

① 参见〔明·成化〕《广州志》卷25《寺观二》，见《广东历代方志集成·广州府部》第1册，第133页。
② 参见〔明·成化〕《广州志》卷25《寺观二》，见《广东历代方志集成·广州府部》第1册，第145页。
③ 参见〔明〕霍韬《石头录》卷2"嘉靖二年五月"条，见《北京图书馆藏珍本年谱丛刊》，第223页。
④ 参见〔明〕霍韬《渭厓文集》（二）卷7《与冢山书十》，见《四库全书存目丛书·集部》第68册，第167页。
⑤ 霍韬家族在嘉靖年间的产业经营情况，参见任建敏《从"理学名山"到"文翰樵山"——16世纪西樵山历史变迁研究》，广西师范大学出版社2012年版，第145-156页。

家矣，又何望行于国天下？①

霍韬家族在霍韬为官以前的经济环境大概不是很好。前文引《石头录》"正德十年"条霍韬从孙霍尚守注释称："公素贫，兄弟五人，田不满四十亩。"②而且在霍韬之父霍华卒于正德十二年之时，霍韬自己也宣称"贫不克葬"，还特别提及了广州知府魏廷楫的帮助③。而到了嘉靖年间，霍韬的家族已经广泛涉足珠三角地区的多处产业，由此可见其家族财富增长之迅速。在这种情况下，霍韬大概也很矛盾，自己如今"为天下任怨"，而家人却"生事累我"，显然霍韬是很难限制其家人的行为的，不然他也不必在家书中屡屡告诫。因此，龚大稔的说法应该是有一定根据的，虽然承买寺田的经手人不是霍韬，但还是霍韬的家族打着霍韬的名号来操作的。

总而言之，龚大稔弹劾中有关方、霍二家的事实指控，或多或少都是方献夫、霍韬不能完全辩驳的。但嘉靖皇帝并没有进一步追查的打算，他对龚大稔弹劾一事的回应是："龚大稔系地方失事官员，该巡抚官奏，已有旨拿问了。着巡按御史提解来京问理。都察院知道。"④据《明世宗实录》记载，此事中法司对龚大稔给出的处置是"输赎回籍闲住"，而嘉靖皇帝的批示则是"特黜为民"⑤。（嘉靖）《广东通志》则称"大稔逮去，坐罪罢归"⑥。不过，柯维骐却在林富传记中称龚大稔是因为管束方献夫家族的恶行而被逮至死的，且没有提及龚大稔之所以被逮捕是因为他在削职以后上疏弹劾方献夫及霍韬。由此看来，柯维骐所作传记，颇有加工改造的地方。是年十月巡按直隶御史冯恩弹劾方献夫，重提龚大稔弹劾之事，说方献夫没有引咎请罪，反而肆意"佞辩"。嘉靖皇帝看了很不高兴，说冯恩是"假以星变，妄骋浮词，论列大臣，中藏恩怨，巧事讥评，大肆非毁，必有主使传寄之人，命锦衣卫官校枉械来京问"⑦。由于嘉靖皇帝的明确态度，

---

① 〔明〕霍韬：《渭厓文集》（二）卷7《与冢山书十一》，见《四库全书存目丛书·集部》第68册，第168页。
② 〔明〕霍韬：《石头录》卷1"正德十年"条，见《北京图书馆藏珍本年谱丛刊》，第198页。
③ 参见〔明〕霍韬《渭厓文集》（二）卷5《樵储录序》，见《四库全书存目丛书·集部》第68册，第78页。
④ 〔明〕霍韬：《渭厓文集》卷3《辩明雠诬疏》，见《四库全书存目丛书·集部》第68册，第572页。
⑤ 参见《明世宗实录》卷140"嘉靖十一年七月辛酉"条，第3273页。
⑥ 〔明·嘉靖〕《广东通志》卷62《霍韬》，广东省地方志办公室1997年誊印版，第1609页。
⑦ 《明世宗实录》卷143"嘉靖十一年十月丙申"条，第3343页。

方、霍等权势之家在地方是否有侵占田地的行为并未得到追究。

从嘉靖二年魏校去任伊始，一直到嘉靖十一年林富的落职，围绕珠三角地区大量寺产的处置问题，珠三角地区的权势之家与广东有关主政官员的较量一直在持续进行。这些权要由于与嘉靖皇帝关系密切，所以在这一问题上屡占上风。随着林富、龚大稔的去职，没有再掀起大波澜。

第四章 明代中后期广东的寺观田政策及其影响

经过嘉靖初年魏校、欧阳铎等相继推行毁"淫祠"寺观之后,大量名义上隶属寺观的田产流失到了士大夫或宗族手中。到了嘉靖中期,这些在毁"淫祠"中被释放出来的寺观田产的归属问题大体确定下来。但是由于寺观田在明代赋役制度上的特殊性质,其科则与一般民田不同,也不能随意买卖,甚至官府还对已经卖出的寺观田有一定的增价发卖、增加军饷等的处置权,因此,明代中后期寺观田受官府政策影响仍然很大。

第一节 魏校毁"淫祠"寺观之后广东各府寺观情况

经过从明初到嘉靖前期广东主政官员与地方权势之家的多次往复较量之后,宋元时期在广东地区兴盛一时的佛教力量,已经失去了它们在地方社会上的广泛影响力,尤其是经济实力受到了很大的冲击。因此,到了明代中叶,广东实际上仍然活跃的寺观数量已经大为降低了。以嘉靖十四年成书的(嘉靖)《广东通志初稿》中记载的广东地区各府拥有的寺观数量为例,可以看到其数量在急剧减少,详见表4-1、图4-1、图4-2。

表4-1 (嘉靖)《广东通志初稿》卷36 各府寺观数字

(单位:所)

	寺数	观数
广州府	12	8
韶州府	32	2
南雄府	2	1
惠州府	49	6
潮州府	28	3

续表 4-1

	寺数	观数
肇庆府	15	2
高州府	1	1
廉州府	2	2
雷州府	2	0
琼州府	6	2

由上表可见，广州府的寺观总数，只有区区的 20 所，这一数字显然太小了，很可能是与该方志的纂修者收录寺观的原则有关，实际数字当不止此数，这 20 所显然是官方认定的登记在册的拥有产业的寺观。相比之下，（成化）《广州志》中，广州府的寺观道堂总数超过 500 所，即使剔除了庵堂、道堂，其数字也大概有 400 所。其中，在（成化）《广州志》中仍然登记有田产的佛寺高达 187 所、道观有 29 所，与（嘉靖）《广东通志初稿》所记载的佛寺 12 所、道观 8 所相比不啻倍蓰。当然，考虑到（成化）《广州志》记载的有田寺观很多其实仅存其名，但即使有一半寺观已经废弃，成化年间广州一府的寺观数量，也毫无疑问超过 100 所，是嘉靖年间登记在册的 5 倍。

进一步考察以上数字，可以大致看到嘉靖年间广东地区各府登记在册的佛寺、道观的数额与比例关系。

首先是佛寺数量的比例。从比例统计来看，惠州府的佛寺在册数字最多，达到 49 所，占全省总数的 32.89%，约相当于 1/3。查比（嘉靖）《广东通志初稿》晚七年成书的嘉靖二十一年（1542）《惠州府志》记载的寺观情况，据笔者统计，惠州府所属各县，共有 70 所佛寺、13 所道观，但是记录相当简略，往往只有寺观名字，而无说明。这一数字较（嘉靖）《广东通志初稿》略多，但其中显然有一部分可以确定在嘉靖以前就已废毁。如归善县的光孝寺，就有"洪武中归并永福，以其地位卫仓，今为受纳仓"。又如海会寺，注明了"今废"二字①。可见这 70 所佛寺中，有一部分也是只存其名的。另外，惠州府所属道观数量颇多，其中尤其以博罗县为最，有 6 所，这很可能是由于位于博罗县境内的罗浮山拥有悠久的道教传统的影响。如冲虚观就明确记载是在罗浮山上。因此，（嘉靖）《广东通

---

① 参见〔明·嘉靖二十一年〕《惠州府志》卷 12《外传》，见《广东历代方志集成·惠州府部》第 1 册，第 253 页。

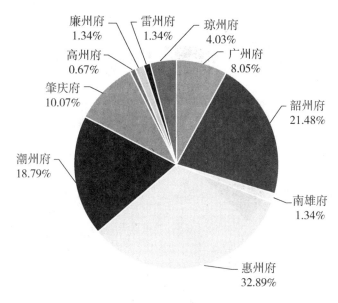

图 4-1 （嘉靖）《广东通志初稿》各府佛寺数量比例

志初稿》的惠州府部分还是比较有可信度的。

其次是位于粤北的韶州府以及粤东的潮州府，各有 21.48% 与 18.79%。粤北在北宋以前，一直是广东文教最为发达的地区，韶州南华寺还是禅宗南宗的祖庭，所以佛教力量向来兴盛。而潮州府邻近福建，福建的佛寺文化尤其发达，潮州地区受福建影响很大，所以韶州、潮州二府的佛寺数量仅次于惠州府。

再次是肇庆府、广州府，各占 10.07% 与 8.05%。其中广州府的数量急剧下降，其直接原因无疑是嘉靖初年魏校毁"淫祠"寺观的直接影响。前文已经多做铺陈，在此不再赘述。

然后是琼州府，登记佛寺 6 所，数量不多。而高州府、雷州府、廉州府、南雄府的佛寺数量都非常少，只有 1~2 所，尤其是同样位处粤北的南雄府，佛寺数额之少，实在是出乎意料。可能是与（嘉靖）《广东通志初稿》纂修的时候，对这些远离本省行政中心的边缘府州的管理较为薄弱，并未有比较完整的佛寺登记有关。

比较了佛寺的比例之后，再看看嘉靖十四年左右广东省各府道观的比例。

以上比例中，广州府有道观 8 所，位居首位，占 29.63%，惠州府有 6 所，占 22.22%。这两府是广东地区道教活动较为活跃的地区，从东晋葛洪

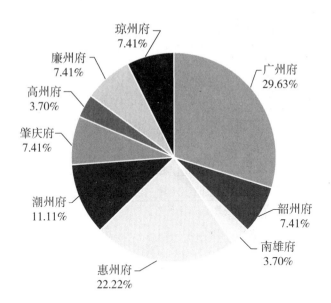

图4-2 (嘉靖)《广东通志初稿》各府道观数量比例

在罗浮山炼丹,往来广州、惠州之间起就是如此,所以道观数量占比较多,也是合理的。潮州府、韶州府、廉州府、琼州府、肇庆府,各有2~3所,而高州府、南雄府则只登记了1所,雷州府干脆是一所道观都没有登记在册。这显然是不符合历史实际的。查(万历)《雷州府志》可知,海康县有玄妙观,宋朝时名为天庆观,元朝时才改为玄妙观。弘治年间还由太监陈荣所增修。嘉靖初魏校毁"淫祠",改为城隍庙,到知府洪富复建三清堂于原址之东,也只是"存其迹"而已,一直到了万历三十七年(1609)才在知府郭士材、同知张应中的主持下,追回被侵之田152亩,重修殿宇。① 另外,徐闻县有一座崇贞观,宋景定年间创,洪武二十三年(1390)知县蒋生雄重建,正德年间(1506—1521)知县汪泽重建。并未记载该观曾经被毁②。(嘉靖)《广东通志初稿》不录海康县的玄妙观可以理解,但不录徐闻县的崇贞观,其原因就不得而知了。

---

① 参见〔明·万历〕《雷州府志》卷22《寺观》,见《日本藏中国罕见地方志丛刊》,北京书目文献出版社1992年版,第309页。
② 参见〔明·万历〕《雷州府志》卷22《寺观》,见《日本藏中国罕见地方志丛刊》,北京书目文献出版社1992年版,第310页。

第二节 鬻天下废寺田：嘉靖中期的寺观田变卖及其赋役政策

总而言之，经过魏校毁"淫祠"活动之后，（成化）《广州志》中名义上仍然隶属佛寺的田产也有相当大部分流失掉了。到了嘉靖中期，魏校毁"淫祠"中被释放出来的寺观田产的归属问题大体确定下来。但是，正如前文所言，寺观田和一般民田不同，废寺田则属于官田，常住田虽然在广义上属于民田，但其科则与一般民田不同，也不能随意买卖，因此寺观田受官府政策影响很大。在明前期的广东，由于登记在寺院名下的田产虽有税粮，但无杂派，所以寺院名下有大量田产。魏校毁"淫祠"寺观只是广东寺观田问题的一个开端，魏校把田产从寺院手中夺取过来，交到官府以及权势之家手中。其后，嘉靖初年围绕这些寺观田所有权的争论，解决了寺观田的归属问题，承认权势之家对寺观田的占有权，但是由于寺观田的特殊性质，官府能够以军饷为由继续干预寺观田的产权。嘉靖中期以后，寺观田的赋役问题更加突出，嘉靖朝屡次以军饷、大工为由，将寺观田增价发卖，而且随着拥有免役权的士大夫相继离世，寺观田粮差负担也随之而加重。

经过嘉靖初年的争议，权势之家对田产的占有权得到广东当局的承认，而地方官府为了保证这些田产的赋税能够收上来，则在嘉靖五年经林富定议，将田价充作军饷等用途。这一点十分关键，意味着官府仍然有对这些寺观田再处置的权力。此后对待毁"淫祠"寺观留下来的田产，都以缴纳军饷的原则来承业。代表广东有司一方的林富虽然在与方献夫、霍韬等广东士大夫的斗争中落败，但他的政策却得到延续，确保寺观田买卖的收入充作军饷。如嘉靖二十九年，湛若水通过黄佐的转介，购买白云寺基址创立白云书院时，其程序就是官府"召卖者，准湛瑶纳军饷，出帖税付管"[①]。湛若水提到，白云寺在毁寺之初，其寺田已经"尽充于邓氏"，"独

---

① 〔明〕湛若水：《甘泉先生续编大全》卷5《新创白云书院记》。科大卫据屈大均《广东新语·白云书院》条"泰泉黄公以景泰为泰泉书院，铁桥黄公以月溪为铁桥精舍，甘泉湛公以白云为甘泉书院"认为湛若水在此处所创建者为甘泉书院。参见科大卫《皇帝和祖宗——华南的国家与宗族》，第122页。但据湛若水文集及罗洪先所作湛若水墓表可知，以甘泉为名者在湛若水家乡、溧阳，而在白云山者实则是白云书院。

留胜基以待甘泉子之来"。①所以,湛若水让"家人出军饷之金以兑于官,收十亩之税以供于公"②。可见购买寺基及所附 10 亩田土都是需要缴纳军饷的,湛若水以家人湛瑶的名义向官府交纳军饷,取得帖税管业。"供于公",也许是湛若水在强调他会如数交纳公家的粮差。湛若水之所以愿意这么做,证明当时寺基的实际价值仍然是比需要缴纳的军饷数字要高的。

不过,军饷这个名目是一个无底洞,嘉靖年间巨大的军饷开支使广东主政官员想尽办法从各个地方开源。民田的牵涉面太大,是不能轻易加征的,但被指定作为军饷用途的寺田则仍有操作空间,有司仍然可以做进一步的处置。随着嘉靖十三年(1534)方献夫致仕,嘉靖十九年(1540)湛若水致仕、霍韬在礼部尚书任内病逝,在嘉靖初年显赫一时的岭南仕宦大为衰落。③霍韬在嘉靖五年写给林应骢的书信中说"(权要)苟死矣,则子孙有求为平民不可得者"变成现实问题。从霍韬家族族谱记载的宝峰寺寺田,可以看到嘉靖二十一年以后寺产的粮差负担在逐渐加重:

> 简村堡排年呈首西樵宝峰寺僧奸淫不法事,准析寺卖田。时文敏公家居,承买寺田三百亩,作大宗蒸尝。嘉靖十九年文敏公薨。二十一年,寺田复奉勘合,发卖增价。金事与瑕、分宜与瑞增价买回。内将二顷入祠堂,将五十亩入社学,五十亩赡族。嘉靖三十九年(1560)复奉勘合增价。瑕、瑞兄弟哀诉于两广郑军门,行府县议减纳饷,乃得为祭祀,计田二顷,僧米十石七斗,又加虚税粮二石七斗,所入甚薄,而粮差甚重。每岁春秋祭祀外,存积不多。与瑕虑寺田终有更变,乃樽缩前租,买到简村堡田数十亩,永作大宗蒸尝。④

这一段记载蕴含的信息十分丰富,由此可见霍氏承买了寺田后的问题。其一是寺田的所有权并不是在霍韬购买时就已经完全过渡到霍氏家族的,官府仍然可以在日后多次增价发卖。其二是寺田的粮差较重,收益不多。

关于寺田增价问题:霍韬所承买的宝峰寺及其寺产,在嘉靖二十一年、嘉靖三十九年两次奉勘合,发卖增价,后皆为霍韬之子霍与瑕、霍与瑞等

---

① 〔明〕湛若水:《甘泉先生续编大全》卷5《白云开山仙祖祝圣坛记》。据湛若水记载,此处白云开山仙祖指安期生。

② 〔明〕湛若水:《甘泉先生续编大全》卷5《欧阳公修白云精舍记》。

③ 参见任建敏《从"理学名山"到"文翰樵山"——16世纪西樵山历史变迁研究》,广西师范大学出版社2012年版,第283页。

④ 〔清〕霍绍远:《石头霍氏族谱》卷1《祠记》,广东省立中山图书馆藏光绪二十八年刻本。

人增价买回。嘉靖年间多次变卖废寺田，与当时军费以及土木开支巨大有关。据《明世宗实录》记载，嘉靖二十一年三月，户科都给事中郭鋆等条陈六事中就提到福建"变卖废寺田价租银亦不下数万，宜查催解用，他省仿此"①。由此可见，是年变卖寺田并不是福建一省的行动，而是在多省展开的。广东的特殊性在于，在嘉靖二十一年朝廷下诏变卖废寺田以前，广东很多寺院的田产早已经在魏校任提学的时候卖出去了。

嘉靖二十一年奉诏发卖寺田充饷在广东的地方志中留下了零星记录。这一充饷行动，可能与嘉靖十五年（1536）至十九年间，明廷因安南莫登庸篡位自立而兴师问罪做南征准备有关。②如当时身处明朝与安南边境前线的钦州知州林希元极力主张出兵，并在其《条上南征方略疏》中提到军饷的筹措方案，其中有一条就是"借卫所无用旗军月粮与僧租以备行粮，鬻废寺田以造战船，已经议行两广军门酌用"③。由此可见，林希元提到的要用"僧租"（也就是寺田的租税）来作为南征军士的行粮，要卖掉废寺田来作为造战船的费用的建议，都已经经过朝廷的定议，行文两广总督军门酌情采用了。此外，嘉靖十七年（1538）起担任潮州府大埔县知县的广西全州人李桂，在其任上，因为"本县多僧田，近例重征军饷，桂因民诉，辄为申省之"④。李桂在任上面临的"近例重征军饷"之事，显然与嘉靖二十一年奉诏卖寺田充饷有关。

另外，潮州府海阳县也有一个例子，由此可以看到这一次"鬻天下废寺田"之举是广泛实施的行动。海阳县城西南四十里外有一座"怀惠祠"，是由潮州名宦、王阳明的弟子薛侃所倡建，里面奉祀的是明代大儒王阳明。王阳明的弟子江西人邹守益为其作记，该记里面提到：

> 乡耆洪瞻、生员王瓐辈请于大巡吴君麟，允建宗山书院，尸而祝之。……中为祠堂，左卫讲堂，右为经楼。……然景僻烟远，非二三人可守。中离薛子自出租五十，募人看守香灯。继而二守刘君魁置租九十，大巡洪君垣拨废寺租二百石，续正祀典，徭编门役，令府县佐

---

① 《明世宗实录》卷259"嘉靖二十一年三月壬午"条，第5179-5180页。
② 嘉靖年间征安南之役的前后经过，可参见李福君《明嘉靖朝征安南之役述评》，载《天津师范大学学报》（社会科学版）1997年第2期，第32-38页。
③ 〔明〕林希元：《林次崖先生文集》卷4《条上南征方略疏》，见《四库全书存目丛书·集部》第75册，第513-515页。
④ 〔明〕郭棐著，黄国声、邓贵忠点校：《粤大记》卷12《宦迹类·李桂》，广东人民出版社2014年版，第357页。

贰官致祭。中离始收回原租,顷因奉例鬻寺田,龚守湜取其寺租而鬻之民。竹居子克承厥志,入直于官,仍以百租归宗山。①

以上文字简要地说明了怀惠祠的祠产来源历史,但该文未言明"奉例鬻寺田"的时间。然而可以从该篇所出现的官守进行推断。此处出现的"龚守湜",即潮州知府龚湜,任职于嘉靖二十年(1541),后致仕去。去职时间不详②。另外还有一位"大巡洪君垣",他指的是广东巡按御史洪垣。洪垣的广东巡按御史之职,是接任于嘉靖十九年四月被调外任的广东巡按御史王德溢的空缺。其正式就任的时间当在嘉靖十九年的下半年。嘉靖二十年四月洪垣在广东巡按御史任上因为交趾归附之事而获升俸一级的奖赏③。《明史》又称"未竣,出为温州知府"。湛若水于嘉靖二十年四月作《送大巡觉山洪君外补温州太守诗序》,当中有"明年三月,外补温州守官"之句,可知洪垣出为温州知府的诏令在嘉靖二十年三月时即已下达广东④。因此,洪垣巡按广东只有不到一年的时间⑤。所以,"奉例鬻寺田"之事,正是在嘉靖二十年左右。与霍与瑕提到的嘉靖二十一年奉诏发卖寺田充饷正好一致。而怀惠祠的祠产来源,最初是由薛侃所捐的 50 石田租,后来由潮州府同知刘魁续置租 90 石、广东巡按御史洪垣拨废寺田租 200 石。由于有了这 200 石租谷,薛侃就把自己所捐田租收回了(可见这样的捐献也是可以灵活处置的)。此后由于嘉靖二十一年左右奉诏卖寺田,这一笔 200 石的寺产被知府龚湜取回,重新出售。薛侃之兄薛侨(号"竹居子")出钱把这笔废寺租重新买了回来,仍然把其中的 100 石归于宗山书院,作为怀惠祠的奉祀之资。

另外,据(万历)《新会县志》,嘉靖二十二年:

诏卖各寺观田地。(邑僧田,民已先自出钱兑买,亩上银四两,中三两,下二两。原有僧者,僧收其税,寺废僧亡者,里豪争收其税。

---

① 〔明·嘉靖〕《潮州府志》卷 4《祠祀志》,见《广东历代方志集成·潮州府部》第 1 册,第 55 页。
② 参见〔明·嘉靖〕《潮州府志》卷 5《官师志》,见《广东历代方志集成·潮州府部》第 1 册,第 64 页。
③ 参见《明世宗实录》卷 248 "嘉靖二十年四月庚申"条,第 4972 页。
④ 参见〔明〕湛若水《泉翁大全集》卷 25《送大巡觉山洪君外补温州太守诗序》。
⑤ 参见任建敏《从"理学名山"到"文翰樵山"——16 世纪西樵山历史变迁研究》,广西师范大学出版社 2012 年版,第 263 页。

至是议卖，知县何廷仁定价太重，民破产鬻子不能偿。)①

（万历）《新会县志》提及发卖寺观田是在嘉靖二十二年，而非二十一年，也许是因为这一措施在广东各县推行时有先后。这一条记录的意思比较模糊，看上去似乎是在嘉靖二十二年以前，新会的寺观田就已经大部分被变卖了，该方志用僧田而不用废寺田来描述这些田产，因此更可能是指常住田，但也不排除包含废寺田。当时是以每亩2～4两的田价卖给新会的"民"。这些寺观田的"税"，似乎应该解释为"税业"，"里豪"争的是寺观田的土地纳税权，亦即拥有权。寺观田被变卖，也许就是在魏校任上发生的。到了嘉靖二十二年，由于皇帝下诏出卖寺观田地，这些已经被变卖的寺观田重新被"议卖"，该方志称当时的知县何廷仁把寺观田价格定得"太重"，已经承买寺观田的民要再缴纳一笔高昂的田价，导致破产、鬻子都不能偿还的情况。除了新会县，广东其他各县也有关于这次奉诏卖寺观田价格定价过高的说法。如前文提到的潮州府大埔县。②又如嘉靖二十年担任南雄知府的胡永成，在其任内"奉诏卖僧田，督催峻迫，毅然拒之"，其理由是南雄民"贫朴，若责其卖祖田而买僧田，非民牧也"。③可见，嘉靖二十一年发出卖寺观田充军饷的诏令时，由于在魏校毁"淫祠"寺观时大量寺观田已经卖掉了，所以广东地方政府在执行这一诏令的过程中，是把那些已经卖出去的寺观田"发卖增价"，再要求已经买了寺观田的买主再交一笔田价。各县的寺观田的价格似乎是由地方政府自行决定的，所以新会县就因为定价太高导致怨声载道，而南雄府、大埔县等地则在"督催峻迫"的情况下设法减轻筹饷的压力。

综上可见，嘉靖二十一年左右寺观田增价发卖，并不仅仅是南海县的一地之举，从潮州府、新会县等情况来看，这是一次涵盖整个广东的寺产重新确权的行动。由此也可以看到，官府对于已经卖给民间的寺观田产，仍然有重新处置的权力，这正是因为寺观田本身并非一般民田的性质所决定的。

至于《石头霍氏族谱》提到嘉靖三十九年寺田再次增价的情况，也有一些蛛丝马迹可循。如（崇祯）《博罗县志》中所收录的惠州籍名宦叶春

---

① 〔明·万历〕《新会县志》卷1《县纪》，见《广东历代方志集成·广州府部》第37册，第24页。
② 参见〔明〕郭棐著，黄国声、邓贵忠点校《粤大记》卷12《宦迹类·李桂》，广东人民出版社2014年版，第357页。
③ 参见〔清·道光〕《直隶南雄州志》卷3《胡永成》，见《广东历代方志集成·南雄府部》第2册，第56页。

及（1532—1595）所作《复龙华陈孝女祀田记》中提到：

> 高皇帝御宇，稽天下僧田，改命僧志净主其祀，盖洪武十四年也。二十五年寺并于延庆，其后田亦归于豪右巨猾矣。嘉靖三十七年（1558）大工兴，鬻废寺田，有司得上下壆田于豪猾之家，例当鬻。孝女裔孙陈君于宣，会诸生叶万达、杨崇勋辈白于郡丞何公宗鲁，邑令舒公颛得留十五亩，于是孝女之祀遂以不废。①

叶春及所提及的"大工"，指的是嘉靖三十六年四月雷雨导致紫禁城三大殿等处被焚毁后耗资巨大的重建工程，这一工程直到嘉靖四十一年（1562）九月方告完工②。另外，（光绪）《惠州府志》也提到，嘉靖三十四年起任惠州府同知的福建福清人何宗鲁，在"大工兴，鬻天下废寺田"之际，"清稽严峻，无敢隐者"。③以上这些同样指的是鬻废寺田充饷之事。由此看来，《石头霍氏族谱》提到的嘉靖三十九年增价之事，大概也与三大殿重修经费有关。

另外，（光绪）《惠州府志》还提到一位万历年间（1573—1620）任惠州府推官的江西宁都人温国奇的事迹，说他曾"署郡事"，当时"归善、博罗多流移，悉编之什伍，土著乃安。富民苦报鹾商，有携赀求免者，国奇以寺租羡抵其饷，辄罢报清隐占而屯无失额"。④温国奇在惠州的主要措施是把归善、博罗二县的流民编入里甲之中，使土、客两安。其次则是用寺租来抵惠州"富民"被编充盐商所需交纳的盐饷，使得国课不亏、屯无失额。由此看来，虽然在嘉靖三十七年已经通过充饷的形式把废寺田卖掉了，但惠州府的官员到了万历年间，仍然有对"寺租"进行处置的权力。

另外，（康熙）《增城县志》所载曾任福建督学的增城人胡庭兰所作的《创置居守雁塔田记》也提到了嘉靖年间寺观限田的问题：

---

① 〔明·崇祯〕《博罗县志》卷5（叶春及）《复龙华陈孝女祀田记》，见《广东历代方志集成·惠州府部》第8册，第227-228页。
② 参见《明世宗实录》卷446"嘉靖三十六年四月丙申"条，第7604页；《明世宗实录》卷513"嘉靖四十一年九月壬午"条，第8417页。
③ 参见〔清·光绪〕《惠州府志》（二）卷29《名宦上》，见《广东历代方志集成·惠州府部》第5册，第596页。
④ 参见〔清·光绪〕《惠州府志》（二）卷29《名宦上》，见《广东历代方志集成·惠州府部》第5册，第598页。

先是邑中寺□累乡相望也。及其教衰代废靡遗，惟万寿一寺，故令□节祝禧所也，初田可百亩，仅给住持者徒，后诸废寺之僧若尼咸以其田属，或僧若尼俱亡，即其田亦属，于是贯万寿者，田千余亩。彼贫民无立锥，而出家者卧累褥矣。嘉靖中通例，限田寺百亩，余听鬻值入饷，否则僧自抵饷，亩伍钱。有奸僧者，计核诸房僧，尽出诸所并田抵饷。已则匿龙山、新兴二废寺田百三十三亩，诡于其籍，不抵饷。久之诸房僧觉之，而不敢发。会公议购田守塔，诸房僧乃白其事，邑中诸长老公正人，亦白其事，公即毅然按奸僧状，尽核二寺田，如其数入补饷，通详诸当道。且曰："此非为浮屠说长异教也，奠丽邑居为斯民计也，笙秀黉序为多士计也，翘抑邪崇正，又大为世道计也。"当道大可其请蔽罪奸僧，檄择谨厚僧一人，随田赴塔永居守焉。是举也，实克成于一旦，而可垂于千载。非人心所大快者哉？抑塔成而田出，公谋而金同，事适谶符，又岂偶然之故耶？虽然，公视增四年，善政善教，种种可述，而雁塔之守，尤利赖之，弘致不朽之盛事也。异时多士，应为高之识，题上国之名，绳绳然，附青云以回翔，饮流泽而思德，即公于斯地也，食报于千载，人心尤快也。故石也刻，刻诸人心者也，厥田则镌诸碑阴。①

该记提到的"公"，文中说是"邑大夫存吾王公"，按（康熙）《增城县志》，明代中后期有福建晋江人王师性于嘉靖后期、浙江永嘉人王良心于隆庆五年（1571）、福建同安人王廷蓋于崇祯五年（1632）担任增城知县②。但考宦迹，则可知只有王良心曾有"修学宫、建雁塔"③之举。再根据文中有"公视增四年"之说，可知雁塔之建应在隆庆五年之后四年，亦即万历二年。因此，可知此记所作时间是在万历二年（1574）。由文中"嘉靖中通例"来看，这与前文提到的嘉靖二十一年前后、嘉靖三十九年前后的变卖寺观田的政策是有关联的。而且该记的说法更为详细，指出这一次政策的主要内容是："限田寺百亩，余听鬻值入饷，否则僧自抵饷，亩伍钱。"也就是说，寺观只能保留100亩的常住田，其余田都要出售，其售价

---

① 〔清·康熙二十五年〕《增城县志》卷12《艺文》，见《广东历代方志集成·广州府部》第31册，第574-575页。
② 参见〔清·康熙二十五年〕《增城县志》卷5《秩官》，见《广东历代方志集成·广州府部》第3册，第435页。
③ 〔清·康熙二十五年〕《增城县志》卷7《宦绩》，见《广东历代方志集成·广州府部》第3册，第462页。

则充为军饷所用。如果寺观不将百亩之外的田产出售，则寺僧需要自行缴纳军饷之税，每亩缴银0.5两。这个0.5两估计是一次性交纳的，不然的话，每年0.5两，大概相当于2石米左右的折价，如果再加上各项赋役差饷，那就远远超出了每亩粮食的产量了。这一政策出来之后，对增城的寺观田还是产生了很大影响的，如增城首刹万寿寺，该记称其"初田可百亩，仅给住持者徒"。这与（成化）《广州志》所载万寿寺有田96亩的记载大致相符①。但（嘉靖）《增城县志》的"寺观类"则记载，万寿寺有田"三十余顷"，亦即3000余亩②。这一数字是（成化）《广州志》所载的30倍以上。究其原因，大概正如胡庭兰所言，由于"后诸废寺之僧若尼咸以其田属，或僧若尼俱亡，即其田亦属"，也就是增城县诸处废寺的田产都逐渐归到万寿寺的田籍之下。这一点在（嘉靖）《增城县志》记载中也有所佐证。在"寺观类"下，除了万寿寺外，还有证果、金兰、发空等24所佛寺，但在记录其所在地之外，其后都注明了"今废"二字③。（成化）《广州志》所载增城县共有27所佛寺，共计寺田3082亩④，恰好与（嘉靖）《增城县志》的万寿寺有田"三十余顷"之说相吻合。可见，万寿寺就是在成化到嘉靖年间，通过不断兼并增城县诸处废寺田产，逐渐累积其如此庞大的寺产。至于胡庭兰《创置居守雁塔田记》则称"贯万寿者，田千余亩"，较（嘉靖）《增城县志》所载减少了大约2/3，估计很大程度上正是嘉靖以来处置寺观田政策带来的影响，使万寿寺兼并而来的废寺之田逐渐通过卖充军饷的途径流失了。胡庭兰提到，在如此严苛的佛寺限田的政策之下，仍然有一名"奸僧"，把万寿寺其余诸房僧人所管之田全部清出抵饷，而自己则仍然隐匿了"龙山、新兴二废寺田百三十三亩"。查（成化）《广州志》，新兴寺有田106亩，龙山寺无田产，与此处133亩的数字略有出入，但差别不大⑤。这两废寺的田产由于被这位僧人所隐匿，所以一直到了万历二年的时候，才被人告发而"如其数入补饷"。补了军饷之银之

---

① 参见〔明·成化〕《广州志》卷25《寺观二》，见《广东历代方志集成·广州府部》第1册，第160页。
② 参见〔明·嘉靖〕《增城县志》卷18《杂志》，见《广东历代方志集成·广州府部》第31册，第138页。
③ 参见〔明·嘉靖〕《增城县志》卷18《杂志》，见《广东历代方志集成·广州府部》第31册，第138 – 139页。
④ 参见〔明·成化〕《广州志》卷25《寺观二》，见《广东历代方志集成·广州府部》第1册，第159 – 160页。
⑤ 参见〔明·成化〕《广州志》卷25《寺观二》，见《广东历代方志集成·广州府部》第1册，第160页。

后，这笔田产才在知县王良心的主持下，转变为新创雁塔的田产。

广东地方官府不仅可以一次次对寺观田进行增价发卖，而且在认为有需要的时候，还能把这些已经发卖的寺观田重新收归官府。万历年间著名的惠州籍官员叶春及在一篇记中就提到了当时惠州的一座废寺的寺田问题：

> （参将）侯公（继高）虑无以供僧，先是，城西桂林有永兴寺废，遗田若干，核之。于是指挥张之卿归三台石田，岁租四石；编民莫週归乌坭坑田塘一顷二十一亩，岁租八十四石，二十倍之；莫逑归田塘一十一亩，岁租二十石，四倍于张之卿；卒伍康廷科归路头园田，岁租二石，减元卿之半。岁入共一百一十石，书于海丰之版而归其食于僧。①

此处的参将侯继高，在隆庆六年（1572）至万历六年（1578）间任分守惠州等处海防参将，可见此记大约作于万历初年②。从叶春及的记载来看，永兴寺此前已被废，寺田早已不存，侯继高以恢复玄武山祭祀玄武的名义核查寺田的去向，于是清出已经被指挥、编民、卒伍等不同身份的人所控制的寺田，其岁租达110石。这些田产的拥有者大概不会欣然把田产交出来，但本文也没有提到官府是采取了什么方法拿到这些田产。值得注意的是，这些寺田并不是交还到僧人手中，而是登记在海丰县的版籍之中，再由官府把租入拨给玄武山的僧人作为供养费用。

关于寺观田的赋税负担问题：霍家计算，两顷宝峰寺寺田要交纳僧米10石7斗、虚税粮2石7斗，负担较重。霍家所承买的这个寺田的粮差负担与民田相比如何？根据（万历）《广东通志》，可以见到一二端倪。（万历）《广东通志》记载的广州府赋税情况："旧额，官职学院田惟南海有之，余止官民僧道四者，岂其初制则然？乃今去其籍不可复迹矣。故列近则于后，冀为之损益云。"③兹将该方志广州府南海等县的田地科则数字列

---

① 〔明〕叶春及：《新建碣石玄武山记》，见谭棣华等编《广东碑刻集》，广东高等教育出版社2001年版，第871页。又参见叶春及《石洞集》卷15《碣石卫玄武山记》，见《文渊阁四库全书》第1286册，上海古籍出版社1987年版，第693－694页。

② 〔明·万历〕《广东通志》记载侯继高是隆庆六年任广东都指挥佥事，《明神宗实录》提到万历六年十月侯继高从惠州海防参将升为潮漳等处副总兵。参见〔明·万历〕《广东通志》卷10《秩官》，《四库全书存目丛书·史部》第197册，第262页；《明神宗实录》卷80"万历六年十月甲申"条，第1711页。

③ 〔明·万历〕《广东通志》卷17《赋役》，见《四库全书存目丛书·史部》第197册，第411页。

表如下，以作比较，详见表4-2①。

表4-2 （万历）《广东通志》载广州府各县田地税则

（单位：升/亩）

县份	上则官田塘	中则官田塘	下则官田塘	公职官田塘、赡军、废寺、濂泉书院、广恩馆等官田塘	民田	僧道田地塘
南海县	35	24	16	25.6	3	5
番禺县	16.5	13	2	—	2.8	2.8
顺德县	0.9	0.9	0.9	—	1.7～4	—
东莞县	0.47	0.46	0.44	—	1.5～2.8	—
新会县	0.48	—	0.36	—	1.9～2.5	4.1
香山县	0.63	0.63	—	—	1.7～2.1	—
增城县	0.56	—	0.26	—	1～3	5

由上来看，除了南海县有"官职学院田"（基本可以看作是官田一类）以外，广州府的田土基本分为官、民、僧道三类。其中，民田的科则基本都在1～4升/亩之间。而僧道田，除番禺县及无数据的县份，基本在4～5升/亩的范围，大概是民田负担的两倍。官田的科则差异很大，其中南海、番禺两个省城附廓县的官田，以中则官田计算，是民田的5～8倍。而其他各县，官田的税则反而是民田的1/4～1/2而已，这可能是由于各县对不同性质的土地粮差有不同的折银率的缘故。据此审视《石头霍氏族谱》的记载，宝峰寺田的税则平均起来是僧米5.35升/亩，虚税粮1.35升/亩，与（万历）《广东通志》的记录比较，可知宝峰寺田是以僧道常住田的税则来计算，而非废寺田。族谱说"粮差甚重"，是相对民田而言的。

至于那些入官的废寺田，虽然没有差徭的负担，但其名义上的税则更高。例如，万历十一年（1583）南雄府保昌县知县汪一右在以南雄桥税代纳虚粮的请求中提到了官田与民田的差别：

　　盖官田任人顶种，原无价值。如官抄割田壹亩者，认粮壹斗柒升，如官发寺田壹亩者，认粮伍斗玖升，其每年每石止纳粮银贰钱捌分柒

---

① 参见〔明·万历〕《广东通志》卷17《赋役》，见《四库全书存目丛书·史部》第197册，第412页。

厘，绝无杂泛差（猺）[徭]。①

汪一右提到，官田没有价值，因为顶种之人只有租佃权，而无田产权。此处"官发寺田"，意思应该是官府拿来发卖的寺田，其税则是粮5.5斗，折银税率为每亩缴银0.15785两，但没有"杂泛差徭"。另外，民田每亩税则大概是3升，但是折银要比官田高得多，但总体粮差负担还是比这些"官发寺田"要轻。②又如潮州府海阳县开元寺，该寺的田产，包括常住田以及废寺田。清康熙三十五年（1696）打官司的时候，开元寺僧就提到，该寺"田地历传虽久，各有印册古簿，并案卷审语呈明，印批迭迭可据。其余田地则属垂寺皇业及师祖创置，并废寺收入，附寄黄册，垂载可考"③。乾隆五年（1740）潮州府海阳知县则提到，"寺田粮重租轻，除完粮外，合之官给口粮，仅足敷用"，又称"原有田租，久为豪佃隐占"，"寺田已经充公，县主止粮收租，递年四季给僧口粮，共银二百两"④。清代的整体社会情况与明代已经有了巨大的变化，在此不做展开。但可见这些已经被官府充公，但仍然记载在开元寺名下的常住田与废寺田在黄册中都有明确的登记，而且这些寺田被形容为"粮重租轻"。

就是在这一情势下，霍韬之子霍与瑕担心宝峰寺寺田的归属问题还会发生变更，于是另买简村堡数十亩民田作为大宗祠的产业。霍与瑕通过"樽缩前租"的办法，就能买到简村堡数十亩，说明虽然有增价发卖的压力以及当时较一般民田重的寺田粮差，但寺田的租入仍然足够用来重新购置数十亩民田。霍韬为其宗族留下来的宝峰寺寺田，一直到清代嘉庆十五年（1810）才转卖出去，见今天霍韬家族宗祠墙上的一块碑记：

> 本宗尝业向在西樵、金瓯、大桐、九江等处，共税壹百陆拾肆亩零，系六世祖文敏公送出，以为蒸尝留祭之用。历数百年收租奉祀无

---

① 〔清·乾隆〕《保昌县志》卷4《田赋》，见《广东历代方志集成·南雄府部》第4册，第614页。

② 〔清·乾隆〕《保昌县志》没有记载当时民田的折银税率，但万历二十七年由于加派虚税粮，"重则田内每石增至一两零六分"，以民田每亩科则3升折算，每亩须缴银0.03两，此外民田还有差役。参见〔清·乾隆〕《保昌县志》卷4《田赋》，见《广东历代方志集成·南雄府部》第4册，第615－616页。

③ 参见〔清·康熙三十五年〕《奉宪立碑》，见谭棣华等编《广东碑刻集》，广东高等教育出版社2001年版，第225页。

④ 参见〔清·乾隆五年〕《海阳县正堂为造缴租册吁恩勒石》，见谭棣华等编《广东碑刻集》，广东高等教育出版社2001年版，第228－229页。

异。嗣因佃丁多有拖欠之事，绅老宗子集祠酌议，尽无移远就近，似于即觅人转受，得价银壹千五百零五两壹钱贰分……随即置回本地业共叁拾玖亩陆分，共价银壹千壹百陆拾贰两贰钱零。……

　　嘉庆拾伍年二月　日合族绅老宗子理事等仝立。①

　　该碑提到本宗尝业是文敏公（即霍韬，文敏是其谥号）所赠，而碑中提到这些田土的坐落位置，都是在西樵山周边，而宝峰寺正是在西樵山上，所以这些"尝业"无疑就是宝峰寺寺田，只不过面积从之前的 2 顷（200亩）减少到 164 亩。由此可见，从霍韬在嘉靖初年买入宝峰寺田到嘉靖年间两次发卖增价，一直到 300 年后的清代中叶，霍氏仍然保有这些田产，霍与瑕所担忧的"终有更变"并没有发生。只是到了嘉庆年间，才以佃丁拖欠的理由转卖出去，购置回本地田 39.6 亩。假如这些田土的"亩"是有相同计量意义的话，寺田的地价大约为 9.2 两/亩，而本地田则需要 29.3 两/亩。霍氏家族宁愿选择面积少得多的本地田，而放弃已经保有 300 年的寺田，碑记称其原因是"佃丁多有拖欠"，但也许与寺田的税率也有关系。

　　嘉靖初期从寺观转移到势家的大量田产，由于其特殊的寺观田性质，朝廷能以军饷、大工等方式，继续向已经卖出去的寺观田买主增收田价，而且寺观田的税率也要比一般民田为高。这些寺观田即使转移到了民户的手中，其性质也仍然属于寺观田，而不是民田。因此，像霍韬这样的士大夫即使在最初购买寺观田时能以低价买入，从嘉靖中期开始，也要面临官府继续追价的问题，霍韬家族能够保有这些寺观田将近 300 年，大概算是很成功的。方志中记载了不少因官府对寺观田追价超出了买主的承受能力，而导致买主宁愿把寺观田退还归官的例子。如清远县在崇祯年间记录该县的废寺田时就提到，废寺田"原经给帖各里排在官纳价承买，管业多年。后因上司行文重复追价，致里排推出还官"②。又如顺德县的宝林寺，该寺是该县"祝厘习仪之所"，康熙十六年（1677）顺德知县时应泰提及，该寺原设田 233 亩，益以隆福寺田 165 亩，"历年既久，势家侵渔存亩，而僧税视民田倍重。兵兴征求急，又质田应之，以至于尽，仅存虚税，里胥追呼接踵，僧去，寺无居人数百年"③。从时应泰的描述来看，宝林寺的僧田

---

① 该碑位于广东省佛山市禅城区石头村霍氏家庙内，笔者于 2014 年 10 月 12 日访碑。

② 该条有"据旧志"的说明，按该方志凡例，所据应该是崇祯九年清远知县孙鏻所修县志。参见〔清•康熙〕《清远县志》卷 4《祀典》，见《广东历代方志集成•广州府部》第 41 册，第 35 页。

③〔清•咸丰〕《顺德县志》卷 16《寺观》，见《广东历代方志集成•广州府部》第 17 册，第 393 页。

属于常住田，其僧税较一般民田重很多，相应的在田课加派时的负担也更大，以致僧人把田抵押出去还不足以交纳。

第三节　寄庄田的处理：以广州府香山县为例①

严格来说，"寄庄"并非是寺观田产的特权，在很多情况下，士大夫、势豪、军卫等都是寄庄田的主体。士大夫按照其品级地位，是依法享受政府给予的优免权的。如弘治十七年制定的官员优免则例规定：京官"照旧例优免"，而地方官及举人、生员等则按照其等级对人丁数字加以限制②。只是实际运行过程中，往往出现逾制的情况。地方上的田产拥有者，会想方设法把田地寄名在这些官绅之家头上，这样就能借助官绅之家的优免权而免除杂泛差役。又如军卫的寄庄田，往往是军卫通过占据、买卖等方式取得民田，但又以自身作为军士的身份，不归州县管理，因而也不应州县里甲的差役摊派。如洪熙元年（1425），湖广茶陵卫彬州守御千户所的一个卫军李敏就直接向皇帝陈奏称："本所军旗及外县民言，佃耕民田及买户绝田为寄庄户，税粮旧输彬州仓。近年寄庄并民畸零粮俱运衡州等府，输纳艰难，人多逃匿，洪武中本所设军储仓收彬州税粮按月支给，乞今以军民寄庄及畸零粮存留军储仓为便。"李敏所指，即卫所希望把军卫取得的寄庄田的税粮直接留在军储仓，给卫所支用。原因是这些寄庄田实际上就从民田之中流失了，而朝廷最后也批准了李敏的请求。③

为了防止民田的赋役负担因士大夫、势豪、军卫、佛寺等势力以寄庄的办法进行侵夺，明朝政府也进行了多次的规范、限制行动。早在洪武二十四年，明太祖所颁发的《诸司职掌》中就规定：

令寄庄人户，除里甲原籍排定应役，其杂泛差役，皆随田粮应当。④

---

① 明代中后期关于对佛寺寄庄田的处理的记载甚少，限于资料，本节稍做变通，把寄庄田的讨论范围从寺观的寄庄田扩大到一般寄庄田进行讨论。
② 参见伍丹戈《明代徭役的优免》，载《中国社会经济史研究》1983年第3期，第40-54页。
③ 参见《明宣宗实录》卷10"洪熙元年十月丙寅"条，第263-264页。
④ 〔明·正德〕《大明会典》卷22《户部七》，第260页。

这一规定的意思是，购置了寄庄的人户，其里甲正役，还是在其原籍应役承充。而其杂泛差役，则跟随田粮所缴纳的州县来承充。这一办法，是把户与田的差役义务相分离。户口仍然归原籍里甲管辖，而税粮及杂泛差役则随田而变。侯鹏把这一办法称为"属人"与"属地"两套标准。并且根据他的考察指出，纳粮以寄庄地为准的原则一致被强调①。但是这就造成了一个问题，如果寄庄户不把寄庄田登记在其原籍户口名下，那就很容易逃避其原籍应承担的里甲正役。而且如果寄庄户本身是有优免权的官绅之家或者寺观，则寄庄田就成为逃避差役的一个途径。

因此，朝廷对此多次颁发政令对寄庄田进行限制。如景泰二年三月，由于临近景泰三年每十年一次的里甲黄册的造册之年，户部上奏提出："景泰三年，天下郡县例应重造赋役黄册。本部欲将正统七年（1442）原定册式，并今议合行事宜，备榜遣人乘传赍赴直隶及各布政司府州县，今依式造完进呈。"同时奏报在造册过程中的注意事宜：

> 一各处人民并军卫官旗人等不许于附近别县置买田地作寄庄户，及诡立姓名，致陷里甲，陪纳粮草，违者发戍极边。一各处寄籍人户，令各将户内人丁事产尽实报官，编入图甲，纳粮当差，于户下注写原籍贯址、军民匠灶等户、及今收籍缘由。不许仍作寄籍，违者本身发戍口外，田产尽数没官。一攒造黄册，奸弊不可枚举，从前作弊者，许令自首改正免罪。今次各司府州县官，务令书算之人从实攒造进呈，将司府州县提调委官并书算之人，姓名贯址，通类造册缴部。若有奸弊，查勘得出，及因事露，照名查提问罪，发戍边远。②

户部在此次造册过程中，对地方上的寄庄田问题提出了整治的措施。强调不准军、民等户到别县购买田地成为寄庄户，同时强调要"将户内人丁事产尽实报官，编入图甲，纳粮当差"。户部的这一申明，在地方上的执行情况估计不佳，不然不会出现（成化）《广州志》内记录的仍然大量存在的佛寺寄庄田问题。而各地也因其不同的地方情况进行应对。如嘉靖四年，总督漕运兼巡抚都御史胡锭针对卫军购买民田上疏，称："各卫所军官舍余占买民田，名曰寄庄。刍粮不输，遗累里甲，甚有田为己业，而粮遗

---

① 参见侯鹏《"正疆界"与"遵版籍"——对万历丈量背景下嘉兴争田的再考察》，载《中国社会经济史研究》2012年第4期，第27页。
② 《明英宗实录》卷202"景泰二年三月乙巳"条，第4321页。

原户，岁久人亡，则产去而粮存者，往往皆是。乞敕有司亟为清理军官置买民田者，令供赋役如民。"①胡锭的做法，是要求由官府出面清理卫军购买民田的情况，不能借口军耕而不供民役，而最终嘉靖皇帝同意了这一措施。又如嘉靖四十四年（1565），顺天府府尹徐纲所上条陈七事中，其中一条就针对北直隶地区的寄庄田问题，户部奏覆的建议是："流寓寄庄地亩，准之丁粮编差之家，以十分为率，量加三分以济徭役。"这一建议得到了嘉靖皇帝的批准。②这一措施，是把寄庄田的差役负担从规定上比一般民田增加了30%，如果严格执行这一标准，则寄庄田在差役优免上的特权将大打折扣。

广东寄庄田的问题同样严重，因此有宣德八年三月广东按察司佥事曾鼎对广东寺观的寄庄田产进行处置的请求。不过，作为佛寺寄庄田数额最大的新会县，现存广东地区的方志等文献中对该县寄庄田问题却没有更多的记载，其原因让人费解。倒是寄庄田占本县寺观田产的比例仅次于新会县和番禺县的香山县，其有关寄庄田处置的记载非常多。

嘉靖二十七年（1548）成书的《香山县志》对自明朝以来该县田赋户口的变迁有一个总括性的描述：

> 邑本孤屿，土旷民稀。自永乐后，寇乱不时，迁徙归并，以故户口日就减损。弘治初，番、南、新、顺寄庄益繁，自恃豪强，赋役不供。吾邑里甲贻累日甚，欲户口之增，亦难矣。异乡逃匿，猬寓村落者，谓之流民。如授以间土，使耕垦为田园，未计租赋，俾生计岁积，徐编诸畸零，亦可庶也。嗟乎，荒畛秽区，皆为人有，此策曷施也哉。③

由于（嘉靖）《香山县志》的主要纂修者黄佐本身就是香山人，所以他对当地的情况应该是了然于胸的，所以这段记载应该比较切实地反映了当时香山县的情况。从该方志的记载来看，香山县在明初时，由于珠江三角洲地区仍然是一片海湾，所以香山县实际上是孤悬于海中的海岛，地广民稀。而永乐之后，由于"寇乱"的问题，居民迁徙逃亡颇多，所以户口

---

① 《明世宗实录》卷47"嘉靖四年正月庚辰"条，第1206页。
② 《明世宗实录》卷550"嘉靖四十四年九月庚申"条，第8867页。
③ 〔明·嘉靖〕《香山县志》卷2《户口》，见《广东历代方志集成·广州府部》第34册，第21-22页。

越发减少。到了弘治年间,邻近的番禺、南海、新会、顺德等县的豪强纷纷来香山县购置田产,并自恃其豪强之资而不供赋役,贻累香山县内里甲人户要赔补这部分田产的缺额。所以,方志编者黄佐的建议是把荒废的田土授予从外地到香山耕种的流民,让他们逐渐定居生息,然后慢慢地将其编入里甲畸零户之内,补足赋役之缺。这些寄庄户是如何安排其田产问题的呢?(嘉靖)《香山县志》提到:"寄庄之为吾民害也大矣,其立户姓名皆诡捏者,初无是人也。每造黄册,则又一户瓜分为五六户,或易军为民者有之。其踪迹幽秘如鬼蜮之不可测,且挟权势以自豪,又孰得而究诸?"①这一段记载,很好地记录了寄庄田规避赋役的手段:寄庄田登记的户主,往往都是查无此人的,而且等到大造黄册的时候,又会把一户分为五六户,降低户等,背后又往往有势豪撑腰,所以官府往往对他们无可奈何。(嘉靖)《香山县志》还对该县的寄庄田有更详细的统计数字:

> 嘉靖二十一年:田地山塘五千八百五十六顷九十五亩九分二厘五毫,秋粮二万二千七百一十一石八斗三升一合八勺。今据二十一年秋粮,扣之本县官民米一万四千六百三十石零六升七合七勺。寄庄新会县官民米二千六百二十八石六斗九升四勺,顺德县官民米四千四百五十九石五斗四升八合二勺,番禺县官民米四百四十九石六斗五升四合,南海县官民米五百四十三石八斗七升一合五勺。②

以上数字可用表格形式统计,如表4-3所示。

表4-3 嘉靖二十一年香山县粮额组成统计③

(单位:石)

香山县	粮 额
本县官民米	14630.07
寄庄新会县官民米	2628.69
寄庄顺德县官民米	4459.55
寄庄番禺县官民米	449.65
寄庄南海县官民米	543.87
总 计	22711.83

---

① [明·嘉靖]《香山县志》卷3《寄庄》,见《广东历代方志集成·广州府部》第34册,第44页。

② [明·嘉靖]《香山县志》卷2《田赋》,见《广东历代方志集成·广州府部》第34册,第23页。

③ 作者按:表内数据以[明·嘉靖]《香山县志》史料原文数据采用四舍五入法予以录入统计。

由此可见，香山县寄庄田的总额是相当大的。全县田粮 2.2 万余石，番禺、南海、新会、顺德四县的寄庄田就达到了 8000 余石，可以饼状图呈现相关比例如图 4-3 所示。

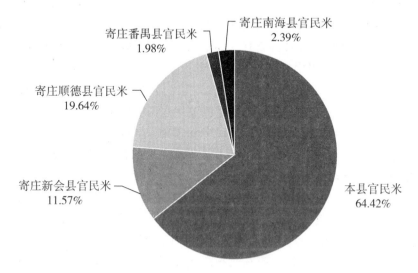

图 4-3　嘉靖二十一年香山县粮额统计（单位：石）

由上图可见，由于寄庄田的大量存在，香山县本县人户所占田产的粮额只有 64.42% 左右，不到 2/3。而寄庄田中，顺德县籍者达到了 19.64%，新会县籍者也达到了 11.57%，而南海、番禺二县则各占 2.39%、1.98%。顺德、新会二县的寄庄田的比例如此之高，很大程度上应该是二县与香山县在地理上隔海相望的缘故。对于数额庞大的寄庄田，当地政府是如何处理的呢？据记载：

> 嘉靖元年造册，知县袁镛申允，添设顺德、新会、番南九都图，人户自为里甲，委官徐闻县县丞林应聪临县查议申允，行令前项寄庄钱粮各县径自征解。①

嘉靖元年，正是广东提学魏校在广东大毁"淫祠"寺观之时，后文将对此再做专门论述。当时香山县知县袁镛经过向上级官府请示，得以新设 9

---

① 〔明·嘉靖〕《香山县志》卷 3《寄庄》，见《广东历代方志集成·广州府部》第 34 册，第 42-43 页。

个都图，作为顺德、新会、番禺、南海四县寄庄田的赋役户口。把这些寄庄户编进了这9个都图之中，其税粮则由这些都图直接解往所属县上纳。这一原则与洪武二十四年《诸司职掌》中规定的寄庄田的"杂泛差役，皆随田粮应当"的规定不同了。这些新设的都图，实际上就相当于顺德等县在香山县的"侨置"都图，赋役征收的责任也交给了寄庄户原籍所在的各县负责，从而减轻香山县因寄庄田的存在而导致的赋役征收艰难的问题。当时所设的9个都图中，番南都图合起来1个（管番禺、南海二县寄庄田），新会都图有3个，顺德都图5个。香山县的一部分寺观田，无疑属于寄庄田的一部分。如元兴寺，元大德年间由真武堂改为寺，元末毁于兵火，但（成化）《广州志》记载其仍有1330亩田地①。而（嘉靖）《香山县志》也登记其有田1230亩，编入大榄都民曾观升及顺德都民李日章等户名下②。而顺德都正是嘉靖元年新设的寄庄田都图之一。然而，袁镛此举并未根治香山县寄庄田的问题。（嘉靖）《香山县志》称："嘉靖元年知县袁镛申请抚按督造衙门，削其图籍，令自勾管，设为图籍，各以其县名都，盖天下郡邑所无也。后其里甲相觉，无一名赴县着役，凡有征办，反为邑民之累。"③

嘉靖十四年，新上任的广东巡按御史戴璟，针对广东尤其是香山的寄庄田问题，又进行了打击清理行动：

> 访得按属州县有等富豪人户，置买别县田产，立作寄庄，坐享租利，不行纳粮，贻累里排，代其陪赔。及至轮编徭则，又恃其隔步，不服拘唤。人有倚称亲戚影射，近据香山县申前事，行布政司计议：看得香山粮止二万。而寄庄已及八千。粮差节年被累，情实可悯。今后香山寄庄田土，要报佃户姓名于该县，附记税粮，纳在顺德、新会、番、南，径自起运。香山隔海，俱作存留，以视宽恤。民壮及均平银两，计田算银，追解广州府，转发香山，雇募支销。驿传及料价，俱于各县派征，解府听侯支用。均徭亦于各县编派司府等项差徭。自后各县人民并不许置买香山等县田土寄庄。违者入官，仍问罪。广州府务查照此条严并以抑势豪兼并之势，以杜奸顽惯赖之害，以阻里排影

---

① 参见〔明·成化〕《广州志》卷25《寺观二》，见《广东历代方志集成·广州府部》第1册，第161页。

② 参见〔明·嘉靖〕《香山县志》卷8《寺观》，见《广东历代方志集成·广州府部》第34册，第124页。

③〔明·嘉靖〕《香山县志》卷1《坊都》，见《广东历代方志集成·广州府部》第34册，第9页。

射之风，各府州县寄庄，俱仿此征派施行。①

戴璟这一命令，是他在广东巡按御史任上一系列改革措施的一部分。戴璟经过调查，指出广东地区有一批"富豪人户"，他们通过在外县购买田产，然后在外县开立寄庄田。这些寄庄田可以"坐享租利"，却不必"纳粮"，这一说法估计有所夸张，寄庄田虽然可以逃避差役，但是正赋是无法完全免除的。至于"轮编徭则"（即差役），更是自恃辽远而不来应役。他以香山县为例，香山县的粮额一共为2万石，而寄庄田已经达到了8000石，对香山县的粮差完纳造成了很大的问题，所以戴璟要求香山县境内的寄庄田把耕种佃户的姓名报到县衙，登记赋税数字，同时重申嘉靖元年的规定，让寄庄田中需要交纳到顺德、新会、番禺、南海等县的税粮自行起运。关键是，寄庄田重点躲避的"民壮及均平银两""驿传及料价""均徭"这些杂泛差役，均要予以征收。最后戴璟强调，各县居民不得再到香山等县买田寄庄。

不过，（嘉靖）《香山县志》的编者对戴璟这一命令的一些做法不以为然，尤其是各县居民不得再到香山等县买田寄庄的这道命令，在实际执行过程中并不可行：

> 然谓税粮纳在各县，径自起运，香山隔海，俱作存留。及均徭亦于各县编派司府，固可行矣。但谓自后各县人民不许置买香山田土，恐势不可禁止，又云要报佃户姓名于该县附记，则似无所于用。夫沙田在大海中，彼春则航海来耕，既种而归。秋获亦如之。佃户既无住址，亦无姓名，安以报记为哉？今惟补偏救弊，为一时之计，司道委佐贰官各一员，专督寄庄。各该年粮役务在及期完纳。惟复着落本县一并征解，亦须详处。不然，则奏请升县为州，管辖顺德新会各县，使得令行事办，斯经久至论，惟当道者留心焉。②

该方志认为，外县之民来买香山之田，是很难禁绝的事情。由于香山县孤悬海外，以沙田为主，所以耕种佃户往往是春天来耕，秋天来收，并

---

① 参见〔明·嘉靖〕《广东通志初稿》卷23《田赋》，见《四库全书存目丛书·史部》第189册，第413－414页。
② 〔明·嘉靖〕《香山县志》卷2《田赋》，见《广东历代方志集成·广州府部》第34册，第24页。

不长期定居该处。如果要登记佃户姓名,是相当不切实际的,只能是由上级官府派专司官员下来专管寄庄田的赋役问题。但由于香山县并无管辖外县寄庄户的能力,所以除非是把香山县升为州,兼管顺德、新会,否则就无法解决寄庄田的赋税征收问题。不过这显然是没有得到上级认可的设想。

很快,香山县寄庄田的赋税又形成了积欠。(嘉靖)《香山县志》记载(原文不分段,今为便于分析,由笔者自行分段):

> 其积欠钱粮,新会县拖欠嘉靖二十六年(1547)丰盈仓米五百二十四石七斗一升三合七勺,十七年本仓米二百零六石,十八年本仓米四百一十四石,十九年本仓米一百一十二石三斗六升二合,二十一年梧州广备仓米银二百一十一两二钱七分零四毫。
>
> 又查各年水夫银两,除远年积欠不开外,自嘉靖二十三年起至二十六年止,番禺县每年该水夫银三十三两六钱六分二厘二毫,各年共该银一百三十四两六钱四分八厘八毫。南海县每年该水夫银三十五两八钱零九厘二毫,各年共该银一百四十三两二钱三分六厘八毫。顺德县每年该水夫银四百六十四两一钱九分九厘六毫,各年共该银一千八百五十六两七钱九分八厘四毫。新会县每年该水夫银二百三十三两九钱七分七厘三毫,各年共该银九百三十五两九钱零九厘二毫。总欠各年水夫银二千二百一十五两四钱六分七厘。①

这些记载非常详细,内容十分丰富,但是也让人颇为费解,兹做简要分析。第一、第二段是寄庄香山的原籍各县积欠钱粮数字。从相关记载出现的最晚时间来看,应该是截至嘉靖二十六年的记录,可以说是(嘉靖)《香山县志》成书之时最为接近现状的资料。其中第一段是新会县拖欠的解纳仓米,一共是1256石,另有梧州广备仓折米银211两。以上都是两广军门、广东布政司根据香山县的税粮额度派给的各项起运钱粮数字。其中,本县丰盈仓每年须上纳米5048石,梧州广备仓米2817石,广州府永丰仓米4182石。嘉靖初年的知县邓迁以梧州辽远为由,请求将应纳梧州广备仓米折征银两上纳②。但并未记载折征比值,不过香山县对于眷户的折粮正

---

① 〔明·嘉靖〕《香山县志》卷3《寄庄》,见《广东历代方志集成·广州府部》第34册,第43-44页。

② 参见〔明·嘉靖〕《香山县志》卷2《输纳》,见《广东历代方志集成·广州府部》第34册,第26页。作者按:为陈述方便,在不影响结论的情况下,本段行文对方志原文中香山县税粮石记载中的表示体积的"石"与表示重量的"两"后的零数予以省略。

是按"官米折京每石派银二钱五分事例"来征收的①，所以梧州广备仓折米姑且也按照明代金花银的比例，每石米折银 0.25 两来估算。第二段是番禺、南海、顺德、新会四县拖欠的嘉靖二十三年至二十六年的水夫银，一共约 2215 两。水夫银属于徭役中驿递的编差。据（嘉靖）《香山县志》记载，该县每年随粮带征水夫银为每石米该银 0.12 两②。按照这一折银比例来推算，嘉靖二十六年时，香山县寄庄田拖欠的税粮折合 2100 石，以三年来均摊，大约相当于每年 700 石，相对于香山县寄庄田的税粮总额而言，占 8.8% 左右，这一拖欠比值还不算太高，表明寄庄田的正项税粮大体上还是能收上来的。另外，在差役折银上的拖欠更甚，相当于 18458 石税粮的水夫银被拖欠了，以四年来均摊，则相当于每年拖欠了大约 4615 石税粮的水夫银。而香山县寄庄田也不过大约 8000 石的税粮，也就是说每年大约 58% 的寄庄田没有交这项水夫银。所以寄庄田在杂泛差役上的逃税是颇为严重的。

接着，（嘉靖）《香山县志》记载了嘉靖二十七年左右，香山县对这些寄庄田的处理意见：

> 其里长九名，向不着役。嘉靖二十四年（1545）巡按御史陈储秀据本县申行提，始到县着役，奸顽难信。知县邓迁申文，请依旧例，各挨图堡相近，别签领袖名役，分管粮料、水夫等项银两，仍编各县收头人役在官经收管解，其粮米尽派起运。各仓差役，尽编上司柴薪等用。中或倚恃各县，奸顽不服，听本县径申合干上司衙门提究完纳。及着役其料价，除嘉靖十四年以后随粮带征外，自嘉靖九年至十三年共欠料价银一千八百五十六两，中间里甲消长，更改不常，庶概行追解，恐难完销勘合，乞听本县备查各都图所欠水夫及银差等项无碍银两，追纳到官，倾支顶解，以足欠数。其原欠数额，续后追补还官。
>
> 又查前奉巡按案验，各县寄庄粮米，尽拨起运，各仓中有不敷，方将香山县正额粮拨凑。其香山县尽拨本县丰盈仓上纳。寄庄尽拨司府。柴薪解户等项，中有不敷，方将香山县丁粮凑编。或恃异县，奸顽不服，听本县重治。

---

① 参见〔明·嘉靖〕《香山县志》卷 3《鱼盐》，见《广东历代方志集成·广州府部》第 34 册，第 45 页。

② 参见〔明·嘉靖〕《香山县志》卷 3《寄庄》，见《广东历代方志集成·广州府部》第 34 册，第 43 页。

又乞清查册籍库银，以祛宿弊。本县见贮只有嘉靖二十一年黄册仅存，其余俱称久已浥烂，可见里胥奸弊，故行毁弃。见今本县失额田粮一百余石，又有本县人民冒入寄庄都内，飞诡姓名。中有户籍田米，而无人民承认，殆将百十余户。若不查理，积弊愈滋。

又寄庄各县，历年据各都图送纳粮米、水夫、徭役等项银两，各贮寄该库。每县库贮多至四五百两，少亦不下二三百两。各县不发前来，本县节蒙上司催取，就将别项见银动支代解，彼此悬隔，施行实难。合候允日乞听本县备将本府贮库嘉靖元年、十一年、二十一年黄册请发前来，令各该都图见年并攒造里长共誊一部在县备照。仍将各册实在、旧管并推收各项下，逐一稽查，要见前项飞诡等弊，逐项改正。造册通详完日，申缴还府。其各县见贮在库，但系香山县钱粮银两，亦候允日，听本县关取回县，逐项备查。应支解者支解，应给发者给发，应存留者贮库存留，分别明白，通将查行过数目，申允施行。①

其处理意见首先就是谈寄庄田所设置的 9 个都图的问题。嘉靖元年新设的 9 个添设都图，并没有像香山县原设都图一样，要到县衙应役。虽然嘉靖二十四年时，广东巡按御史陈储秀根据香山县的请求，下令 9 个都图的里长要到香山县应役，但是香山县认为他们也只是一时敷衍而已，"奸顽难信"。所以知县邓迁提出要把这些添设都图的寄庄户按照旧例，在相近的图堡另行签派应役。至于上文提及的寄庄田所拖欠的仓米、水夫银等，则由香山县进行追纳。

其次是重申寄庄田的税粮解纳问题。香山县强调寄庄粮米全部作为起运上纳，由布政司、广州府等上级部门催征，这样的话，即使寄庄田要拖欠税粮，那损失的也是上级的司、府，而责任也不在香山县。

再次，则是指出香山本县居民也有把田产冒入寄庄都图之内，以此来规避本县差役负担的情况。所以香山县强调要进行清查。

最后提到，寄庄都图所应缴纳的"粮米、水夫、徭役等项银两"，都是由原籍各县进行征收的，并贮藏在各县自己的库房之内。但是等上级官府要调用这些款项时，不去找各县，而是要求香山县交纳，这样往往造成香山县要从别项银两里面动支，而香山县要再去找各县讨要，就十分困难了。所以香山县要催要各县所欠原属香山县的钱粮银两，同时要根据最近 20 年

---

① 〔明·嘉靖〕《香山县志》卷 3《寄庄》，见《广东历代方志集成·广州府部》第 34 册，第 43 页。

广州府的黄册，重新稽查，把原来诡寄等问题改正。

由此可见，针对广东的寄庄田问题，地方官府使用了多种方法进行处置，但是显然这些办法往往只能救一时之弊，日久则难以持续。所以，（道光）《香山县志》总结该县寄庄田的问题时，指出：

> 按寄庄之弊，非病民则病官。由县属里甲派征，则道里隔而疲玩多，投纳无凭，民代比追矣。令各县立户编征，则稽核难而欺隐易，解销既迫，官受赔累矣。今土著有排年之法，则投柜按期，以有殷丁之可问也。寄庄无总领之人，则悬粮积岁，以无殷丁之可问也。且排年私派帮役，而寄庄祗上正供，苦乐既殊，飞诡又便，故豪民富户转寄粮顺、新客籍，借为逋逃薮，其弊又将有不可胜言者。窃谓当兼准民税、屯税之法而变通之，承催择殷户，而输纳不必尽由殷户，此屯税之法而参以民税者也。殷户愿承催，始归殷户编征，其不愿者，则另款差征，此民屯之法而参以屯税者也。是亦清厘之一道矣。且寄庄之弊，弊在税，尤弊在田。昔人谓香山沙田，其利颇多，豪右寄庄者巧立名色，指东为西，母子相连，则横截而夺之，往往构讼，至于杀人。此辈又大抵皆有力之家，辄于田边筑坝，以致对岸之田冲刷崩没，则亦争斗不平，多生事端。故厘税之弊，诚为要图，厘田之弊，尤为急务也。①

（道光）《香山县志》认为，寄庄田的问题，很难有两全其美的解决办法，不是使官府利益受损，就是使老百姓的利益受损。对于钱粮，正是由于寄庄户都住在别县，如果由本县的里甲进行征收，那么路途遥远，难以追征。而如果由各县立户编征，又有"稽核难而欺隐易"的问题。对于杂泛差役，问题就更大了。本县的里甲户躲不掉"私派帮役"，而寄庄户则"祗上正供"，不派差役，所以赋役负担较本地里甲户要轻。因此，本地的豪强户也设法将其田粮寄庄到顺德、新会等地的客籍之内，以逃避差役负担。该县志编者认为，要解决这些问题，关键是要把民税、屯税的征收办法兼用而变通。负责赋役承催的是殷实之户，而负责输纳的则不一定交给殷实之户，而可以"另款差征"。同时，作为寄庄田主要组成部分的沙田，也要由官府出面进行清丈，重核赋税，从而减少豪强争沙田的厚利。

---

① 〔清·道光〕《香山县志》卷8《事略》，见《广东历代方志集成·广州府部》第35册，第579页。

除香山县外,广东地区其余各县也或多或少存在着寄庄田的赋役问题。如南雄府内,保昌县有粮额 3 万石,其中有五六千石成了虚粮,这些虚粮之中,有不少就是因为日积月累造成的虚额,而寄庄是其中很重要的一个成因。正如(嘉靖)《南雄府志》中强调:"非不曰清寄庄也,而田连阡陌者诡寄自如矣。"①粤东地区的寄庄田问题同样见诸史籍。(嘉庆)《大埔县志》记载的明代万历二十九年(1601)大埔知县王演畴所作的《大埔县义田记》中就提到:"大埔于潮属最荒僻,一水中分,万山层迭。其间耕桑之地,不过山阻水涯,总计之得十一耳,以故民生生计甚难。……随督册届期清查田赋,见腴产数处,又属潮城开元寺及郡中巨族寄庄,租重粮逋,官民□喻也。"②从王演畴的记载可知,大埔县地处偏僻,耕地稀少。而王演畴清查田赋时,所见腴田数处,都是属于潮州府的开元寺以及潮州府城巨族的寄庄田,这些田产田租很重,而税粮常欠,当地官民对此都十分清楚。潮州府城距离大埔县远达 360 里③,可见潮州开元寺以及当地势豪的力量是相当之大的,而且占据的都是大埔县境内的上等之田。因此,粤东、粤北等地的佛寺也拥有相当数量的寄庄田产,只是限于资料,不能进行深究。

---

① 〔明·嘉靖〕《南雄府志》卷下《食货》,见《广东历代方志集成·南雄府部》第 1 册,第 71 页。

② 〔明·嘉庆〕《大埔县志》卷 18《艺文》,见《广东历代方志集成·潮州府部》第 21 册,第 261–262 页。

③ 参见〔明·嘉靖〕《大埔县志》卷 2《封疆》,见《广东历代方志集成·潮州府部》第 20 册,第 231 页。

结　　语

从东吴五凤二年（255）西域僧支彊梁接到交州，到西晋以后陆续有西竺僧通过航海抵达广州建立佛寺开始，佛教在珠江三角洲地区逐渐流传，并以禅宗六祖惠能的弘法为契机，产生了全国性的影响。五代的南汉时期，刘氏政权大力推崇佛教，曾建二十八寺以应列宿。宋元时期，则是广东地区佛教成长壮大的时期，佛寺数量与分布都更加广泛，广东各地的寺观积累了大量田产。到了明清时期，一方面，士大夫通过礼仪的方式创建宗族；另一方面，士大夫又打出"崇正辟邪"的旗号，大毁"淫祠"及寺观，争夺佛道及民间信仰的空间。尤其是在广东经济核心的珠江三角洲地区，明中叶前后一两百年间，随着士大夫的崛起与毁"淫祠"活动的推进，珠江三角洲地区原来佛寺林立的景象逐渐变成了祠堂遍布的景象。当然，即使经过了明中叶的礼仪革命后，佛教与道教在广东地方社会还是具有很强的生命力，佛道文化仍然是多元灿烂的岭南文化的重要部分。

本书通过对大量历史文献的考证与统计，梳理明代广东地区以佛寺为中心的寺观田产赋役制度的演变及其兴废历史。

明初，寺观田产根据其赋役制度上的性质区别，可分为赏赐田、废寺田与常住田三大类。大体而言，赏赐田、废寺田二类寺观田属于官田，而寺观常住田则属于民田。但寺观田产与一般的官田、民田相比，又有其特殊的性质。如废寺田虽带"寺"字，但是其处置权往往是在官府而不在寺院。常住田虽然也是民田，但是其租税科则及杂泛差役的义务与一般民田有别，且自由买卖也受一定限制。大体看来，明代的僧道常住田在赋役原则上，经历了从明初的"止纳秋粮，别无科差"到与民间"一体当差"的变化过程。但是这个"一体当差"的原则，在不同地区有不同的实践，总体的原则是里甲正役不免，而杂差则有"折半差"甚至"纳正供不加杂派"等优免方案。由（成化）《广州志》可知，明前期珠江三角洲地区的寺观田产是有比较系统的赋税登记记录的，其中较为突出的一个现象是，寺观田中属于寄庄田者超过40%，这背后与明前期广东地区对寺观田实行的差役优免政策是有很大关系的。

到了明中叶，广东本地士大夫力量崛起，尤其以嘉靖初年广东提学魏校、欧阳铎等为代表的官员大力推行毁"淫祠"寺观政策，使大量寺观在这一过程中遭受了严重打击，其经济力量也大为削弱。本书从寺田赋役角度出发，揭示明中叶广东禁毁"淫祠"寺观前后寺田性质及赋役情况的变化，以及潜藏在毁"淫祠"旗号下广东地方官府与权势之家的利益争夺。明中叶广东的禁毁"淫祠"寺观活动，其目的不仅仅在于打击"淫祠"背后的民间信仰或神灵崇拜，更重要的是打击珠江三角洲根基深厚的佛教力量，关键措施是剥夺寺院的田产。正如（万历）《新会县志》对这件事的描述，是"督学魏校大毁'淫祠'寺观"，而并不仅仅只毁"淫祠"①。在禁毁"淫祠"的名义下，大量佛寺在这个过程中遭受打击，寺院被拆毁，寺田被发卖。佛寺所拥有的田产，成为当时广东地方官府与珠江三角洲势家争夺的焦点，这些田产除了一部分作为官府的官学、社学或官方祠庙的公项外，还有相当一部分被地方的权势之家所承买。

魏校毁"淫祠"寺观行动以后，广东地区控制大量田土的寺观大大减少了，尤其是珠江三角洲地区，不再有动辄控制数十顷田土的大寺院，相比之下，粤东地区的潮州府在嘉靖年间寺观的田产规模仍然比较大。但这些被毁"淫祠"运动所打击的寺观所释放出来的田土，很多仍然保持寺观田的性质，并没有转变为一般民田。寺观田的粮差与一般民田不同，官府在寺观田出售以后，仍然对寺观田保有一定的处置权。即使买主购买这些寺田时已经交纳了田价，官府仍然能够通过缴纳军饷、兴办大工等名义增价发卖。

对广东尤其是珠江三角洲地区而言，嘉靖年间是广东寺田转变的关键时期，魏校毁"淫祠"只是这个转变的起点，随后引发的嘉靖初年对"淫祠"寺观田产归属的争论，以及嘉靖中期对寺田田价及粮差的进一步处置，进一步改变了寺观田这一特殊田产的性质及赋役政策。在明后期，广东地区寺观田的税率往往要比一般民田为高，而且即使这些寺观田转移到了民户的手中，其性质也仍然属于寺观田，而不是民田，官府还是有一定的控制权。经过嘉靖后期到万历初期广东大部分地区推行"一条鞭法"的改革之后，原先在赋役上尤其是杂泛差役上有巨大差异的官田、民田，其以户

---

① 参见〔明·万历〕《新会县志》卷1《县纪》，见《广东历代方志集成·广州府部》第37册，第23页。〔清·康熙〕《新会县志》将该条改为"毁'淫祠'、兴社学"，其强调的重点又有所不同了。见〔清·康熙〕《新会县志》卷2《事纪》，见《广东历代方志集成·广州府部》第34册，第416页。

为基本单位、以人丁事产为摊派对象的差役课税客体，变成以人丁、土地编定的"丁额"与"粮额"征派白银①。另外，关于广东地区万历九年（1581）普遍实行的"清丈运动"，刘志伟指出：其最大成果不在于赋役负担的减轻或加重，而在于改革了官田赋税征收制度。不少州县在这一过程中，把原来的官民田的不同科则取消，而对每亩田地采取科民米若干、科官米若干的形式。②从文献上来看，即使部分地区寺观田在晚明甚至清初仍享有差役优免特权，但其税则还是高于一般民田，还会因为官府继续保有的对寺观田产的部分控制权，而使得已经售卖的寺观田要继续缴纳增价和军饷。所以，在明代后期有不少因官府对寺观田追价超出了买主的承受能力，而导致买主宁愿把寺观田退还归官的例子。

  大体说来，明代中叶以前，珠江三角洲的地方社会组织往往以佛寺为中心，对地方社会各个方面施以深远的影响，而且，以佛教为代表的寺观控制着相当数量的田产，并通过赋役制度上针对僧道田的特殊规定取得一定的优免权利。明中叶珠江三角洲所发生的礼仪变革，得到了珠三角士大夫阶层的支援，不仅是基于共同的儒学价值观，而且与当地士大夫通过挑战民间信仰和佛教力量来扩展自身影响力密切相关。明中叶在毁"淫祠"名义下对佛寺的打击尤其是对寺观田产的变卖，使得珠三角地区的佛教力量失去最为重要的经济支撑。嘉靖以后，就看不到（成化）《广州志》中如此大规模的寺观田产的记录了。一方面，广东珠江三角洲士大夫阶层和新兴的宗族挤压了佛教在民间的信仰空间；另一方面，大量寺观田产转移为士大夫和宗族的产业。明中叶以来珠江三角洲士大夫阶层对佛寺的打击与宗族建设的兴起，改造了此后数百年间珠江三角洲地区的社会与历史。

---

① 参见刘志伟《在国家与社会之间——明清广东里甲赋役制度研究》，中山大学出版社1997年版，第192-193页。
② 参见刘志伟《万历年间的土地清丈与一条鞭法之关系——对广东地区的考察》，见刘志伟《从一条鞭法到摊丁入地——明清时期广东地区赋役制度改革研究》"附录四"，中山大学1983年研究生毕业论文，第10页。

辑录一　明代广东寺观田产大事年表

时间	区域	事件	出处
洪武二年	全国	诏定天下版籍，凡田地、山林、池塘、浦港皆令民以所业自实，不实者没之。其系官田地，若职、若学、若书院、若废寺之类，予民佃业，而书其税。分官田、民田、重租田轻重起科有差。继从兴宁知县夏惟中奏减官田之税，自是广东州县科粮等则不一	（康熙）《广东通志》卷9《贡赋上》
洪武十四年十一月	全国	核天下废寺田产，没入官	《明太祖实录》卷140
洪武十五年	全国	诏天下僧道常住田不许典卖	（正德）《大明会典》卷19《户部四》
洪武十九年	全国	榜示天下寺观，凡归并大寺，设砧基道人一人，以主差税	（正德）《大明会典》卷21《户部六》
洪武二十四年十月	全国	凡庵观寺院，已给度牒僧道，如有田粮者，编入黄册，与里甲纳粮当差。于户下开写一户，某寺院庵观某僧某道，当几年里长、甲首。无田粮者编入带管畸零下作数	（正德）《大明会典》卷21《户部六》
洪武二十四年十月	广州府	大毁寺观。五月有诏令天下郡县止存寺观一区，余归并为丛林。广州至是始行之	（嘉靖）《广东通志初稿》卷3《政纪》
洪武二十四年	南雄府	大毁寺观。先是五月有诏令天下郡县止存寺观一区，余归并为丛林，至是始行之	（嘉靖）《南雄府志》卷上《郡纪》
洪武二十四年	新会县	诏废寺观。诏每县止存一区，余归并为丛林。时人为之曲庇，竟不废	（乾隆）《新会县志》卷2《编年志》
洪武二十七年	全国	《礼部条例》：钦赐田地税粮全免，常住田地，虽有税粮，仍免杂派，僧人不许充当差役	《金陵梵刹志》卷2《钦录集》

续上表

时间	区域	事件	出处
宣德八年	广东等地	广东按察司佥事曾鼎奏：今广东、浙江、江西等处寺观田地，多在邻近州县，顷亩动以万计，谓之寄庄，止纳秋粮，别无科差。乞敕礼部会议取勘僧道寄庄之田及废寺观田，有人耕种者，开报佃人户籍顷亩，多则均分本处无田之民，以供徭税	《明宣宗实录》卷100
宣德八年	广东	广东按察司佥事赵礼言：各处寺观多因田粮浩大，与民一体当差，是致混同世俗。乞依钦定额设僧人，府四十名，州三十名，县二十名，就于本寺量拨田亩，听其自种自食，余田均拨有丁无田之人耕种纳粮	《明宣宗实录》卷8
正统十三年	全国	各处寺观僧道，除洪武年间置买田土，其有续置者，令各州县有司查照散还于民。若废弛寺观，遗下田庄，令各该府州县踏勘悉拨与招还无业及丁多田少之民。每户男子二十亩，三丁以上者，三十亩。若系官田，照依减轻则例，每亩改科正粮一斗，俱为官田。如有户绝，仍拨给贫民，不许私自典卖	（正德）《大明会典》卷19《户部四》
景泰三年	全国	各处寺观田土，每寺观量存六十亩为业，其余拨与小民佃种纳粮	（正德）《大明会典》卷19《户部四》
正德九年	广州府南海县	方献夫称有诏毁黩"淫祠"，故买仁王寺为业	《明世宗实录》卷140
正德十六年八月	广东	魏校就任广东提学副使	（万历）《广东通志》卷10《秩官》
正德十六年	广东	魏校陆续发布《为毁"淫祠"以兴社学事》《为崇正学以辟异端事》	魏校《庄渠遗书》卷9
正德十六年至嘉靖二年	广东	魏校毁"淫祠"寺观，乡士大夫多承田土，或至兴讼	（嘉靖）《广东通志》卷50《名宦》
嘉靖元年	惠州府	魏校大毁"淫祠"寺观，立书院、社学	（嘉靖三十五年）《惠州府志》卷1《郡事纪》

续上表

时间	区域	事件	出处
嘉靖元年	增城县	大毁寺观。魏校行之，增城寺观无复存者	（嘉靖）《增城县志》卷19
嘉靖二年	广东	欧阳铎接任广东提学副使	（万历）《广东通志》卷10《秩官》
嘉靖四年	广东	提督两广军务兼巡抚都御史姚镆发布《督抚事宜》：访得广东先该提学副使魏校建议，拆毁淫祠及废额寺观。固亦惩创异端之盛举也。但地土田塘等项，多被豪宗右族乘机强占为业，或立作书院等项。不以业贫民而以资权贵，不以充国税而以益私租。其名若美而实则非矣。……务将各府州县原设淫祠寺观田塘地土顷亩号段，如系豪宗右族乘机强占者，尽数清出还官议处，以充正税，不必恤于怨詈。只在奉公而行。仍限三个月以秉。各将清查过亩数备细造册，星驰呈夺	姚镆《东泉文集》卷8
嘉靖四年至五年间	广州府顺德县	顺德知县林应骢秉承其兄右布政使林富的提议，要将魏校毁"淫祠"之后没入势家的僧田用公帑赎回给僧人	霍韬《渭厓文集》卷6
嘉靖五年	广东	先是魏督学毁寺，籍其田。巨室争利之。广东右布政使林富定议以田充军饷、给学膳，以地为书院、社学、医学有差	焦竑《国朝献征录》卷58
嘉靖十一年七月	广东	广东按察司佥事龚大稔弹劾吏部尚书方献夫、詹事府詹事霍韬侵占寺产	《明世宗实录》卷140
嘉靖二十一年	福建等地	户科都给事中郭鋆上奏提及：变卖废寺田价租银亦不下数万，宜查催解用，他省仿此	《明世宗实录》卷259
嘉靖二十一年左右	潮州府	奉例鬻寺田	（嘉靖）《潮州府志》卷4《祠祀志》
嘉靖二十一年	广州府南海县	士大夫承买寺田复奉勘合，发卖增价	《石头霍氏族谱》卷1

续上表

时间	区域	事件	出处
嘉靖二十二年	广州府新会县	诏卖各寺观田地。邑僧田,民已先自出钱兑买,亩上银四两,中三两,下二两。原有僧者,僧收其税,寺废僧亡者,里豪争收其税。至是议卖,知县何廷仁定价太重,民破产鬻子不能偿	(万历)《新会县志》卷1《县纪》
嘉靖三十四年后	惠州府	大工兴,鬻天下废寺田。惠州同知何宗鲁清稽严峻,无敢隐者	(光绪)《惠州府志》卷29
嘉靖三十七年	惠州府博罗县	大工兴,鬻废寺田	(崇祯)《博罗县志》卷5《艺文》
嘉靖三十八年	惠州府归善县	奉诏变卖废寺观田土。时永福寺僧逃绝,光孝、栖禅、嘉祐、圆通四寺并于永福,其僧存。永福田瘠,光孝田腴,买者求腴,风视篆逼光孝僧承瘠而鬻腴。僧不堪,空寺逃去	(雍正)《归善县志》卷2《事纪》
嘉靖三十九年	广州府南海县	士大夫承买寺田复奉勘合增价	《石头霍氏族谱》卷1
嘉靖年间	广州府增城县	限田寺百亩,余听鬻值入饷,否则僧自抵饷,亩伍钱	(康熙二十五年)《增城县志》卷12《艺文》
万历九年冬	广州府新会县	行清丈法。时各县清丈惟求足额,于是南海有定弓,顺德有加入之害,惟新地令袁奎清丈有法,别上中下三壤,定赋,均其徭役,使国赋无阙,而浮税不累,民赖之	(乾隆)《新会县志》卷2《编年志》

辑录二 （成化）《广州志》寺观卷辑录

说明：（成化）《广州志》记录了成化年间广州府境内 10 县 1 州内的寺观庵堂的基本情况，其内容之详细空前绝后，是了解明代中期广东珠江三角洲地区寺观田产的最为系统、最为重要的资料。但由于该方志已是残卷，且因印刷字体较小，利用不便。因此，本辑录将（成化）《广州志》卷 24 至卷 26 共三卷《寺观志》中所有登记在册的寺观庵堂的名称、位置、简史与田产情况进行了全面的整理与登记，以便研究者采用。为便于统计，各寺观庵堂前加以数字编号，其编排顺序严格遵循原书的顺序。相关田土数字则只精确到亩，其后数字按四舍五入处理。

南海县（卷 24）

编号：001
寺名：报恩光孝寺　　位置：郡城西北角
简史：按旧志：为南越王建德故宅，始于东晋安帝隆安年间罽宾国三藏法师昙摩耶舍，刹名三园。宋徽宗政和二年并法性、崇宁万寿为一，改为天宁万寿禅寺。绍兴七年改为报恩广孝禅寺，二十一年改为报恩光孝禅寺。元（后）至元三年左丞吕师夔捐资建兜率阁，至正九年住持志立建昆卢殿。明洪武十五年设僧纲司以理释教。永乐三年都纲正源捐己资重修罗汉等。永乐十三年东堂僧元楚建孔雀殿。永乐十四年都纲庆嵩等重修寺正殿等。
田产：田地山塘 486 顷 99 亩。南海县田地山塘 54 顷 88 亩，番禺县寄庄田 55 顷 77 亩，新会县寄庄田地山塘 357 顷 64 亩，（田）[香]山县寄庄田 8 顷 88 亩，东莞县寄庄田 9 顷 89 亩。

编号：002
寺名：开元万寿寺　　位置：在郡西□□街
简史：按旧志：晋太康年间梵僧伽摩罗来南□□锡于此，始名三归。

宋绍兴年间毁寺，□佛五、铜钟一移天□观，即今玄妙观。千佛铁塔二，移光孝寺。元至元三十五年（按：疑年代有误）□□重加修饬，佛像殿宇焕然，拨广恩馆田赡僧。明洪武六年复以寺为军器局，乃徙佛像于城北寺之旧廨院。洪武二十四年归并景泰寺。永乐元年为清理释教事，乃复廨院寺所有殿□僧□□□列于左方，俾守院者知所由焉。寺今废，改为□督行台。

田产：无。

编号：003

寺名：净慧寺　　位置：在郡西北

简史：梁大同三年道场沙门昙裕法师立舍利塔……洪武六年坏寺殿庑创永丰仓，惟存宝塔及观音殿。洪武八年住持坚愈于塔东重建佛殿，改寺门东向。洪武二十四年并入西禅寺。永乐九年清理释道，复还本寺，至今不易。寺门今扁曰六榕。正统五年住持僧净逸复整己衣钵，重修寺塔，事具陈琏记。

田产：南海县田12顷58亩，番禺县寄庄田11顷70亩。

编号：004

寺名：兴化寺　　位置：在郡治西

简史：始刘汉建为影堂，宋太平兴国年间有僧德尊创建为寺。明洪武六年并寺及僧归光孝寺。洪武十四年以寺地建都察院。旧有铁罗汉二百尊，元季毁造兵器，惟存铁弥陀佛一尊。永乐十三年移越秀山观音阁。

田产：寺田地塘22顷61亩，系光孝寺僧庆嵩掌管。南海县田地塘9顷43亩，番禺县寄庄田6顷，新会县寄庄田7顷17亩。

编号：005

寺名：崇报寺　　位置：在郡治西

简史：按旧志：为宝光寺，乃市舶司始创启之，以为番舶祈福之所。唐（按：疑为宋）大观中贾胡舍财重修。明洪武二年寺毁，以其址建南海县，佛像僧田地塘并入西禅寺。

田产：南海县田地2顷78亩，番禺县寄庄田2顷69亩，肇庆府高要县寄庄田地塘43顷54亩。

编号：006

寺名：妙华寺　　位置：在郡城西

简史：按旧志：昔开元寺废，以妙华为之。后开元寺兴，寺复为妙华。元季毁，故址今为民居。

田产：无。

编号：007

寺名：圆觉寺　　位置：在郡城西一里许

简史：旧志：元至元二十九年凌江何遇祖创为南华廨院，大德八年改今额，元季毁于兵燹。明洪武九年僧庆祖重建，仍匾南华廨院，后于城西改创，今额为圆觉寺。

田产：有田地塘3顷4亩。南海县田地塘1顷16亩，番禺县寄庄田36亩，东莞县寄庄田1顷40亩，香山县寄庄田13亩。

编号：008

寺名：国庆尼寺　　位置：在郡城西

简史：唐天授元年尼妙觉始建。按旧志：元至元十五年并广庆尼寺。洪武十三年毁展官道，徙定林尼寺。洪武十五年郡人陈仕贤复捐城西厢阳春巷地重建。永乐九年毁于火，其址尚存。

田产：寺有田21顷88亩。南海县5顷50□亩，番禺县寄庄田12顷60亩，香山县寄庄田1顷82亩，新会县寄庄田1顷71亩，东莞县寄庄田□14亩。

编号：009

寺名：觉梵尼寺　　位置：在郡东

简史：元至元年间为寇所焚，惟□铜观音诸像，徙置南华廨院，□宣慰使答剌海于郡西福地巷辟地，命尼□□鼎建，岁久将压。明洪武三十年尼福志重建，永乐十二年寺毁□□成祖存复建。

田产：田23顷96亩。南海县田5顷13亩，番禺县田18顷83亩。

编号：010

寺名：开善尼寺　　位置：在郡北

简史：旧志：唐天授元年尼妙净建。洪武十三年毁展官道。十四年尼祖念寺创城西广恩馆基，仍匾是额。十五年寺毁。永乐七年尼定富重建。

田产：田 13 顷 40 亩。南海县田 11 顷 45 亩，番禺县寄庄田 1 顷 95 亩。

编号：011
寺名：护国仁王禅寺　　位置：在郡西濠街
简史：晋泰康二年梵僧伽摩罗尊者自西竺来始建。元至正己丑住持僧德定重修。洪武六年毁于火，永乐十三年广州右卫权借造□军器。成化三年冬住持僧明达始复故址，重建殿宇佛像。
田产：有田地塘 25 顷余。南海县 6 顷 35 亩，番禺 67 亩，香山寄庄田 2 顷 80 亩，新会 10 顷 25 亩。

编号：012
寺名：龟峰寺（即西禅寺）　　位置：在郡西，地名龟山
简史：宋淳熙三年经略周自疆请于朝建寺，有威烈王行祠。元季颓毁。明洪武十二年僧光运重建。正统丁卯僧真泰鼎创正殿，景泰四年镇守右少监阮能、奉御黎敖俱捐资营创。后僧复于殿西建阮公祠堂。
田产：有田地塘共计 20 顷。南海县田地塘 2 顷 67 亩，新会县寄庄田 17 顷 33 亩。

编号：013
寺名：□□寺　　位置：在郡城西龟峰山南
简史：昔头陀□璿创佑圣堂，宋嘉定年间请于□乞以法性寺旧额名扁，刘经略书。元季毁。明洪武四年僧兴杰重建。
田产：有田地塘 9 顷 16 亩。

编号：014
寺名：万胜寺　　位置：旧在城西
简史：宋嘉定壬午建。□□□因度地创义冢，建屋于西。淳祐二年提举李鉴拓其地为寺。元至元二十五年并兴圣寺入本寺，元季毁于兵火。
田产：无。

编号：015
寺名：文殊寺　　位置：在郡西之彩虹桥
简史：南汉时创。宋绍兴年间僧圆明重修。寺久毁，僧徙西城之文佛堂。永乐五年砧基霍观平重建。

田产：有田 3 顷 9 亩。

编号：016
寺名：水月寺　　位置：在郡西南
简史：汉时创，宋庆元年间僧宝圭重修，元末毁于兵火。
田产：有田地塘 1 顷 96 亩。南海县田地塘 1 顷 43 亩，番禺县寄庄田 53 亩。

编号：017
寺名：真乘寺　　位置：在郡西
简史：刘汉时创，宋淳熙十年僧真悟重修，元末毁于兵火。
田产：有田地 3 顷 26 亩。

编号：018
寺名：千佛寺　　位置：按旧志：在郡西南
简史：刘汉时创，元季毁于兵火。
田产：有田地塘 3 顷 90 亩。

编号：019
寺名：集福寺　　位置：按旧志：在郡西
简史：刘汉时创，前代已毁。
田产：有田地塘 2 顷 94 亩。

编号：020
寺名：昭瑞寺　　位置：在郡城西
简史：按旧志：刘汉时创，前代已毁。合上六寺为伪刘西七寺也。
田产：无。

编号：021
寺名：悟性寺　　位置：在郡北粤台寺下
简史：梁普通七年达摩禅师自西竺航海至，凿井一号。南海大宝年间建寺于泉北。元季废。天顺辛巳斋人黄□遂重建，僧文泽住持。通判黄谏爱其山幽泉美，于寺山之颠构借眠轩，自为记。黄去，轩为少监阮公改创伽蓝堂，碑石移归府治。

田产：有田 8 顷。南海县田 3 顷 50 亩，番禺县田 4 顷 50 亩。

编号：022
寺名：国清寺　　位置：在郡城西北恩洲堡
简史：刘汉时创，前代已毁。
田产：有田地 4 顷 12 亩。南海县田 3 顷□□亩，番禺县□□□□□。

编号：023
寺名：报恩寺　　位置：在郡西北恩洲堡
简史：宋绍兴年间□□□□□。元至元年间毁。明洪武□□□□□重建。二十四年归并海珠寺。
田产：有田地塘 3 顷 64 亩。南海县田地塘 3 顷 24 亩，番禺县寄庄田 40 亩。

编号：024
寺名：证果寺　　位置：在郡西金利都恩洲堡
简史：刘汉时建，久毁。
田产：有田地塘 10 顷 90 亩。南海县田地塘 10 顷 38 亩，番禺县寄庄田地 52 亩。

编号：025
寺名：地藏寺　　位置：前代已毁，故址□知所在
简史：合上五寺及番禺华□寺为刘汉时北七寺也。
田产：无。

编号：026
寺名：怀□□　　位置：在郡西番塔街
简史：□□□□建创寺之西偏，建立番塔一座。每岁夷人率以五鼓登绝□呼叫佛号以祈风信。寺堂不塑佛像，惟于西壁上书外夷金字为佛号以礼拜焉。旧名拜堂，又名礼拜寺。元贞元年宣慰使塔剌海重整一新，改名怀圣□。此乃回回礼拜寺，非他夷寺也。明洪武二十五年七月飓风毁塔顶金鸡。寺久毁。成化四年都御史韩公雍命工重建，堂宇一新。以所留达官指挥阿都剌同□门者十七家居之。众以阿都剌为满剌，华言师傅也。礼拜佛号如故。

田产：有田地塘 58 顷 56 亩。南海县田地塘 56 顷 10 亩，番禺县寄庄田 2 顷 46 亩，香山县寄庄田 5 顷 92 亩。

编号：027
寺名：崇福寺　　位置：在郡西南金利都金利山
简史：旧传唐先天三年六祖禅师寓于此，乡民仰慕，遂辟是山创六祖院。宋元符年间颓朽，致和壬辰僧绍珉重创。元至正戊戌（按：至正十八年）土寇邵宗愚剽掠乡落，寺间俱为瓦□。明洪武二年僧祖□复创。洪武二十四年归并海珠寺丛林。
田产：有田地塘 8 顷 68 亩。

编号：028
寺名：宝陀寺　　位置：在郡西金利都灵峰山
简史：创建无考。元季毁。洪武四年寺僧华举创。
田产：有田地 8 顷 34 亩。

编号：029
寺名：西华寺　　位置：在郡西□□西峰山
简史：南汉大宝二年承务郎……创立。元季毁于兵火。明洪武十七年乡民□道宗始创庵，以奉香灯。成化六年□总镇两广太监陈瑄因过石门金观寺址，闵其索寞，于是□资命光孝寺住持僧戒□鼎建，委百户陈贵教……
田产：有田地 2 顷 46 亩。

编号：030
寺名：慈应寺（即大通正觉禅院）
位置：在郡西南滨江有小川，曰大通滘，滘东即平陆
简史：唐清泰年间有达洋禅师游方至此，乃结草为栖息之所。元季兵燹，庵宇俱毁。邦人迎师化身重塑，徙于光孝寺。明洪武三年僧宝成乃仍故址创小堂迎师塑身还焉。永乐三年郡人焦普鸠财重建，即郡志八景之一，所谓大通烟雨也。
田产：有田地 2 顷 7 亩。

编号：031
寺名：六祖寺　　位置：在郡西南泌冲都扶南堡
简史：宋政和间乡士邝水南创立，年久颓毁。乾道四年僧法观偕乡人钟顺文重建。
田产：有田1顷48亩。

编号：032
寺名：祖师寺　　位置：在郡西泌冲都大历堡
简史：宋淳祐二年乡人符应合创建。元至正庚子（按：至正二十年）兵毁。
田产：有田地塘72亩。

编号：033
寺名：观音寺　　位置：在郡西泌冲都盐步堡
简史：宋乾道二年僧觉澄鼎创。元季毁于兵火。明洪武元年僧宋广即故址为茅堂以事香火。十八年泌冲巡检苏允恭重建。
田产：有田1顷96亩。南海县田1顷75亩，番禺县田25亩（注：原文如此）。

编号：034
寺名：永寿寺　　位置：在县西北金利都麻奢堡
简史：无。
田产：无。

编号：035
寺名：弥陀寺　　位置：在郡西南西淋都［虫雷］冈堡
简史：宋嘉定二年僧法辉创。
田产：有田地塘1顷75亩。

编号：036
寺名：罗汉寺　　位置：在郡南西淋都平洲堡秀萝山
简史：宋庆历三年僧法宗建立，岁久颓毁。
田产：有僧田地塘1顷98亩。

编号：037
寺名：报恩寺　　**位置**：在□南西淋都佛山堡
简史：元季毁于兵火。
田产：有田地塘 11 亩。

编号：038
寺名：广福寺　　**位置**：在郡西三江都丰湖堡
简史：宋延祐四年（按：宋无延祐年号，延祐为元仁宗年号）乡民潘亚真创，岁久寺毁。
田产：有田地 1 顷 50 亩。

编号：039
寺名：觉慧寺　　**位置**：在郡西南黄鼎都上冲堡
简史：元至正元年乡民刘拜道等建。明洪武二十四年归并本都张槎堡宝真寺丛林。
田产：有田 4 顷 44 亩。

编号：040
寺名：释迦寺　　**位置**：在郡西南黄鼎都奇石村
简史：元至正元年乡民梁僧奴创建，年久颓毁。
田产：有田地塘 3 顷 35 亩。

编号：041
寺名：仁皇寺　　**位置**：在郡西北黄鼎都丰宁堡
简史：宋嘉定二年僧法观创。明洪武二十四年归并光孝寺。
田产：有田 1 顷 48 亩。

编号：042
寺名：永福寺　　**位置**：在郡西黄鼎都丰华堡誉峒村
简史：元延祐年间乡民誉原宗创。明洪武四年归并本都宝真寺。
田产：有田地 21 亩。

编号：043
寺名：宝真寺　　**位置**：在郡西黄鼎都张槎堡

简史：宋嘉定十一年僧祖琛创，年久颓圮。元至治元年乡民陈鼎来重建。

田产：元至治二年何氏妪舍田地塘 4 顷 38 亩。

编号：044

寺名：延祥寺　　位置：在郡西黄鼎都大圃堡

简史：元至正元年乡民黄鼎孙创。明洪武二十四年归并张槎堡宝真寺。

田产：有田地塘 4 顷 98 亩。

编号：045

寺名：圆通寺　　位置：在郡西黄鼎都大圃堡

简史：元延祐七年乡民吴心道创

田产：有田地 1 顷 30 亩。

编号：046

寺名：崇胜寺　　位置：在郡西南鼎安都沙头堡

简史：宋乾道年间创。

田产：有田 95 亩。

编号：047

寺名：祖师寺　　位置：在郡西南鼎安都龙津堡

简史：元至顺年间乡士陈了空创。

田产：有田地塘 2 顷 48 亩。

编号：048

寺名：化成寺　　位置：在郡西南鼎安都大同堡

简史：宋绍兴十年平民郭堂辰创。

田产：有田 5 顷 79 亩。

编号：049

寺名：宝峰寺　　位置：在郡西南鼎安都西樵山宝峰之侧，属简村堡

简史：创建莫考。

田产：有田地塘 12 顷 80 亩。

编号：050

寺名：白云寺　　**位置**：在郡西南鼎安都西樵山北

简史：旧传僧文通创。

田产：有田地 5 顷 74 亩。

编号：051

寺名：禅明寺　　**位置**：在郡西南鼎安都□□堡

简史：宋咸淳二年僧□□创。元至正二十八年毁于火。

田产：有田地塘 35 亩。

编号：052

寺名：乾明寺　　**位置**：在郡西鼎安都□□堡

简史：宋咸淳二年僧净安创。元至正年间僧遂□重创。

田产：有田地 4 顷 24 亩。

编号：053

寺名：山台寺　　**位置**：在郡南鼎安都吉利堡

简史：宋政和二年民黄觉公创。

田产：有田 4 顷 46 亩。

编号：054

寺名：隆兴寺

位置：在郡西北巴由都紫泥堡瑞云山。旧志误在县南

简史：宋宣和年间僧行忠创，常平司吏汤子昕请于官，扁今额。元延祐庚申僧祖澄募缘重修。洪武二十四年归并海珠寺。

田产：有田 7 顷 55 亩。

编号：055

寺名：观音寺　　**位置**：在郡西北巴由都华宁堡水口村

简史：元至正二十八年乡人汤观锡建。

田产：有田 1 顷 95 亩。

编号：056

寺名：国泰寺　　**位置**：在郡西北巴由都擢桂堡田头村

简史：元至正元年乡人马志良创，岁久寺毁。
田产：有田地1顷8亩。

编号：057
寺名：翠竹寺　　**位置**：在郡西北巴由都田心村
简史：元至正年间民罗祖锡创。明洪武二十四年归并胥江地藏寺丛林。
田产：有田2顷61亩。

编号：058
寺名：地藏寺　　**位置**：在郡西北胥江都龙坡山下
简史：元至正十二年僧正元创。明洪武二十四年清理佛教，以本寺为丛林归并。年久朽敝，惟存□□三门。
田产：有田6顷45亩。

编号：059
寺名：华严寺　　**位置**：在郡北胥江都卢岭下
简史：旧名乌石寺。世传唐神龙年间六祖禅师于黄梅传授衣钵，将南行……六祖至此□□前戒遂相其地创寺居焉，凡十五年。岁久颓毁。元至正二十五年民范以仁即故址重建□□颓。明洪武二十五年清理佛教，归并地藏寺，于是殿宇颓毁。
田产：有田1顷43亩。

编号：060
寺名：和光寺　　**位置**：在郡西西南□西南街之右
简史：昔传六祖禅师宿于此。后乡民遂化众创寺奉六祖佛像。元末毁于兵火。明洪武初乡民李思敬重修，仍塑六祖像以奉焉。洪武二十四年归并光孝寺。今寺犹存。
田产：有田1顷70□亩。

编号：061
寺名：东山寺　　**位置**：在郡西□南都
简史：宋景定三年耆民赵恕□创，年久颓毁。元至正乙丑僧智□□□人赵□□重建。元季复毁。
田产：有田地34亩。

编号：062
寺名：延祥寺　　　**位置**：在县西北
简史：岁久颓。
田产：无。

编号：063
寺名：普胜寺　　　**位置**：在县北
简史：前代创建无考。元季毁于兵火，今为民居。
田产：无。

编号：064
寺名：慈化寺　　　**位置**：在县西南
简史：宋季毁。
田产：无。

编号：065
寺名：灵福寺　　　**位置**：在县西
简史：前代创建无考，岁久颓。
田产：无。

编号：066
寺名：花果寺　　　**位置**：在县南
简史：元季毁于兵燹，故址犹存。
田产：无。

编号：067
寺名：南华廨院　　　**位置**：在郡西南山羊街枣树巷
简史：元至元二十九年凌江何遇祖始创圆觉堂，前起华严阁。有达摩传来西天锡杖，三十一年始扁今额。大德八年改为圆觉寺，元季毁于兵火，西天锡杖并失。明洪武九年僧庆祖重建，仍扁旧额。
田产：有田114顷49亩。南海县寄庄田18顷39亩，番禺县寄庄田5顷30亩，新会县寄庄田90顷80亩。

编号：068
寺名：罗汉院　　位置：在郡南西淋都平洲堡
简史：刘氏归命后院废，宋天禧年间檀越麦延绍等请住持僧法宗重建。元季复毁。明永乐年间重建。事见余靖记。
田产：无。

编号：069
寺名：华严庵　　位置：在郡西晓德坊□□街
简史：世远颓毁，□□□为军营。
田产：无。

编号：070
寺名：慧日庵　　位置：在郡城外之绣衣坊
简史：元季已毁。
田产：无。

编号：071
寺名：通化庵　　位置：在郡城外□阳春坊
简史：元季已毁。
田产：有田地塘60亩。

编号：072
寺名：施水庵　　位置：在郡北之双井街
简史：旧志云在国清寺南，元至元年间□□陈大震徙创于此，且月给钞为薪水费，以供行客。岁久颓圮。明洪武十六年僧宝圭重建。
田产：有田地塘1顷9亩。

编号：073
寺名：隆源庵　　位置：在郡西黄鼎都丰华堡
简史：宋咸淳年间乡人何源□创。明洪武二十四年归并本都宝真寺。
田产：有田63亩。

编号：074
寺名：普光庵　　位置：在郡西黄鼎都西隆堡

简史：元（后）至元二年乡民卢□□建。
田产：有田 38 亩。

编号：075
寺名：施水庵　　位置：在郡西南西淋都魁冈堡蚬冈村
简史：宋咸淳年间乡民梁定创，延僧禧恭住庵。暑□□□□。
田产：有田地塘 33 亩。

编号：076
寺名：隆福庵　　位置：在郡□□□都丰湖堡
简史：年久颓毁。
田产：有田 40 亩。

编号：077
寺名：锦岩庵　　位置：在郡西鼎安都西樵山简村堡
简史：元至正十八年乡人陈原善始创，因山有锦岩而名。
田产：有田 44 亩。

编号：078
寺名：六祖庵　　位置：在郡西鼎安都丹桂堡
简史：洪武三年僧明敷创。
田产：有田 79 亩。

编号：079
寺名：福原堂　　位置：在郡西南西淋都叠滘堡
简史：元大德年间乡人庞子成建，岁久颓毁。明永乐二年乡人黄榘重建。
田产：有田地 23 亩。

编号：080
寺名：种德堂　　位置：在郡西黄鼎都兴贤堡
简史：元至正年间乡民吴梦雷创。
田产：有田 1 顷 37 亩。

编号：081
寺名：宝林堂　　位置：在郡西黄鼎都兴贤堡
简史：元元统三年乡民黄受建。
田产：有田地 53 亩。

编号：082
寺名：千秋堂　　位置：在郡西黄鼎都兴贤堡
简史：元至正年间乡民潘源等创。
田产：有田 4 亩。

编号：083
寺名：观音堂　　位置：在郡西金利都草场堡
简史：元至元二十一年僧祖超创建。
田产：有田 56 亩。

编号：084
寺名：北山堂　　位置：在郡西金利都丰冈堡
简史：元至正五年乡民马原善创，岁久颓毁。明洪武十七年乡民吴志善等重修。
田产：有田地 13 亩。

编号：085
寺名：会隆堂　　位置：在郡西黄鼎都西隆堡
简史：元元统二年乡民谭泰交建。
田产：有田 24 亩。

编号：086
寺名：先月堂　　位置：在郡西黄鼎都大富堡
简史：元元统二年乡民徐广居建。
田产：有田 13 亩。

编号：087
寺名：宝光堂　　位置：在郡西金利都白石堡
简史：宋皇庆（按：宋无皇庆年号，皇庆为元仁宗年号）年间乡民□

罗应雷重建。
  田产：有田 12 亩。

  编号：088
  寺名：观音堂 位置：在郡西金利都桃子堡
  简史：元至元年间乡人创。元季毁。明洪武四年巡检史真捐财复创。
  田产：无。

  编号：089
  寺名：种善堂 位置：在郡西南西樵山之东简村堡
  简史：元至元二十八年乡民简敬创。
  田产：有田 28 亩。

  编号：090
  寺名：联桂堂 位置：在郡西南鼎安都丹桂堡
  简史：元至顺元年乡有劳姓者，兄弟并登乡选，舍地建堂以奉观音佛像。
  田产：有田 2 顷 91 亩。

  编号：091
  寺名：三胜堂 位置：在郡西鼎安都伏隆堡
  简史：元至元年间乡人创。
  田产：有田地塘 2 顷 26 亩。

  编号：092
  寺名：万寿堂 位置：在郡西鼎安都伏隆堡
  简史：无。
  田产：有田地 48 亩。

  编号：093
  寺名：丛桂堂 位置：在郡西泌冲都扶南堡
  简史：元天历二年乡人曹志子舍田创建。明洪武元年僧守俊重建。
  田产：有田 27 亩。

编号：094
寺名：集英堂　　**位置**：在郡西黄鼎都兴贤堡
简史：元至正二十一年乡民何和创。
田产：有田 30 亩。

编号：095
寺名：纳山堂　　**位置**：在郡西南西淋都溶洲堡纳山之阳
简史：元至治三年乡人霍应祖建。因山以名。明洪武二十四年僧智选归并张槎堡宝真寺。
田产：有田 41 亩。

编号：096
寺名：千佛塔　　**位置**：在郡治西北朝天街净慧寺
简史：事详净慧寺下。
田产：无。

编号：097
寺名：怀圣塔（番塔）　　**位置**：在郡治南
简史：详怀圣寺下。
田产：无。

编号：098
观名：玄妙观　　**位置**：在郡西
简史：唐名开元，宋大中祥符年间改天庆。元贞二年改今额。宋淳祐乙巳经略方大琮新其堂，设苏公（轼）像于内。后人建方公祠对焉。宋季颓毁。元大德三年宣慰使塔剌海重修，元季复毁。明洪武初征南将军廖永忠驻师广郡，乃命方掾高思齐重葺。洪武十五年开设道纪司。永乐十年九月钦惟圣上特命吏部员外郎藤霄、道录司左至灵袁上安率领道众于本观三清殿崇建普度大斋三昼夜。于时观后玄帝殿复圮，帝像亦毁，适有南海三江都民刘赵保白于都纪明圆堡曰："乡之黄塘村，旧有宝真堂，古□铜真武像，岁久堂屋倾圮，独像存焉，可□请徙于观。"圆堡遂谋创高阁以安焉。
田产：有田 26 顷 42 亩。南海县田 8 顷 17 亩，番禺县寄庄田 3 顷 83 亩，新会县寄庄田 13 顷 6 亩，增城县寄庄田 1 顷 35 亩。

编号：099
观名：报恩光孝观　　位置：州学旧址也。在城西
简史：宋元符年间为五仙观，崇宁改为天宁万寿，宋绍兴间改今额。岁久殿庑颓圮，仅存真武庙而已。元大德五年邦人重建，再毁于元季。
田产：无。

编号：100
观名：五仙观　　位置：旧在番禺十贤坊，今布政司西
简史：按旧志云：晋滕修时有五仙人乘五羊，各持谷穗一茎六出，衣与羊色各如五方，遗穗与州人，腾空而去，羊化为石，州人即地位祠，后改为观。明洪武元年征南将军平章廖永忠驻节广藩，寓于斯观，误烈薪火毁焉。乃命其掾高思齐重建一新，事具郡人孙蕡记。洪武十年布政使赵㽦坚以观地为广丰仓，乃改创于郡之东坡山禁钟楼，后设五仙像如故，岁久倾圮。永乐十二年邑人周原得等募缘重建。岁久观与楼毁，成化五年左布政使张公瑄以公羡之余，命广州府推官毛鉴督工重修，材出于官，役庸于市，民不知劳而楼与观焕然维新。
田产：有田 2 顷 81 亩。

编号：101
观名：朱明观　　位置：在郡城西四里浮丘山下
简史：即浮丘丈人得道之地。元至元十六年重修云堂。
田产：有田 50 亩。

编号：102
观名：承天原观　　位置：在郡西
简史：奉梓潼帝君。宋淳祐□□年间知县赵时□建，今毁。
田产：无。

编号：103
观名：洞□观　　位置：在郡西金利都麻奢堡
简史：宋延祐五年（按：宋无延祐年号，延祐为元仁宗年号）乡民李与权创。
田产：无。

编号：104

观名：悟真观　　位置：在郡西黄鼎都大圃堡

简史：元至元十六年乡民吴应雷创。耆旧相传应雷积财致富，吝于修舍。一旦读道经，恍然有悟，遂舍宅为观，因名。仍舍田常住。元末观毁，田失所在。

田产：无。

编号：105

观名：采阳轩　　位置：按旧志：在郡西青紫坊

简史：岁久毁。

田产：无。

编号：106

观名：真□道院　　位置：旧在郡□仁坊

简史：元末毁于兵火。明洪武九年坊人汤赵福重建。

田产：无。

编号：107

观名：大洪山□福院　　位置：在郡西红山巷

简史：按旧志：宋淳熙十六年头陀宗活创。元大德元年改今额。元末院毁。

田产：无。

编号：108

观名：玉蟾道院　　位置：在郡西缉衣坊

简史：毁。

田产：无。

编号：109

观名：三元堂。　　位置：在郡西泌冲都□□堡

简史：元至元四年民□□山创。

田产：有田 25 亩。

编号：110
观名：玄真堂　　位置：在郡南西淋都平洲堡罗涌甲
简史：无。
田产：有田 15 亩。

编号：111
观名：真武堂　　位置：在郡西金利都丰冈堡
简史：元至元三年民陈用贵创，岁久颓朽。明永乐十五年民陈亚奴重建。
田产：有田 35 亩。

编号：112
观名：集福堂　　位置：在郡西三江都大榄堡
简史：元延祐四年僧如镜同何希颜创。
田产：有田地 12 亩。

编号：113
观名：玄真堂　　位置：在郡西三江都大榄堡
简史：宋末堂毁，宋姓者据之以为居，居者常病，昏见一人披发入室，忽不见。诘旦，宋以其事告于里翁刘万石，刘曰："吾为儿时，闻所居乃古之真武堂址也。所见得无其神乎？"于是捐财鸠工重建。岁久复朽。明洪武三十年民曾仲仁复新志，水旱有祷辄应。
田产：无。

编号：114
观名：广真堂　　位置：在郡西三江都丰湖堡
简史：堂毁，内有铜铸真武神像，甚灵验。永乐十年徙于玄妙观。事详嘉庆阁。
田产：无。

编号：115
观名：龙真堂　　位置：在郡北胥江都清塘堡龙陂山
简史：元至元二十五年民叶迟秀创，后毁。明永乐十六年胥江驿丞黄载重修。

田产：无。

编号：116
观名：真明堂　　位置：在郡西鼎安都伏隆堡
简史：元至元年间民陈法受创。
田产：有田7亩。

编号：117
观名：鼎真堂　　位置：在郡西鼎安都伏隆堡
简史：洪武年间民陈宗振募□创。
田产：有田地40亩。

编号：118
观名：朝真堂　　位置：在郡西鼎安都伏隆堡
简史：民苏早创。
田产：有田70亩。

编号：119
观名：洪山堂　　位置：在郡西三江都大榄堡
简史：元延祐二年里翁刘茂逊梦三神人至境，曰："吾乃洪山三圣，欲假栖于此，可乎？"翁曰："诺。"既旦，遂谋于乡众，鸠工创建，因名。水旱疾疫，祷之辄应，岁久毁。明永乐三年三江巡检张伯干重修。
田产：无。

编号：120
观名：洞神堂　　位置：在郡□之□□坊第二桥直街
简史：旧传有刘洞神者立化，坊人建庙祠焉。元至正壬寅（按：至正二十二年）毁于火。明洪武九年郡人孔□宗重建，改主帅祠。
田产：无。

编号：121
观名：显真堂　　位置：按旧志：在郡亲贤坊
简史：元季已毁。
田产：无。

编号：122
观名：三圣堂　　位置：按旧志：在郡大市街坡山之上
简史：元季毁，今改五仙观。
田产：无。

编号：123
观名：玄天福地堂　　位置：在郡西泌冲都
简史：元（后）至元元年乡人邹居士建，元季毁于兵火。明洪武三十年乡人邹郭贤仍故址重建。
田产：有田地 48 亩。

编号：124
观名：福地堂　　位置：在郡西泌冲都平地堡
简史：元泰定元年□赵君桃建。
田产：继有陈辛等舍田 38 亩为香灯费。

编号：125
观名：福兴堂　　位置：在郡西南西淋都垒湾堡
简史：元大德十年民孔恩儒创。
田产：有田地 17 亩。

编号：126
观名：锦兰堂　　位置：在郡西南西淋都佛山堡
简史：元至正年间乡人霍得周舍财鼎建。旧传有道人陈锦戒行清洁□菉之，因名。元季毁于兵火。明永乐十六年重建。
田产：堂侧有地 1 亩。

编号：127
观名：洞真堂　　位置：在郡西金利都白石堡
简史：宋延祐七年（按：宋无延祐年号，延祐为元仁宗年号）民唐子贤创。
田产：有田地 11 亩。

番禺县（卷25）

编号：001
  寺名：海珠慈度寺 **位置**：旧在州东
  简史：旧志载：南汉大宝年间始创，合南海、定林等二十八寺□于南之四方以应列宿。自东之慈度寺至南之地藏等十四寺则番禺县地。今慈度寺乃番禺东南十四寺之一也。岁久颓圮。宋宝祐年间文溪李昂英捐财与僧鉴义徙创江心海珠石，请旧额扁之。有文溪祠堂石刻遗像。元大德年间元帅罗璧捐俸重修。明洪武二十四年清理佛教，寺为丛林，归并僧众。郡志旧八景有越台秋月，今易为海珠秋月，亦一景也。宣德年间寺毁。阃帅程玚修之，命游方僧以居，然去留无定，寺复日圮。正统年间宪使芜湖郭公始命光孝寺择僧明通住持而□僧田土，已逸失过半矣。明通见寺日敝，乃捐己资并募缘之锱市坚材鼎建佛殿等，成化八年以次俱完。
  田产：见管常住田：增城县寄庄田4顷70亩。本县31亩。肇庆府高要县樟村都寄庄鱼塞一所，土名大步头、大步尾、低□、三□□、拽木、汪栋、谏鳝、婆湾、□滘等处。共税1顷49亩。明洪武二十四年归并逸失者，兹不及赘。

编号：002
  寺名：觉性寺 **位置**：在郡东乌龙山
  简史：寺中昔有头陀师名所居之寝曰草堂，余公靖为记。元末寺毁，故址今存。
  田产：无。

编号：003
  寺名：西竺寺 **位置**：在郡城北
  简史：宋乾德元年僧永仁建。元至正年间毁。明成化三年钦差内臣韦公捐资，命主持僧法意重建佛殿等。
  田产：有田8顷30亩。番禺县田2顷58亩，顺德县田5顷92亩。

编号：004
  寺名：白云寺 **位置**：在郡城东北□□□白云山之巅
  简史：寺以山名。明洪武二十四年归并丛林，时有僧正度住持，至二十七年叛贼余胜全作耗焚毁，寺遂废没，然石碁阶□并九龙泉大石井□犹在。寺旧有常住田一十七顷零，寺废后，俱佃民耕□逸失将半，粮额不除，多累里胥。宣德七年朝廷降例，废寺田地仍许度牒僧掌管，乡人遂举光孝寺僧慧杰承管。……尝谓其徒曰："常住为寺而设，田既领管，粮役类重，寺未兴复，奈何？"乃□年积蓄，复募缘，于成化七年□材□于山颠之旧基。

田产：见简史所述。

编号：005

寺名：景泰寺　　**位置**：在郡北□□景泰山□

简史：□□元年僧智□……明洪武二十四年清理佛教，寺□□□，岁久僧亡，寺□□□□十四年僧□存重建，既落成，遭遇□□□□□僧□□□□钦蒙□□□□旧额山半。旧有僧归亭，游□者□□焉。天顺三年□□黄谏由翰林来判广州，易名广趣，□记之事□台榭。

田产：有田 21 顷 65 亩。旧有铜三宝佛像各一，元徙光孝寺。番禺县田 11 顷 60 亩，南海县田 8 顷 19 亩，新会县田 1 顷 86 亩。

编号：006

寺名：定林尼寺　　**位置**：在郡西

简史：旧志云：南汉大宝年间创定林等二十八寺，列于郡之四方，以应列宿。今定林乃西七寺之一也。宋经略张釜废为广恩馆，后尼□请额，复为寺。元至正年间寺徙于东都之白子涌，元季毁。明洪武二十四年尼定恩迁创城之石头庙巷。

田产：有田地 4 顷 77 亩。番禺县田 1 顷 21 亩，南海县寄庄田 3 顷 56 亩。

编号：007

寺名：灵化寺　　**位置**：在郡东扶胥口

简史：休咎禅师道场也。自元季以来寺亦废毁，惟存佛堂以奉香火而已。

田产：有田地 65 亩。

编号：008

寺名：龙归寺　　**位置**：在郡西北慕德乡两丫潭

简史：宋天圣年间僧慈鉴创。明洪武二十四年归并东山寺，毁。永乐十三年南海金利都民黄税秀等重修。
田产：有田 4 顷。

编号：009
寺名：慈惠寺　　**位置**：在郡西南旧素波门内
简史：旧传奉冲应真人香火。宋绍定年间住持僧道明始拓其地，以旧慈惠寺为额，然地步褊逼，景定三年提举吴隧市寺后民居以广之。元末颓毁。明洪武十一年开筑城池，以其地位广州左卫军营。
田产：无。

编号：010
寺名：千秋寺　　**位置**：在郡西南仙湖街
简史：刘汉二十八寺，此其一也。元末毁。洪武三年以其地为按察司。有铜释迦佛观音大士像各一，制极精巧，俱移入光孝寺。
田产：有田 13 顷。

编号：011
寺名：崇福寺　　**位置**：在郡东北鹿步都黄陂堡
简史：唐至德年间僧惠□创。元末毁。
田产：无。

编号：012
寺名：广果寺　　**位置**：在郡北鹿步都龙眼堡
简史：唐天宝年间僧智通创。元末毁。
田产：无。

编号：013
寺名：尊胜寺　　**位置**：在郡北鹿步都龙□堡
简史：唐开元二年僧月庵创，岁久颓毁。宋宣和二年僧□坚以遗□合于集福寺。
田产：无。

编号：014

寺名：天王寺　　位置：在郡东龙眼堡

简史：刘汉时创。宋乾德二年僧慧□重修，宋末毁于火。元至元二十七年寺僧合于城西慈化寺。

田产：有田2顷10亩。

编号：015

寺名：兴圣寺　　位置：在郡东

简史：即草堂禅师化身之所，宋熙宁二年始建。宋季毁。元至大年间永悟禅师改建山北之赤□□基周约5亩□□倾衣钵市田以充常住。明洪武年间僧慈机复加修葺，岁久颓毁。成化六年钦差□□市舶司少监韦公眷捐资□住持僧祖璇重加鼎建。

田产：有田6顷27亩。皆□永悟所置者。番禺县田□顷□□5亩，南海县寄庄田1顷12亩，监丞公后增置□□□地□亩□五千□□□□□乎□□矣。

编号：016

寺名：慈普寺　　位置：在郡西龟山西禅寺右

简史：刘汉时创，宋季毁。

田产：无。

编号：017

寺名：高台寺　　位置：在郡西北马村堡

简史：旧名高台院，宋庆元年间僧永绍创，岁久毁。

田产：有田3顷96亩。

编号：018

寺名：王乐寺　　位置：在郡西北马村堡

简史：宋嘉祐年间僧祖全建，明洪武二十八年为飓风所毁。

田产：有田1顷18亩。

编号：019

寺名：南山觉海尼寺　　位置：在郡南榄山堡南山峡口

简史：耆旧相传，元（后）至元二年乡众创建。元末毁。明洪武十四年尼妙高重建，复毁于寇。尼遂沦没。
田产：有田 2 顷 56 亩。

编号：020
寺名：延寿寺　　**位置**：在郡南茶园堡
简史：宋天圣二年僧契崧同陈居士创，年久颓毁。
田产：有田 5 顷 66 亩。

编号：021
寺名：罗汉寺　　**位置**：在郡南沙湾堡
简史：宋天圣元年僧崇义建。明洪武二十四年归并东山寺。
田产：有田 2 顷 19 亩。

编号：022
寺名：太平寺　　**位置**：在郡西北水西堡
简史：旧为太平院。宋天圣年间僧福祚创。元延祐四年改额，广东道都元帅帖里书扁，岁久颓毁。至正三年僧原祐重修。明洪武二十四年住持僧心镜归并东山寺。
田产：有田 77 亩。

编号：023
寺名：觉华寺　　**位置**：旧志载在州东南
简史：前代已毁，故址今无。
田产：无。

编号：024
寺名：化乐寺　　**位置**：故址莫辨
简史：前代已毁。按旧志：已上七寺为刘汉之东七寺。
田产：无。

编号：025
寺名：延祥寺　　**位置**：在郡东北鹿步都龙眼堡
简史：刘汉始创。有大铁佛，首其身以石。宋开宝二年僧法进重建，岁久颓毁。元至元二十八年僧道恒重修。至正二十五年复毁。

田产：无。

编号：026
寺名：宝光寺　　位置：在郡南大塘堡
简史：刘汉时创，宋景定四年僧□昱重建，岁久寺毁。
田产：有田1顷80亩。

编号：027
寺名：古胜寺　　位置：在郡南□香堡
简史：刘汉时创，明洪武初僧景印重修。十八年景印殁，寺复毁。
田产：有田地4顷。

编号：028
寺名：地藏寺　　位置：在郡西西南堡
简史：刘汉时创，宋政和年间乡众重建。岁久颓毁。按旧志，尚有二寺久毁，名额已失。合上四寺及在城千秋寺为刘汉南七寺。
田产：有田地5顷70亩。

编号：029
寺名：觉清尼寺　　位置：按旧志：在郡东南
简史：前代已毁，故址莫辨。
田产：无。

编号：030
寺名：六祖寺（今名东山寺）　　位置：在郡东
简史：宋淳熙六年僧宗真同周侍郎建。奉六祖禅师。明洪武十四年清理佛教，寺为丛林，归并僧众。
田产：有田23顷45亩。番禺县田4顷21亩，新会县田19顷24亩。

编号：031
寺名：超悟寺　　位置：在城西北龙眼堡
简史：宋熙宁年间僧惠琳建，元至和（按：元朝年号无至和，或为元泰定帝致和年号之误）年间毁。
田产：无。

编号：032
寺名：宝胜寺　　位置：在城东簸箕堡
简史：宋天禧元年僧满公创。元至正甲辰毁。其址尚遗石塔一。
田产：有田地塘 5 顷 12 亩。番禺县田地塘 2 顷 65 亩，香山县田 2 顷 47 亩。

编号：033
寺名：兴福寺　　位置：在郡南海阳乡
简史：寺毁。
田产：有田地 45 亩。

编号：034
寺名：隆果寺　　位置：在郡东北白云山
简史：宋开宝元年僧惠义创。元末毁，今址尚存。
田产：有田地 12 顷 58 亩。

编号：035
寺名：宝光尼寺　　位置：在郡西北刘村堡
简史：元太定（按：当为泰定）己丑尼祖演建。
田产：有田 3 顷 38 亩。

编号：036
寺名：胜因寺　　位置：在郡北白云山
简史：宋嘉祐年间僧真礼创，元末毁。
田产：有田 3 顷 7 亩。番禺县田 37 亩，南海县田 2 顷 70 亩。

编号：037
寺名：奉光寺　　位置：在郡西大朗堡
简史：宋绍兴年间僧持觉建。明洪武二十四年归并东山寺。
田产：有田 1 顷 87 亩。

编号：038
寺名：地藏寺　　位置：在郡西北大田堡
简史：宋天圣年间僧道和建。

田产：有田 2 顷 48 亩。

编号：039
寺名：昌华资福寺　　位置：在郡南北亭堡
简史：旧名昌华院。旧传元至正二年乡人创，岁久毁于风雨。旧传寺有铜钟一口，明永乐十五年移入玄妙观。
田产：有田地 1 顷 31 亩。

编号：040
寺名：月溪寺　　位置：在郡东北龙眼堡
简史：宋大中祥符年间僧道飙建。元季毁。
田产：有田 12 顷 54 亩。番禺县田 7 顷 54 亩，南海县田 5 顷。

编号：041
寺名：隆兴寺　　位置：在郡南员冈堡
简史：宋开庆年间僧全公创。明洪武二十四年归并西禅寺。
田产：有田 3 顷 73 亩。

编号：042
寺名：慈惠寺　　位置：在郡东南横沙堡
简史：宋景祐元年僧祖琛创，元末毁。
田产：无。

编号：043
寺名：资福寺　　位置：在郡北赤迳堡
简史：唐天宝年间僧慧超创。明洪武二十年归并东山，寺毁。
田产：有田 1 顷 30 亩。

编号：044
寺名：荐福寺　　位置：在郡东南鹿步堡
简史：唐开耀年间乡民罗政创，今废。
田产：无。

编号：045
寺名：蒲涧寺　　**位置**：在郡北白云山蒲涧之麓
简史：宋淳化元年僧智慧创，遂以蒲涧名，寺有东坡诗。元末毁于兵火，惟址存焉。
田产：无。

编号：046
寺名：观音院　　**位置**：在郡南钟村堡石壁村宝峰山下
简史：宋淳祐元年僧祖善建。明洪武二十四年归并东山，院毁。
田产：有田1顷7亩。

编号：047
寺名：香光堂　　**位置**：在郡杏坛巷
简史：自宋有之，元末毁。僧聪颜乃迁佛像入西来堂。明洪武六年废其址为军营。
田产：有田1顷7亩。

编号：048
寺名：观音阁　　**位置**：乃越王台故址，旧在北城外
简史：唐刺史李玭于上建亭，宋元因之。元季亭废。明洪武初开拓城池，始包台入北城之上。永乐元年都指挥使花英访而知之……时同寅都指挥佥事程玚伟之，遂捐己俸，赞成其事。
田产：无。

编号：049
寺名：三圣堂　　**位置**：在郡东车坡堡
简史：宋嘉定甲申乡人创，奉三圣像。宋末毁。元延祐年间宣慰凌公重建罗汉阁并新堂宇，岁久复圮。至正甲午僧广富偕乡耆凌罗理等重建。
田产：有田2顷8亩。

编号：050
寺名：观音堂二　　**位置**：一在东门外之演武亭后。一在归德门外
简史：其一：正统己巳毁于兵火，天顺己卯住持姜觉英募缘重建，规制弘敞，为东城壮观。其二：元福州人创，元末毁。明洪武四年居士黎觉

重修。永乐戊子坊民张仁甫等重加修饰，堂宇复新。
　　田产：无。

　　编号：051
　　寺名：祝寿堂　　**位置**：在郡西北老鸦湖堡
　　简史：宋绍兴年间僧祖鉴建，元末毁。
　　田产：无。

　　编号：052
　　寺名：西来堂　　**位置**：在郡泰通坊虾栏巷
　　简史：按碑云：自唐宋来已有其堂。元延祐丙辰居士觉真始广精舍，至顺辛未毁于火，嗣法欧阳觉通与阃帅斡赤答失复鼎新，扁曰西来院，元末复毁。明洪武七年僧惠福重建，郡人刘庆堂施屋十二间，月入其赀为香灯之费。屋在新桥街泰通坊，司其事者，民黄子成也。
　　田产：屋产见上。

　　编号：053
　　寺名：龙华堂　　**位置**：在郡东南迳口堡
　　简史：洪武二十三年毁。
　　田产：有田地 52 亩。

　　编号：054
　　寺名：南泉庵　　**位置**：在郡仙湖东
　　简史：元大德年间僧了然建佛阁轮藏，制极精巧，元末阁毁，惟藏殿存焉。明永乐已丑百户夏仕贤、郡人冯宗等捐财重修殿宇轮藏。庵旧有铜观音、六祖普庵佛像，俱移净慧寺。庵今居尼僧。
　　田产：无。

　　编号：055
　　寺名：慈佑庵　　**位置**：旧志云在郡官园
　　简史：元末毁。明洪武十四年开展接到，址辟为澄清街。
　　田产：无。

编号：056
寺名：东莲庵　　位置：旧志云在郡东
简史：父老相传，为李昂英建，元末毁。明洪武十二年开筑城池，址为军营。
田产：无。

编号：057
寺名：圆明庵　　位置：在郡西沙湾都白石堡
简史：旧传宋元年间已有是庵，创建莫详，后废。
田产：有田 83 亩。

编号：058
寺名：六祖庵　　位置：在郡西北流溪都水东堡
简史：宋绍兴五年僧慈轼建。
田产：有田 9 顷 49 亩。

编号：059
寺名：翠竹庵　　位置：在郡龙头市左
简史：即旧志观定堂。宋初平侯建，后毁。探花李昂英重建，改今名。元末毁。正统辛酉邑掾汤昌募缘重建。见三山郑志记。
田产：无。

编号：060
寺名：永泰庵　　位置：在城东五里许东庙之后
简史：成化十年甲午春三月钦命监督广州市舶司左监丞韦因祭先内臣之墓，始至其地，爱其山水环秀，遂开寿藏于内臣墓五所之左，用建祠寺于右以奉香火。
田产：无。

编号：061
观名：奉真观　　位置：在郡旧仙湖西
简史：乃葛洪炼丹之地，南汉时亦集方士炼丹于此。初名绿净堂，宋绍兴又名濯鳞，后改为观。洪武九年毁于火。正统二年乃以其地改濂溪书院。

田产：有田 1 顷 62 亩。番禺县田 32 亩，南海县田 1 顷 39 亩。

编号：062
观名：碧虚观　　位置：在郡东北蒲涧
简史：宋天圣元年羽士陈守常建。宋政和年间赐今额，□宗□钱买田。乾道中经略龚茂良、运判陶定重建。高要谭维寅作记。元季皆毁。
田产：有田 9 顷 50 亩

编号：063
观名：迎真观　　位置：在郡北
简史：成化四年冬钦差都宪韩公捐资鼎建。公政暇登高镇海楼，有真武神像，公遂以香山县量余田四顷拨于楼观以为常住道田。仍择道士周裕积为住持，供奉楼观香灯。
田产：见简史。

编号：064
观名：清虚道院　　位置：在城内职高巷东
简史：无。
田产：无。

编号：065
观名：隐真堂　　位置：在郡城正南门直街
简史：元至正壬午僧普光建，元末毁。明洪武十三年郡人欧达兴即故址改建五显庙。
田产：无。

编号：066
观名：道果堂　　位置：在郡南大新街
简史：洪武三十年耆民赵仲杰等建。奉宋忠臣康保裔。
田产：无。

编号：067
观名：萃真堂　　位置：在郡南大新街
简史：洪武十一年耆民黄义远等建。

田产：无。

编号：068
观名：宝莲堂　　位置：在县南韦涌堡
简史：旧传宋时乡人创，奉玄帝。元季海寇攻掠，乡村父老祷于神，俄有七星黑旗现于空，寇震慑而退，民赖以安。
田产：无。

编号：069
观名：众妙堂　　位置：在郡西
简史：创建岁月莫考。
田产：无。

顺德县（卷25）

编号：001
寺名：宝林寺　　位置：在县□
简史：据碑记，寺始于五季，□宋……新之。事□叶柏记。
田产：不详。

编号：002
寺名：郭名寺　　位置：在县龙江堡
简史：宋淳熙二年永超创，岁久圮坏。元至元……明洪武二十□年□□重饬。
田产：有田地塘3顷79亩。

编号：003
寺名：化乐寺　　位置：在县平步堡
简史：宋嘉熙四年堡民周□化缘创建。元季颓毁。明天顺年间民何准、刘永平等重建。
田产：有田1顷32亩。

编号：004
寺名：庚流寺　　位置：在县平步堡

简史：旧传宋嘉□三年建。寺前之水自西方庚位而流至寺，萦绕而出，寺因水而名，元季毁于火。明洪武二年僧镇琦重建小庵，僧亡庵毁。

田产：有田 75 亩。

编号：005

寺名：福田寺　　**位置**：在县桂林堡北滘村

简史：创建莫考，元季毁于火。明洪武二年乡民周琏重建。二十四年归并郡西禅寺。

田产：有田 2 顷 81 亩。

编号：006

寺名：金城寺　　**位置**：在县古楼堡

简史：元至元年间尼应惊募乡民李煖舍金创建。元末寺毁。明洪武初尼志恩乃立庵以居。永乐七年尼志礼复建以瓦。

田产：原有田 8 顷 96 亩。

编号：007

寺名：地藏寺　　**位置**：在县□□□

简史：旧志云：宋天圣年间僧德□□□，熙宁六年僧智亨重建。元丰七年僧□□□□□□□□。明洪武□□□□□□立草庵。永乐十年乡民□民□□□□□。

田产：有田地 4 顷 80 亩。

编号：008

寺名：昭瑞寺　　**位置**：在县之伦教堡

简史：创建年月无考。

田产：有田 2 顷 6 亩。

编号：009

寺名：普圣寺　　**位置**：在县之云步堡顺峰山麓

简史：元至正年间僧慧珠创。明洪武二十四年归并海珠寺。

田产：有田 2 顷□10 亩。

编号：010
寺名：兴福寺　　位置：在县马宁堡
简史：宋嘉定元年僧无□□，元季寺毁。明洪武八年僧□裕重建。
田产：有田 4 顷 50 亩。

编号：011
寺名：隆兴寺　　位置：在县北水堡
简史：宋□□年间僧慧彻创，岁久毁。明洪武二十四年僧宣缘重建，后归并海珠寺。
田产：有田 4 顷 2 亩。

编号：012
寺名：国寿寺　　位置：在县白藤堡镇康村
简史：宋咸淳年间僧荣和尚建，岁久倾圮。元至正年间僧至传重修。明洪武二十四年归并海珠寺。
田产：有寄庄新会县田 2 顷 12 亩。

编号：013
寺名：长兴寺　　位置：在县甘竹堡彭村
简史：元末毁。明洪武十九年僧聚重修。
田产：有田 38 亩。

编号：014
寺名：郭寿寺　　位置：在县龙山堡
简史：宋建炎二年建，岁久毁。明永乐二年原舍田檀越钟名广孙钟原智重建。
田产：有田 5 顷 64 亩。

编号：015
寺名：观音庵　　位置：在县古楼堡
简史：元末毁。明洪武十四年乡民曾祖义复立。
田产：有田 5 顷 64 亩。

编号：016
寺名：圆通庵　　位置：在县石涌堡
简史：元末毁。明洪武初僧名心复建。永乐元年百户李唐重建。
田产：有田地 39 亩。

编号：017
寺名：崇福堂　　位置：在县龙津堡
简史：宋末堂毁。乡民区郭遂因寇祷佛得面。子□兴于元至正辛巳重建。
田产：无。

编号：018
寺名：吉祥堂　　位置：在县伦教堡
简史：民伍英泰建，元至正年间为吐口卢义毁。明洪武九年乡人赵英重建。
田产：有田 1 顷 27 亩。

编号：019
寺名：翠林堂　　位置：在县桂洲堡翠竹山
简史：元至正年间堡民谭井泉建。元季毁。明洪武初堡民刘灵受重建。永乐六年都指挥花英迁其石于广置观音阁。
田产：有田 24 亩。

编号：020
观名：玄真观　　位置：在县凤山南
简史：昔道人□隐堂修炼于此中。乡人赵康鼎有诗。
田产：无。

编号：021
观名：梯云观　　位置：在县龙山堡
简史：元大德七年乡人邓原□建。岁久倾毁。
田产：有田 1 顷 62 亩。

编号：022

观名：锡福堂　　位置：在县桂洲堡

简史：宋景定年间乡人梁伯公建，元季毁。明洪武初堡民岑得良重建。

田产：有田44亩。

编号：023

观名：大微道院　　位置：在县鹭洲堡

简史：元至正二年乡民劳法通建，岁久倾圮。故址尚存。

田产：有田塘1顷10亩。

编号：024

观名：桂山道院　　位置：在桂洲堡

简史：无。

田产：无。

编号：025

观名：逢□道院　　位置：在逢简堡

简史：无。

田产：无。

编号：026

观名：师相堂　　位置：在县古楼堡

简史：元末毁。明洪武十四年堡人蔡原信复立。

田产：有田地1顷17亩。

编号：027

观名：萃真堂　　位置：在县容奇堡

简史：元季毁。

田产：有田18亩，寄庄香山县大榄都。

编号：028

观名：神步堂　　位置：在县容奇堡马冈村

简史：故老传云昔有神迹，隐然在冈之麓，人多异之。洪武十八年乡人胡巽雷构堂其间以奉上真。

田产：无。

编号：029
观名：显应堂　　位置：在县大良堡
简史：宋景定年间乡人罗法赐立。元延祐年间毁。乡人游紫霄重建，乡人胡雷舍田 68 亩。
田产：有田 68 亩。

编号：030
观名：显真堂　　位置：在县鼎安堡
简史：宋季毁，元至正八年耆民林丛重建。
田产：有田 89 亩。

编号：031
观名：医灵堂　　位置：在县北水堡
简史：元大德三年堡人陈大郎建。
田产：有田 31 亩。

编号：032
观名：真应堂　　位置：在县昌教堡
简史：宋宝庆年间善士刘道从偕乡耆邹南兴等创，后毁。宝祐六年戊午乡士吴宗辉重建，又毁。明永乐六年乡众重修。
田产：有田 70 亩。

编号：033
观名：二帅堂　　位置：在县平步堡
简史：无。
田产：无。

编号：034
观名：保生堂（即真武祠）　　位置：在县平步堡仙岸村南
简史：元有乡民麦姓者，被人诬讼陷系于狱，默祝于神，俄有青蝇集判笔□写复至如是者三，□司惊异，遂明其枉。麦因事白而建。
田产：无。

东莞县（卷25）

编号：001
寺名：资福寺　　位置：在县西
简史：南汉禹余宫使邵廷□所建戒院故地。有罗汉阁，扁曰零源，乃宋元符三年比丘祖堂建。阁成乃走惠州求记于苏公轼。宋嘉熙己亥邑宰许巨川重修灵源阁。琼管经略谢图南作记，今碑已失。寺有佛殿，元至元癸未毁于海寇。大德己亥县尹邓荣重建三门。大德癸酉前县尉进程与前主簿邑人翟麀协力重修灵源阁。元季寺毁。明永乐十一年江西行僧法成重修。
田产：有田地塘19顷80亩。

编号：002
寺名：慧云寺　　位置：在县东
简史：旧为□□院。南汉时承宣使刘廷□□僧号慧云者戒行清高，乃改院为寺。扁曰慧云。寺有蔡公祠堂。按旧邑志云：蔡公宋人，居恩德里，业农为生。一旦，斋沐跏趺而逝。盖棺三年，其子将卜葬，忽闻扣击声，启示之，俨然如生。邑宰张勋迎祷雨，膏泽随应，由是其应益彰。明洪武十四年皆毁，蔡公塑身徙置院之归德场凤凰岩。
田产：旧有田地7顷1亩。

编号：003
寺名：圆明尼寺　　位置：在县西登瀛坊
简史：宋咸淳二年彻公和尚创。
田产：有田3顷60亩。

编号：004
寺名：真乘尼寺　　位置：在□□□□□□
简史：宋咸淳年间绍庵应公东堂同乡人陈华甫创。
田产：有田6顷1亩。

编号：005
寺名：觉华寺　　位置：在县西春堂村
简史：宋淳祐二年乡民□汉奇建。

田产：有田地 80 亩。

编号：006
寺名：雁塔寺　　位置：在县东茶园村
简史：刘汉时觉渊和尚创，仍立石塔于寺，取昔比丘瘗雁立塔之事，因名。明洪武十四年归并资福寺丛林。寺毁。
田产：有田地塘 94 亩。

编号：007
寺名：法性寺　　位置：在县西亭头村
简史：宋咸淳年间性成和尚创。寺毁。
田产：有田 60 亩。

编号：008
寺名：普通寺　　位置：在县西大宁村
简史：宋咸淳年间僧慧通创。明洪武二十六年寺毁。
田产：有田地 3 顷 65 亩。

编号：009
寺名：法华寺　　位置：在县东福隆村
简史：刘汉时法成和尚建，今毁。
田产：无。

编号：010
寺名：庆林寺　　位置：在县南靖康乌沙村
简史：宋咸淳年间无为禅师建，久毁。明成化四年僧道琮重建。
田产：有田地 7 顷 68 亩。

编号：011
寺名：云溪寺　　位置：在县南归德场
简史：宋景祐五年省传和尚建。明洪武二十四年归并资福寺丛林。二十六年寺毁。
田产：有田 7 顷 34 亩。

编号：012
寺名：海光寺　　位置：在东莞所南门新街
简史：休咎禅师道场也。有南汉刘氏所铸铁佛。旧传为海光佛，因以名寺。明洪武二十四年归并资福寺。
田产：有田3顷27亩。

编号：013
寺名：白马庵　　位置：在县西南白马都
简史：耆旧相传，古有神人骑白马至此，乡因名。后乡人遂建庵以奉普庵，又立石塔以镇。宋绍兴年间邑宰张勋重建，复梦白马之神，遂刻碑以记。其事庵与碑元季俱没，塔亦欹毁。
田产：无。

编号：014
寺名：杯渡庵　　位置：在杯渡山滴水岩上
简史：（南朝）宋元嘉中杯渡禅师建。
田产：无。

编号：015
寺名：慧善庵　　位置：在杯渡山瑞应岩上
简史：亦杯渡禅师建。
田产：无。

编号：016
寺名：圆应堂　　位置：在县东张村
简史：旧志为定光古佛香火之地，旧有黄山谷跋石刻，久毁。
田产：无。

编号：017
寺名：镇象塔　　位置：在资福寺前
简史：石刻曰："大宝五年壬戌，禹余宫使邵廷□买地起创戒院，□砌宝塔五层。伏以□崇妙善，盖因每岁至秋初□群象踏□百姓田禾，累□□下差人采捕驱括入栏□宰，应赡军需。□其□甲披毛俱是负来之命，然虑遗骸滞魄难超舍去之魂，仰赖良因，免□幽扃之苦。速承□度永□异类之徒。"南汉大宝五年即宋建隆三年也。
田产：无。

编号：018
寺名：雁塔　　位置：在道家山
简史：宋淳祐年间邑丞王闾所建。邑进士题名其上，迨今日百余年，日渐颓毁。近卫县文武缙绅谋欲修建，至今未成。
田产：无。

编号：019
寺名：双塔　　位置：在县东莞场南山
简史：双塔耸立，上干云表。然皆叠石而成，其上时有云气往来。
田产：无。

编号：020
观名：上清观　　位置：在县西南道家山之上
简史：宋政和年间邑令杨襫徒创。山下襫自记岁月，岁久颓毁。咸淳戊申邑宰王中行重修，未卒。尉蔡廷发继兴之有志，岁久倾圮。明洪熙元年章贡秀野来主观事，与邑人陈□愚等募缘重修。事具邑人陈琏记。
田产：有田地5顷80亩。

编号：021
观名：文昌宫　　位置：在县道家山凤凰台侧上清观后
简史：宋淳祐年间县丞王闾建。宋末毁于兵火。元皇庆壬子署县郭应木重建，岁久毁。明洪武二十四年海南卫指挥使常懿重建。
田产：无。

编号：022
观名：洪山堂　　位置：在县东
简史：宋淳祐年间民妇梁氏化缘建。仍舍田83亩为香灯之资。
田产：见上。

编号：023
观名：真武堂二　　位置：一在县西城隍庙。二在县东北沙腰村

简史：其一元季毁，明洪武十八年民人张允嘉化缘重建。其二岁久毁，明永乐十二年乡人陈庆等重建。
田产：其二有田地40亩。

编号：024
观名：慈济堂二　　**位置**：其一在县西资福寺侧。其二在吉州头村
简史：其一元至正七年邑民蓝季达建，岁久颓毁。其二亦乡民封晓山建，岁久颓毁，元至正二十六年王孟可等重建，后圮。明洪武十六年军士张四龙化缘重建。
田产：其二有田地42亩。

增城县（卷25）

编号：001
寺名：万寿寺　　**位置**：在县南凤凰台下
简史：旧名法空寺。宋嘉熙年间僧监图创，为祝延圣寿之所，元季毁。明洪武二十八年僧祖荣、老人灵居善等重建。
田产：有田96亩①。

编号：002
寺名：罗汉寺　　**位置**：在县南迎恩街
简史：宋嘉熙二年僧竺图创，元季颓圮。明洪武初坊民罗思成重建。
田产：无。

编号：003
寺名：觉苑寺　　**位置**：在县北清献坊
简史：宋嘉熙年间尼净从化缘创。明洪武二十四年尼自贤归并观音庵，寺毁。永乐初知县童友成即址建养济院。
田产：有田2顷90亩。

编号：004
寺名：长庆寺　　**位置**：在县西双鲤峰

---

① 按〔明·嘉靖〕《增城县志》卷18载，万寿寺有田30余顷。

简史：宋淳化年间僧善渊创。明洪武二十四年归并万寿寺丛林。
田产：有田 9 顷 10 亩。

编号：005
寺名：报国寺　　位置：在县东北庆福都
简史：宋咸淳年间僧师宏创，元季毁。明洪武二十四年归并万寿寺。
田产：有田 2 顷 85 亩。

编号：006
寺名：观音寺　　位置：在县西南□宁都
简史：元至正年间僧法琼创。明洪武二十四年寺毁。
田产：有田 99 亩。

编号：007
寺名：上龙兴寺　　位置：在县北平康都
简史：元至正年间民廖名义创，元季毁。
田产：无。

编号：008
寺名：下龙兴寺　　位置：在县西白水村
简史：宋淳祐年间民人莫立兴创。元季毁。
田产：有田 87 亩。

编号：009
寺名：光明寺　　位置：在县西云母都
简史：宋淳祐年间民何有昌创，元季毁。
田产：有田 43 亩。

编号：010
寺名：金兰寺　　位置：在县南合兰上都牛潭村
简史：元□元年间僧普成偕民人罗以善创。明洪武十四年为东莞土寇苏友轻（？）烧毁。
田产：有田 4 顷 48 亩。

编号：011

寺名：七仙寺　　位置：在县南合兰下都

简史：元至正年间僧慕学偕民郭兴创。拓基之始，掘地得石七，仿若人形，因扁曰七仙。元季寺与石皆毁。

田产：有田2顷53亩、塘1.2亩。

编号：012

寺名：延庆寺　　位置：在县西云母都

简史：宋嘉定年间民人朱名亮创。元季毁。

田产：有田1顷25亩、塘0.3亩。

编号：013

寺名：灵山寺　　位置：在县西北崇贤都

简史：宋嘉熙年间民人周富祐创，元末毁。

田产：无。

编号：014

寺名：证果寺　　位置：在县东北金牛都

简史：宋皇祐年间有宾公道者肉身坐化瑞山石上。因徙寺于瑞山，后寺废，事实详见德施庙及仙释。

田产：无。

编号：015

寺名：招□寺　　位置：在县西北崇贤都

简史：宋嘉熙年间乡民□白云偕僧法贤创，元季毁。明洪武十□年僧正信重建，二十四年归并万寿寺丛林。

田产：有田66亩。

编号：016

寺名：龙门寺　　位置：在县西龙门铺

简史：唐开耀年间僧明正创，元季毁。明洪武□年僧惠贤重建。

田产：有田1顷28亩。

编号：017

寺名：真禅寺　　位置：在县西绥福都

简史：宋嘉熙年间僧法清创。元季毁。明洪武四年僧宝闻重建，复毁。

田产：有田87亩、塘1亩。

编号：018

寺名：新兴寺　　位置：在县西南四望冈

简史：宋景祐年间僧宗照创。元季毁。明洪武五年僧嗣贤重建。洪武十四年归并东莞资福寺。

田产：有田1顷6亩。

编号：019

寺名：宝庆寺　　位置：在县北杨梅都

简史：宋端平年间僧守智创，岁久毁。

田产：有田27亩。

编号：020

寺名：法华寺　　位置：在县西南甘泉都

简史：元至正年间僧监寺僧民人黄庚仔创。明洪武十四年毁。

田产：无。

编号：021

寺名：地藏寺　　位置：在县北平康都

简史：宋政和年间僧永□偕民人罗添祐创。元至正年间毁。

田产：无。

编号：022

寺名：净堂寺　　位置：在县北上龙门

简史：宋端平年间民人廖吉甫创。明洪武二十□年毁。

田产：有田30亩。

编号：023

寺名：云峰寺　　位置：在县北云峰山

简史：宋乾道年间民人黄云汉创。□□□□□□□。

田产：无。

编号：024
寺名：石禅寺　　位置：在县北西淋都
简史：元至正年间民人□□可创□久毁。
田产：无。

编号：025
寺名：龙山寺　　位置：在县北龙冈
简史：元至正年间民人谭心□僧法□创。明洪武二十一年毁。
田产：无。

编号：026
寺名：宝林寺　　位置：在县北西淋都
简史：宋嘉泰年间民人何正根创。明洪武二十一年毁。
田产：无。

编号：027
寺名：石泉寺　　位置：在县北西淋都
简史：元至正年间民人许□宽创。旁有石泉，因名。
田产：无。

编号：028
寺名：集□堂　　位置：在县北金□都
简史：宋咸淳年间僧法清创。元季毁。明洪武□年僧法广重□，后归并万寿寺。
田产：无。

编号：029
观名：二青观　　位置：在县东北流□池
简史：唐贞观年间道士吴见山创。元季毁。
田产：无。

编号：030
观名：会仙观　　**位置**：在县南凤凰台
简史：即何仙姑旧祠。唐大历年间道士蔡乙改创于观左，立仙姑祠。
田产：有田33亩。

编号：031
观名：三教堂　　**位置**：在县东水东村
简史：元延祐年间民人江善创。岁久毁。
田产：有田8亩。

香山县（卷25）

编号：001
寺名：无量寺　　**位置**：在县东
简史：宋绍兴年间邑人刘中行舍宅建。创寺时，掘地得铁佛一。宋乾道己丑知县范文林请以番禺已毁无量禅寺为本寺额。宋季毁。元至元二十一年县尹王天祥、邑人郭复等重创。至元二年舍田檀越萧惠叔仍舍普庵铜佛一，元季毁。明洪武十六年开设僧会司，僧本廉以寺基隘陋，遂于县已毁宝庆寺旧址起创，仍以无量为额。岁久毁。永乐七年僧祖□重建殿宇。旧址今为军营。
田产：有田并续收宝庆寺归并田6顷87亩。

编号：002
寺名：宝庆寺　　**位置**：在县东北后冈
简史：宋乾道五年知县范文林创，请以增城县毁寺为额，后颓毁。元延祐七年县尹黄达重建。元季毁。明洪武十六年僧本廉以其址改创无量寺。
田产：有田2顷73亩。俱归并无量寺。

编号：003
寺名：元兴寺　　**位置**：在县北大海中浮虚山下
简史：元至元年间邑人赵沧洲创真武堂，有道人麦达西虔奉香火，苦心修行，夜梦山中示现西方境界，觉后若有所得。是年四月金宪唐古台按治经此，达西以梦告，公叹异之，遂捐财鸠工，仍令有司经营助费。大德丁酉春兴工，四月落成。元季毁。

田产：有田 13 顷 30 亩。

编号：004
寺名：西林庵（即圆明庵）　　位置：在县北莲塘村
简史：内奉六祖圆明禅师，岁久倾圮。明洪武二十七年乡民□子忠等重建。
田产：有田 49 亩。

编号：005
寺名：目连庵　　位置：在县东北□村
简史：元至正五年邑人温奉创。岁久□毁。明永乐十三年乡民张子□等重建。
田产：无。

编号：006
寺名：云母庵　　位置：在县东
简史：宋隆兴年间创，故址今芜□。
田产：无。

编号：007
寺名：东林庵　　位置：在县南东林山下
简史：岁久颓毁。止存观音像一。明洪武七年乡人李得武于县南麻州村复创，徙像奉焉。
田产：无。

编号：008
寺名：云□庵　　位置：在县南东林山
简史：明永乐七年医学训科程胜□捐财创建。
田产：无。

编号：009
寺名：碧云庵　　位置：在县南上□村
简史：洪武三年乡人何本□化缘创建。岁久颓圮。永乐四年乡人马势昌等重建。

田产：无。

编号：010
寺名：洪山庵　　位置：在县西坑头村
简史：明洪武三年僧志远创。岁久毁。三十□年乡人李仁翁重建。
田产：无。

编号：011
寺名：水月庵　　位置：在县西龙眼都
简史：洪武三年僧祖□创，岁久颓毁。十五年后乡人阮景白重建。
田产：无。

编号：012
寺名：云盖庵　　位置：在县南香炉山
简史：元至元二十二年乡人郭复创。山高洞深，云气常罩其上，因名。岁久颓塌。
田产：无。

编号：013
寺名：通济庵　　位置：在县东□□山
简史：宋景定四年知县洪天□创，岁久颓。元至正三年达鲁花赤亦思马思重建，元季毁。基址尚存。
田产：无。

编号：014
寺名：云梯庵　　位置：在县东云梯山绝顶
简史：乃江浙□石和尚开山创建。寂灭之后，庵亦堕毁。后有许道人，乃半沙村富室许东斋女也，幼有超越尘俗志，父母遏之不可得，遂筑室山上，独居经年，足迹罕入乡里。……元季复毁。
田产：无。

编号：015
寺名：独觉庵　　位置：在县东东山村
简史：宋端平年间邑人钟俊龙创。内奉独觉禅师，本福建温□人，后为土神，福人多立庙祠焉。俊龙经商，偶至其地，见其灵感，欲传香火不可得，遂默祷之。归，访画工同往描模相貌，用木雕绘甚肖，易其真像以归。比至岸，祥云香雾拥随而入，俊龙住舍，众咸异之，乃捐财筑庵以供奉焉。每祈祷，无不感应。后为风雨颓毁。旧址犹存。

田产：有田 29 亩。

编号：016
寺名：龙归庵　　**位置**：在县西南龙归岩
简史：黄道人显化之地。宋绍兴年间封为惠慈普济禅师。宋末，太监龚行□避地于此建。元末毁，其址犹存。
田产：有田 2 顷 14 亩。

编号：017
寺名：西竺庵　　**位置**：在县南西竺山
简史：元至正元年民人鲍□逊创，元末毁。
田产：有田 44 亩。

编号：018
寺名：西山庵　　**位置**：在县南西边山
简史：宋咸淳三年乡民吴成三创。元至正二年毁于风雨。
田产：有田 61 亩。

编号：019
寺名：普陀庵　　**位置**：在县南香山场后
简史：宋咸淳五年邑人周仁建。岁久坏，乡人吴元叟等重建，元末颓毁。
田产：有田 75 亩。

编号：020
寺名：翠竹庵　　**位置**：在县南东山下
简史：元大德年间邑人黄节性创。元季毁。
田产：有田 2 顷 9 亩。

编号：021

寺名：善果庵　　位置：在县南香山场侧

简史：岁久颓圮，故址犹存。

田产：无。

编号：022

寺名：天王堂二　　位置：其一在县南桥头村。其二在县南罗陌村

简史：其一元至元年间乡人阮北堂创，耆旧传前有天王桥，水深丈余，人涉之，□多淹溺，因立堂镇之，自后涉者无淹溺之患。至正年间毁。明永乐元年邑人方旭等重建。其二元至元十三年邑人许宗保建，岁久颓毁。明洪武二十二年乡人郑盈祥等重建。堂前有石塔，高二丈，至今犹存。

田产：无。

编号：023

寺名：报恩堂　　位置：在县西西涌村

简史：宋绍兴年间乡人陈进武创，岁久毁。明洪武五年乡人黄以成等重建，岁久复毁。其址尚存。

田产：无。

编号：024

寺名：建福堂　　位置：在县西西涌村

简史：宋绍兴年间乡人陈进武创，岁久毁。元（后）至元三年邑人高神英重修，元季毁，基址犹存。

田产：有田50亩。

编号：025

寺名：南宥堂　　位置：在县南塘感村

简史：宋绍兴二年乡人黄惟贤创，后毁。明洪武五年惟贤孙黄伯礼重建。

田产：无。

编号：026

寺名：延寿堂　　位置：在县南大富村

简史：元至元年间乡人陈友直创，元季毁。明永乐元年邑人周金积等

重建。

田产：无。

编号：027

观名：北极观　　位置：在县西联桂坊三十步

简史：按旧志：乃吴真人祠堂。宋乾道己丑知县范文林移于县东，事见赵希瓒记。淳祐乙巳主簿宋之望重建，改三清宫。元至元二十一年县尹王天祥复建。泰定四年县尹左祥又徙创县东关王庙。明洪武十六年开设道会司，道会温敬良即旧址草创署事，后废，改镇抚司。

田产：有田 6 顷 62 亩。

编号：028

观名：集真堂　　位置：在县东北亚村

简史：宋绍兴年间邑人刘必从创。元季毁。明洪武二十七年邑人杨子颜等重建，岁久毁。永乐十四年乡民仁岳养重修。

田产：有田 5 亩。

编号：029

观名：崇福堂　　位置：在县东赤坎村

简史：元大德间乡人陈天才创，元季毁。基址犹存。

田产：无。

编号：030

观名：隆兴堂　　位置：在县南龙头坡

简史：元至元年间乡人林原宾创。元季毁。明洪武二十二年邑人林□积重建。

田产：无。

编号：031

观名：元丰堂　　位置：在县西北大榄都

简史：宋元丰年间乡民多疫，时道人梁法□传真武将以驱疫，民赖以安。乡众捐财创建，崇奉上真，因以创始年号名堂。元季毁。明洪武二十二年乡人刘俊荣重建，三十一年毁于飓风。

田产：无。

编号：032

观名：建福堂　　位置：在县西北古镇村

简史：宋绍兴年间邑人黄岩叟创，元季毁。

田产：有田2顷30亩。

编号：033

观名：显真堂　　位置：在县北小围村

简史：宋绍兴二年邑人林仲方创。元季毁。

田产：有田29亩。

编号：034

观名：宜福堂　　位置：在县东濠涌村

简史：元季颓毁。明洪武十年乡民严以成重建，岁久圮。永乐九年子严宗□葺。

田产：无。

编号：035

观名：通济堂　　位置：在县北

简史：元至正年间邑人邝渊夜梦一神威仪整肃……渊遂率众建堂像而祠焉。自是□乡远近之人，遇水旱□□□诣祠祷神，降乩□，断吉凶，无不应。元季堂毁。明洪武二年邑人□□□重建，岁久复颓。永乐十五年邑人郑□等□□□□。

田产：无。

编号：036

观名：道果堂　　位置：在县东北□亨村

简史：元季毁。明永乐十年赵□□□生等重建。

田产：无。

编号：037

观名：集福堂二　　位置：其一在县北。其二在县□□冈头

简史：其一元季毁于火，其址今为军营。其二洪武二年邑人魏伯晋创，岁久毁。永乐七年乡人萧□□等募缘重建。

田产：无。

编号：038
观名：利济堂　　位置：在县东北光山村
简史：岁久颓毁。明永乐十年阴阳学训□郑恕重建。凡民经商出入祷之极应。
田产：无。

编号：039
观名：康帅堂　　位置：在县西沙富村
简史：元至元年间乡人杜季和创。元季毁。明永乐二年乡人黄志超重建。
田产：有田 67 亩。

编号：040
观名：种德堂　　位置：在县南麻州尾村
简史：元至元二十一年邑人郭复创。岁久倾毁。明永乐五年邑人郭佛生重建。
田产：无。

新会县（卷 26）

编号：001
寺名：龙兴寺　　位置：在县西礼义坊大云山南
简史：隋唐来已有其寺。初名洪化，后改大云，又改今额。宋庆历年间有□越僧惟直者航海至此建正殿、诸天阁、六祖堂及余屋百馀间。庆元年间番禺县尉方信孺来摄县事，创亭于寺后。元亭寺皆毁。明洪武十七年僧旴斌仍重建六祖堂。洪武十八年住持观寿始创正殿。
田产：有田 115 顷 33 亩。新会县田 114 顷 58 亩，香山县田 74 亩。

编号：002
寺名：黄云寺　　位置：在县北宣化坊黄云山
简史：唐景云年间僧一行禅师云游至此，爱山水秀丽，遂驻锡焉。元末颓毁。明洪武三十一年僧乘舟始复修饰。
田产：有田 15 顷 97 亩。

编号：003

寺名：象山寺　　**位置**：在县西源清坊

简史：山形如象，故名。宋宣和年间僧有定建。元末毁于兵□。明洪武八年僧乘□重建。洪武二十八年复□□毁于火。

田产：有田 11 顷 99 亩。

编号：004

寺名：□□寺　　**位置**：在县北宣化坊圭峰山南

简史：唐建和（按：唐无建和年号，建和为东汉桓帝年号）年间僧道遂建。元末毁。

田产：有田 3 顷 24 亩。

编号：005

寺名：万寿寺　　**位置**：在县西礼义坊龙山之南

简史：旧志云：唐建德（按：唐无建德年号，建德为北周武帝年号）中僧得贤建，山有龙窟。东西□□仅百步。每遇□旱祷之，甘雨立应，寺初名龙山，又改额万寿。元末始毁。明洪武十七年僧光巳重建。

田产：有田 7 顷 67 亩。

编号：006

寺名：九源寺　　**位置**：在县西遵名都程村甲上台山南

简史：以山幽井泉九，故曰九源。宋政和年间僧智张建，元末毁于兵。明洪武二十年僧广寿重建以奉祭定应禅师。师姓梁，本县文章都人，修持戒行，深悟禅理，因号。

田产：有田 6 顷 78 亩。

编号：007

寺名：宝华寺　　**位置**：在县南泷水都天台山

简史：岁久颓坏。明洪武三十五年乡人梁存初重建。

田产：无。

编号：008

寺名：万岁寺　　**位置**：在县南塘河甲双涌山南

简史：□碑云：唐咸通年间有梵僧自西来驻锡于此始创精舍为祝寿之

地。年久颓圮。元至正癸未乡士萧□存始加修饰，随毁于兵。至正辛丑僧海云□公□复如旧仍立碑记其事。

田产：有田 3 顷 1 亩。

编号：009

寺名：月华寺　　**位置**：在县西古博都德行甲慧龙山之南

简史：寺初名慧龙，按碑云唐□神会尝憩于此。元和年间刺史孔戣奏锡月华寺额，颓毁。宋景祐年间乡耆李怀轸、李怀瑰欲加修建，适僧行□自六祖故宅振锡而来，遂与□成。寺成日，经略安抚使、工部侍郎张魏公重书表揭，仍刻碑以纪岁月。宋末毁。元至正年间僧慧济重建。

田产：有田 9 顷 69 亩。

编号：010

寺名：尼姑寺　　**位置**：在县南潮居都北到甲东能山之东

简史：前代毁。

田产：有田 1 顷 71 亩。

编号：011

寺名：地藏寺　　**位置**：在县西南潮居都罗坑村仙涌山

简史：唐咸通年间僧法近创，岁久颓毁。明永乐二年僧广璿重加修饰。

田产：有田 3 顷 37 亩。

编号：012

寺名：晓清寺　　**位置**：在县西登名都龙尾村双峰山之□

简史：宋景祐年间僧行□□。宋末毁于兵。元至正年间僧□源重建。

田产：有田 4 顷 77 亩。

编号：013

寺名：普贤寺　　**位置**：在县西得行都□同村□□山

简史：□名普贤院，宋景祐年间僧先裕创，元末毁。明洪武二十年僧□□重□。

田产：有田 2 顷 48 亩。

编号：014

寺名：宝林寺　　**位置**：在县西得行都□□村□峰山之东

简史：旧名宝林院。唐咸通□僧本定创。岁久毁。元至正年间乡民谭展忠重建。元末复毁。明洪武元年僧永顺重修，今复颓圮。

田产：有田1顷88亩。

编号：015

寺名：华严寺　　**位置**：在县西罗村甲锦秀山之西

简史：旧名华严院，元季毁。

田产：无。

编号：016

寺名：波罗寺　　**位置**：在县西平康都楼冈甲波罗山

简史：旧传有僧趺化于此，号无寂禅师。宋宣和年间僧善祥建寺奉之。宋末毁于火。元至正二十四年僧性逊重建。寺有古钟，故老相传，震风凌雨之夕则失去不见，次早则复悬于次。主僧得之蜑人云：屡见此钟在海与蛟龙斗，乃去钟耳之龙一角，遂不复去。元末钟失不存。

田产：有田5顷3亩。

编号：017

寺名：太平寺　　**位置**：在县东北古劳都客鞋山

简史：元至正年间僧永坚建。元末毁。

田产：有田2顷23亩。明洪武三十五年内将抛荒80亩分发与广州前卫中所屯种，实有田地41亩。

编号：018

寺名：宝安寺　　**位置**：在县北古劳村金台山之南

简史：旧名宝安院，元季毁。明洪武三年僧宝传重建。洪武十八年寺毁。

田产：有田4顷76亩。

编号：019

寺名：齐兴寺　　**位置**：在县南泷水都都斛村万斛山之前

简史：旧名齐兴院，唐建中年间僧登觉建，元末毁。明洪武八年乡人何观养重建。

田产：有田1顷4亩。

编号：020
寺名：地藏寺　　位置：在县南海晏场郭丰山之南
简史：旧名地藏院。宋绍兴年间僧真静建，元季毁。明洪武十年重建。
田产：有田2顷92亩。

编号：021
寺名：泗洲佛塔院　　位置：在县西源清坊象山下
简史：元至正癸巳邑人唐忠卿同僧景茂建。
田产：有田78亩。

编号：022
寺名：大国院　　位置：在县西古博都桥头村曹幕山
简史：元季毁于兵火。
田产：有田32亩。

编号：023
寺名：文殊院　　位置：在县西大湖塘甲狮子山之前
简史：元末毁于兵火。
田产：无。

编号：024
寺名：广积院　　位置：在县西得行都良田甲实台山
简史：元至正二十三年里人郑临溪重建。
田产：有田2顷87亩。

编号：025
寺名：景丰院　　位置：在县西平康都儒林甲实郭山
简史：故老相传，宋景定（从后文来看，疑为"景祐"之误）年间有僧行柔云游至此创建。皇祐年间跌坐而化。号曰月鉴景丰禅师。元末毁于兵火。明洪武三十年僧妙名重建。永乐十年乡人周道善复加修饰。
田产：有田4顷22亩。

编号：026
寺名：广化庵　　位置：在县北宣化坊清泉山之南
简史：元至正年间僧子慧创，元末毁。明洪武五年僧广达重建。洪武三十三年守土千户张显修饰。
田产：有田 73 亩。

编号：027
寺名：天竺观音庵　　位置：在县西古博都小蒯山
简史：元至元年间僧光谦偕乡民谭源清建。元季毁于兵火。明洪武十四年谭佛宜徙村之罗国山重建。
田产：无。

编号：028
寺名：圆明庄聚宝庵　　位置：在县东□□村
简史：宋绍兴□年僧慈□□□□越□□□。
田产：无。

编号：029
寺名：六祖堂　　位置：在县南潮居都区村
简史：元（后）至元二年乡民麦有能建，元季毁于兵火。明洪武二十年乡民林果雄重建。
田产：有田 39 亩。

编号：030
寺名：灵湖堂　　位置：在县南广海卫城之东，□湖之北
简史：宋乾道年间僧永从筑。宋季毁。元至正戊子邑人彭诚重修。明洪武三十年本卫指挥刘昭等复加修饰。
田产：有田 34 亩。

编号：031
寺名：碧玉堂　　位置：在县西古博都黄麦村甲泰坑村
简史：元至元年间乡人麦秀□创，元季毁于兵火。明永乐十年乡人邓□荣重建。
田产：有田 17 亩。

编号：032
寺名：二贤堂　　位置：在县西南罗坑甲黄沙坑
简史：元至正年间乡人林贤建。
田产：有田 16 亩。

编号：033
寺名：翠林堂　　位置：在县西石碑都联甲
简史：元至正二十六年乡人杜得名创。
田产：有田 14 亩。

编号：034
寺名：六祖堂　　位置：在县南潮居都比到甲
简史：元季毁。明洪武十五年里人廖义举重建。
田产：有田 29 亩。

编号：035
寺名：华明堂　　位置：在县西遵名都何村甲
简史：宋景祐年间乡民汤贤建，年久毁。淳祐年间乡人汤潮佐重建。元至大二年乡人何景新复加增饰。
田产：有田 52 亩。

编号：036
寺名：中溪堂　　位置：在县西北遵名都□村甲
简史：元至正年间乡民吴平□建。
田产：有田 1 顷 38 亩。

编号：037
寺名：月溪堂　　位置：在县西遵名都
简史：旧传始创于元至正年间，年久颓毁。
田产：有田地 17 亩。

编号：038
寺名：云居堂　　位置：在县西小横村
简史：元至正三年乡民胡仲达创，岁久毁。明洪武十三年乡民邓原达重修。永乐十四年乡民胡伯通复加增饰。
　　田产：无。

　　编号：039
　　寺名：六祖堂　　位置：在县南泷水都沙富村
　　简史：元末毁。明洪武二十五年乡民马真福重建。
　　田产：无。

　　编号：040
　　观名：龙兴观　　位置：在县西宣化坊
　　简史：旧志云：宋皇祐年间道人李之先结坛朝斗，其后尸解。县人塑其像于坛，曰李先生祠，名其坛曰朝斗，后改今额。元季毁于兵火。明永乐元年道会麦圆中重建。
　　田产：有田8顷52亩。

　　编号：041
　　观名：碧虚观　　位置：在县南潮居都北□甲
　　简史：久毁。
　　田产：有田59亩。

　　编号：042
　　观名：宝积院　　位置：在县西文章都绿围村金溪山
　　简史：元末毁。遗址今为民居。旧传昔有道人钟鼎居此，置三十六□炉。苏文忠公轼闻之，尝自惠来访，至则鼎已尸解。因种荔枝一本于院以祀其事。乡人因名来□荔。
　　田产：无。

　　编号：043
　　观名：道仙堂　　位置：在县西博古都潘村甲
　　简史：宋嘉定四年乡人潘仲□创。
　　田产：有田8亩。

　　编号：044
　　观名：道仙堂　　位置：在县西古陂都桥下甲

简史：宋绍定年间乡之陈氏子道少颖悟□洁，乡人颇奇之，后端坐而化。里人立堂祠之，号曰道仙。

田产：有田 14 亩。

编号：045

观名：归仙堂　　**位置**：在县西南潮居都大报村道北山之南

简史：世传唐开成年间邑人黄□□之子曰归南者，生而性慧，出于自然。……迨长道行精修三十余年，年四十九岁□□。宋（按：宋当作唐）中和四年甲辰也。里人遂即其地位堂以祠之，号曰归仙□□□元年乡人林天骥改建。元季毁于火。明洪武十八年乡人林仕俊重建。

田产：无。

编号：046

观名：黄□堂　　**位置**：在县西文章都石坑村归林山

简史：唐中和四年黄归南于大报山削发趺坐而化。兄斗南于此山□堂塑像祠之。年久颓毁。元至正年间乡人陈野桥重建。明洪武二十年族人黄得忠又加修饰。

田产：有田 53 亩。

编号：047

观名：立仙堂　　**位置**：在县西水乘甲□庄村

简史：宋绍定年间民朱氏子立生有异质，淳祐癸卯五月五日于云峰山趺□□化，□人张佛达创庵祠之。元至正年间□□任伍□达增建。

田产：有田 33 亩。

编号：048

观名：真武堂　　**位置**：在县西石荣甲□□村

简史：故老相传邑人□子直尝假真武之笔示人曰：飞来赤剑□争斗，□出人间北极宫。足蹑龟蛇蟠此地，□分龙虎□□峰。□□□构田千顷，□□□□水一弓。如此江山人必杰，□□暮鼓与是□。乡人因诗□建堂以奉香火。

田产：无。

编号：049
观名：元和堂　　位置：在县西古博都大湖塘甲木满村
简史：唐元和年间乡人区积溪创。
田产：有田16亩。

清远县（卷26）

编号：001
寺名：罗汉寺　　位置：在城西
简史：即罗汉院。宋兴国五年僧荣智创，元季毁。明永乐二年递运所大使□仕重建。
田产：有田□顷50亩。

编号：002
寺名：东林寺　　位置：在县东
简史：唐显得（按：唐无显得年号，似为显德之误，但显德为后周年号，非唐年号）二年僧贤□创。元季毁。明洪武十八年守御千户刘俊重创。
田产：有田1顷10亩。

编号：003
寺名：宝林寺　　位置：在县西□□窑上
简史：岁久废。
田产：有田地13顷3亩。

编号：004
寺名：端峰寺　　位置：在县东北
简史：元末毁于兵火。今展为城濠。
田产：无。

编号：005
寺名：惠福寺　　位置：在县西
简史：废，故址今为城垣。
田产：无。

编号：006

寺名：法空寺　　位置：在县南地名小□村

简史：唐开元九年僧德空建。元至正十年毁于兵火。明洪武十五年里人刘德善重修。洪武二十四年归并广庆寺。

田产：有田 3 顷 35 亩。

编号：007

寺名：宝峰寺　　位置：在县西南靖定乡连湖村

简史：即延福寺。宋绍兴三年僧普护建，有山曰宝山，因名。元季颓毁。

田产：无。

编号：008

寺名：胜因寺　　位置：在县东南靖定乡龙□都

简史：宋景祐三年僧智□建。洪武二十四年归并广庆寺。

田产：有僧田 6 顷 90□亩。

编号：009

寺名：广庆寺　　位置：在县东

简史：即峡山飞来寺。梁普通元年□□□□□□□□二神人化为游方居士往舒□上元延祥寺夜□颍川贞俊禅师寂而告之曰："峡据清远上流，吾□建一道场足立胜概，师居之乎？"师唯诺。……康定二年改为峡山广庆寺。熙宁年间□□□□资建全清阁。

田产：有田地塘 47 顷 82 亩。

编号：010

寺名：灵鹫寺　　位置：在县南靖定乡大恋村

简史：明洪武八年里人唐广福重修。十四年为猺贼李平添烧毁。

田产：有田 16 亩。

编号：011

寺名：月华寺　　位置：在县西太平桥秦溪村

简史：宋景祐三年僧惟善创。明洪武十四年猺贼烧毁。

田产：有田 65 亩。

编号：012

寺名：普胜寺　　位置：在县西太平乡官湖村

简史：宋景祐二年僧道贤建。明洪武十四年为猺贼烧毁。

田产：无。

编号：013

寺名：隆圃寺　　位置：在县南清平乡

简史：宋景祐年间僧心□建。旧毁。明洪武三年住持僧良虚重修。二十四年归并东林寺。

田产：有田 31 亩。

编号：014

寺名：觉清寺　　位置：在县南清平乡

简史：宋景祐年间僧觉榻建。旧毁□□□□。明洪武八年里人方彦成重修。洪武二十四年归并东林寺。

田产：无。

编号：015

寺名：宝月寺　　位置：在县西善化乡湖头村

简史：宋景祐年间僧文静建。初辟基得一石，内镌宝月二字，故名。元季毁。明洪武八年僧□□重修。十七年□火□□。

田产：有田 1 顷 10 亩。

编号：016

寺名：翠竹寺　　位置：在县北池水乡罗塘□□

简史：洪武元年里人文□□，十四年毁于猺贼。

田产：无。

编号：017

寺名：禅林寺　　位置：在县东南□江乡马园村

简史：即□林院。宋景祐二年僧悟亿创，自号禅林寺。明洪武九年僧志深重修。二十四年归并广庆寺。

田产：无。

编号：018

寺名：中兴寺　　位置：在县东□□乡高□村

简史：宋景祐二年僧崇□因得古寺场重建。明洪武二十八年归并峡山寺。

田产：无。

编号：019

寺名：隆禅寺　　位置：在县东吉河乡白峒村

简史：久废。明洪武十一年僧心奇重修。岁久复废。

田产：有田1顷21亩。洪武三十五年官拨清远卫前所百户郑贵所屯堡。

编号：020

寺名：招兴寺　　位置：在县东吉河乡南兴村

简史：汉神爵二年僧明海始创。元季毁于兵火。明洪武五年僧惠荣重建。二十四年归并峡山寺。

田产：有塘1亩。

编号：021

寺名：佛迹寺　　位置：在城东兴仁□

简史：不详。

田产：无。

编号：022

寺名：永乐寺　　位置：在县东南，地名湛江乡大连村

简史：无。

田产：无。

编号：023

寺名：月溪寺

位置：在县东，旧名招仁里月溪，即今兴仁乡下洞村

简史：无。

田产：无。

编号：024
寺名：因果寺　　位置：在县西北□□乡□□村
简史：无。
田产：无。

编号：025
寺名：广果寺　　位置：在县西北□水□田□□
简史：无。
田产：无。

编号：026
寺名：西峰寺　　位置：在县东南湛江乡卢田村
简史：无。
田产：无。

编号：027
寺名：四恩寺　　位置：在县东南湛江乡水西村。旧志云永□里
简史：无。
田产：无。

编号：028
寺名：觉海寺　　位置：在县东吉河乡黄龙村
简史：以上自佛迹至觉海八寺俱于前代创建，兴废莫考，遗址犹存。
田产：无。

编号：029
寺名：皈宗寺　　位置：不详
简史：无。
田产：无。

编号：030
寺名：莲华寺　　位置：不详
简史：无。
田产：无。

编号：031
寺名：盘泉寺　　位置：不详
简史：无。
田产：无。

编号：032
寺名：地藏寺　　位置：在开化里石歧村
简史：无。
田产：无。

编号：033
寺名：上和寺　　位置：不详
简史：无。
田产：无。

编号：034
寺名：兴德寺　　位置：不详
简史：即兴德院。
田产：无。

编号：035
寺名：禅明寺　　位置：不详
简史：以上自皈宗至禅明七寺，俱系旧志所载，但有其名，故址莫之所在矣。
田产：无。

编号：036
寺名：舍利塔　　位置：在峡山寺北
简史：唐显庆元年内史于臻梵街崛得金佛骨舍利三粒，光照山谷，遂以进上。敕中使金□本安奉中宿峡，镇二禺山，塔见存。
田产：无。

编号：037
寺名：观音堂　　位置：在县东南上岳村

简史：宋景祐元年僧正友创。明洪武二十四年归并东林寺。
田产：无。

编号：038
观名：玄元观　　位置：在县西
简史：即钦□观。岁久颓毁。明洪武十一年道士马道合重建。永乐三年知县季子厚复修。永乐七年复毁于火。
田产：无。

编号：039
观名：东峰观　　位置：在县东
简史：无。前代已毁。旧山旧址今展为上郭街。
田产：无。

编号：040
观名：三圣祠　　位置：在峡山广庆寺东偏
简史：旧志云皇帝二庶子，事见峡山。
田产：无。

编号：041
观名：真武堂　　位置：在西南
简史：洪武十七年千户刘俊建。
田产：无。

连州（卷26）

编号：001
寺名：觉宗寺　　位置：在州孝感坊巾峰山下
简史：宋建隆元年僧道福建。旧传寺本民家地，因龙见井，始舍为寺。故寺之殿壁绘为蛟龙掀簸波涛之状。有进士何适刻文。政和年间，诏改神霄玉清万寿宫，以为祝圣道场。元初复旧额。至正年间毁于□。遗址芜没。
田产：有田2顷6亩。

编号：002
寺名：报恩光孝禅寺　　**位置**：在州东南□秀坊
简史：宋嘉祐年间僧法辩建。旧名嘉祐，后更兴宁万寿，又易今名。元季毁。明洪武十年僧悟清重修。
田产：有田地 3 顷 7 亩。

编号：003
寺名：大云寺　　**位置**：在州遵合乡大云村
简史：宋治平四年僧绍崇偕乡民赵名泰建。宋末毁于兵火。
田产：无。

编号：004
寺名：普惠尼寺　　**位置**：在州钦南乡严村
简史：宋咸淳三年僧普达建。岁久毁。遗址今为民居。
田产：无。

编号：005
寺名：香云寺（即香云院）　　**位置**：在州钦南乡
简史：元季毁。明洪武十四年僧悟省重修。
田产：有田 2 顷 57 亩。

编号：006
寺名：明觉寺　　**位置**：在州东南厢
简史：旧名泗洲堂。元末毁。明洪武十八年僧如琪偕乡民□本初等重建。
田产：无。

编号：007
寺名：永觉寺　　**位置**：在州东南厢黄村
简史：宋淳熙六年僧如济建。元末毁。遗址今为民居。
田产：无。

编号：008
寺名：北山惠宗禅寺　　**位置**：在州东南厢

简史：按旧志，其址即学佛者常惠之故居也。元季毁。明洪武二十四年僧正圆重建，归并丛林。

田产：寺有田地 3 顷 24 亩。

编号：009

寺名：永福寺　　**位置**：在州东南凤凰山

简史：元至正二年僧妙泰建。元季毁于兵火。

田产：有田 55 亩。

编号：010

寺名：净居寺　　**位置**：在州钦南乡池水村

简史：宋绍兴年间僧道隆偕乡民张□□建。元末颓毁。明洪武十九年僧成源募材重修。

田产：无。

编号：011

寺名：海会寺　　**位置**：在州东南厢小水村

简史：宋嘉泰元年僧松林建。元至正年间为兵火所毁。

田产：无。

编号：012

寺名：宝梵寺　　**位置**：在州仁内乡横水村

简史：宋淳祐二年僧汝能偕乡耆黄□伯建。元末毁。明洪武十四年僧用山偕乡民唐必贤重修。

田产：有田 22 亩。

编号：013

寺名：惠果寺　　**位置**：在州遵合乡川石寨

简史：宋嘉定年间常平仓□□□摄州时建。元季毁于兵火。

田产：无。

编号：014

寺名：梵安寺　　**位置**：在州东南厢陂下村

简史：宋淳祐六年僧道□建。元季毁于兵火。

田产：无。

编号：015
寺名：惠严寺　　位置：在州钦南乡竹下村
简史：宋崇宁元年僧寿山建。元至正年间毁于兵火。
田产：无。

编号：016
寺名：妙善寺　　位置：在州东南厢龙口村
简史：宋政和三年僧□□建。元至正年间毁于兵火。
田产：无。

编号：017
寺名：广惠寺　　位置：在州东南厢九陂村
简史：宋淳熙二年僧圆照偕乡民李光甫建。元末毁于兵火。
田产：有田 37 亩。

编号：018
寺名：广寿寺　　位置：在州东南厢□□村
简史：宋宝庆年间僧无涯创。元末为兵火所毁。
田产：无。

编号：019
寺名：云峰寺　　位置：在州钦南乡流沙村
简史：宋淳祐六年僧□堂建。前代已毁。
田产：无。

编号：020
寺名：智度寺　　位置：在州东南厢□头村
简史：宋淳熙十年僧净山化缘建。元末毁于兵火。
田产：无。

编号：021
寺名：法海寺　　位置：在州遵合乡梅村

简史：宋嘉祐年间僧得□建。元毁。
田产：无。

编号：022
寺名：智果寺　　**位置**：在州遵合乡清石村
简史：宋淳祐二年僧大德创。元末毁于兵火。遗址今为民居。
田产：无。

编号：023
寺名：惠云寺　　**位置**：在州东南厢何塘村
简史：宋治平二年僧果明建。元末毁于兵火。
田产：无。

编号：024
寺名：觉海寺　　**位置**：在州迁义乡保安欧村
简史：宋政和五年僧寒潭建。元季毁于兵火。
田产：无。

编号：025
寺名：永祐寺　　**位置**：在州迁义乡保安处
简史：宋绍兴十六年僧□□建。元至正年间毁于兵火。
田产：无。

编号：026
寺名：永宁寺　　**位置**：在州三乐乡陶□堡
简史：宋淳祐二年僧曰霁建。元季倾圮。明洪武二十三年僧如玑偕乡民邓英琮重修。
田产：有田 48 亩。

编号：027
寺名：慈寿寺　　**位置**：在州钦南乡马槽村
简史：宋政和三年僧道海建。元末颓毁。
田产：无。

编号：028
寺名：禅澄寺　　位置：在州迁义乡下田村
简史：宋太和二年（按：宋朝没有太和年号，疑为政和）僧悟大建。年久颓毁。
田产：无。

编号：029
寺名：宝空寺　　位置：在州迁义乡万里村
简史：宋咸淳二年僧如星建。岁久颓毁。
田产：无。

编号：030
寺名：广梵寺　　位置：在州遵合乡东村
简史：宋政和二年僧德山建。元季毁于兵火。
田产：无。

编号：031
寺名：大觉寺　　位置：在州钦南乡香盖山
简史：宋熙宁二年僧如芳建。元末毁于火。
田产：无。

编号：032
寺名：圣寿寺　　位置：在州钦南乡芥滩
简史：宋绍兴八年僧如诜等建。元末毁于火。
田产：无。

编号：033
寺名：法华寺　　位置：在州北仁内乡林下村
简史：宋绍兴十六年僧道儒建。元末毁于兵火。
田产：无。

编号：034
寺名：慈福寺　　位置：在州南钦南乡百富村
简史：宋绍兴十五年僧端壁建。元季已废。

田产：无。

编号：035
寺名：慈惠寺　　位置：在州西东南厢高良村
简史：宋嘉定十年僧普真创。元末毁于兵火。
田产：无。

编号：036
寺名：布金寺　　位置：在州北仁内乡龙岭
简史：宋政和二年僧□山建。元末毁于兵火。
田产：无。

编号：037
寺名：戒定寺　　位置：在州北仁内乡
简史：元至正二年僧德邻偕乡耆何开建。元末已毁。
田产：有田47亩。

编号：038
寺名：崇梵寺　　位置：在州北迁义乡石梯村
简史：宋淳熙九年僧绍岩创，元季毁于兵火。
田产：无。

编号：039
寺名：天华寺　　位置：在州北仁内乡西岸村
简史：宋雍熙二年僧道立建。元季毁于兵火。
田产：有田8亩。

编号：040
寺名：宣教寺　　位置：在州北猺山乡沈家坪
简史：宋宝庆元年僧如亮建。元至正年间毁于火。
田产：无。

编号：041
寺名：梵行寺　　位置：在州北迁义乡乐阳村

简史：宋嘉定五年僧德通建。元季毁于火。
田产：无。

编号：042
寺名：天宫寺　　**位置**：在州北仁内乡塘头坪
简史：宋淳熙九年僧本心建。岁久颓毁。
田产：无。

编号：043
寺名：净众寺　　**位置**：在州北论富乡卢□村
简史：宋至和元年僧果行建。元季毁于火。
田产：无。

编号：044
寺名：寿隆寺　　**位置**：在州东三乐乡黄村
简史：唐武德二年僧如铭建。岁久颓毁。明洪武二十二年僧西果偕乡民黄万魁重修。
田产：有田 43 亩。

编号：045
寺名：惠济寺　　**位置**：在州东北四长乡冠峰山
简史：宋绍兴二十三年僧祖安建。元至正元年僧如理复加增□。岁久颓毁。明洪武二十三年僧如龙偕乡民何宗荣重修。
田产：有田地□14 亩。

编号：046
寺名：妙静寺　　**位置**：在州东北四长乡白牛堡新峰山
简史：宋嘉大元年（按：宋无嘉大年号）僧师□建。元至元八年毁于兵火。至正九年僧得聪重建。元季颓毁。明洪武二年僧宗惠偕乡民李□□重□。
田产：有田地 38 亩。

编号：047
寺名：信善寺　　**位置**：在州北三乐乡光□山

简史：宋淳祐三年僧大乘偕乡民陈法海建。元末毁于火。
田产：有田 26 亩。

编号：048
寺名：香林寺　　位置：在州北仁内乡
简史：宋宝庆三年僧如诱偕乡士黄复建。元末毁于兵火。
田产：有田 26 亩。

编号：049
寺名：大乘寺　　位置：在州北仁内乡东江村
简史：宋绍兴年间僧益泉建。元末毁于兵火。
田产：有田 12 亩。

编号：050
寺名：法林寺　　位置：在州南钦南乡黄□□
简史：宋崇宁年间僧惟□建。元末毁于兵火。
田产：无。

编号：051
寺名：福□寺　　位置：在州东北四长乡乾里村
简史：元延祐三年僧□□建。至正五年毁于火。明洪武二十年僧景光偕乡民何才知重修。
田产：有田 19 亩。

编号：052
寺名：证道寺　　位置：在州北论富乡
简史：元至正三年僧月窗建。岁久颓毁。明洪武二十四年僧祖远偕□民吴敬忠重修。
田产：有田地 14 亩。

编号：053
寺名：真如寺　　位置：在州北论富乡丰阳村
简史：元至正三年僧永□乡士邓才祖建。岁久颓毁。洪武二十三年僧惠隆偕乡士黄得思重建。

田产：有田地 23 亩。

编号：054
寺名：宝岩寺　　**位置**：在州北论富乡大□村
简史：宋宝庆二年僧福堂建。元末毁。
田产：有田 19 亩。

编号：055
寺名：崇觉寺　　**位置**：在州西南钦南乡东庄村
简史：宋绍兴十年僧古峰建。元至正年间毁。
田产：无。

编号：056
寺名：真觉寺　　**位置**：在州北迁义乡香花径
简史：宋绍兴二年僧如彬建。元季毁于兵火。旧址今为民居。
田产：无。

编号：057
寺名：惠灯寺　　**位置**：在州北论富乡湖冈头村
简史：宋绍兴二十年僧觉寿创。元季毁于兵火。
田产：无。

编号：058
寺名：梵天寺　　**位置**：在州北猺山乡上邹村
简史：宋太和五年（按：宋无太和年号，疑为政和）僧偏舟建。元至正年间毁于兵火。
田产：无。

编号：059
寺名：惠满寺　　**位置**：在州东北四长乡猺山里潭源洞
简史：宋嘉熙元年僧资惠建。岁久颓毁。元至正庚午（按：元至正年间无庚午岁）僧道最偕乡民成福□重修。
田产：有田地 36 亩。

编号：060
寺名：觉林寺　　位置：在州西诸莺乡□□村
简史：宋熙宁六年僧德□建。元末倒塌。
田产：无。

编号：061
寺名：净因院　　位置：在州南钦南乡
简史：宋至治元年（按：宋无至治年号，至治为元英宗年号）僧空山建。宋末为兵火所毁。
田产：无。

编号：062
寺名：翠峰院　　位置：在州南东南厢
简史：宋绍兴年间僧全峰偕乡民曹玄斋建。元末毁于火。
田产：有田 1 顷 11 亩。

编号：063
寺名：安岩院　　位置：在州北东南厢顺山下
简史：宋政和六年僧嗣遵建。元至正年间毁。
田产：无。

编号：064
寺名：宝华楼岩禅院　　位置：在州南钦南乡南津渡
简史：宋建隆二年僧本源建。初名弘法。开宝四年改今额。元末毁于火。
田产：无。

编号：065
寺名：香岩院　　位置：在州西五里钦南乡邵村
简史：宋宝庆元年僧安岩建。元末为兵火所毁。
田产：无。

编号：066
寺名：惠梁院　　位置：在州西南东南厢

简史：宋嘉（太）[泰] 三年僧无□建。元末毁于兵火。
田产：无。

编号：067
寺名：通济院（即通济堂）　　位置：在州南钦南乡
简史：宋嘉定壬□建。□□□建，元季毁于火。
田产：无。

编号：068
寺名：宝田院　　位置：在州北遵合乡辛塘村
简史：元延祐二年僧资显建。元末颓毁。
田产：有田 11 亩。

编号：069
寺名：崇福院　　位置：在州北迁义乡保安村
简史：元至正年间僧平□建，元末颓毁。
田产：无。

编号：070
寺名：云际院　　位置：在州北迁义乡
简史：宋绍兴二年僧玉琳建。元末毁于兵火。
田产：无。

编号：071
寺名：崇因院　　位置：在州东北浦下乡丰阳堡
简史：宋至治元年（按：宋无至治年号，至治为元英宗年号）僧以□建。元季毁。明永乐二年僧祖蓝偕乡民黄仕清重修。
田产：无。

编号：072
观名：清都观　　位置：在州北东南厢孝感坊
简史：宋咸淳元年毁于兵火。
田产：有田 52 亩。

编号：073
观名：天庆观　　位置：在州北东南厢孝感坊
简史：按旧志云：旧额开元。唐则天常道二年（按：武则天无常道年号）建，宋大中祥符四年敕下各路军州建道观一所，以天庆为额。岁久俱毁。
田产：无。

编号：074
观名：丹台观　　位置：在州东东南厢之升俊坊
简史：按旧志云：旧名兴化，或云□女冠观。观有古钟，上镌周长安二年，盖唐则天时物业。元元统二年观殿圮。明洪武七年道正梁子庸重建，岁久复毁。
田产：无。

编号：075
观名：太虚观　　位置：在州北遵合乡黄村
简史：元至正年间民妇陈氏建。元毁于兵火。
田产：无。

编号：076
观名：真祺观　　位置：在州北东南厢锦清村
简史：按旧志云：殿乃唐时飞来，然不可考矣。宋咸淳年间毁于兵火。
田产：有田53亩。

编号：077
观名：洞章观　　位置：在州西二十五里东南厢高良村
简史：元末毁于兵火，故址芜没。
田产：无。

编号：078
观名：仙都观　　位置：在州北遵合乡潜冈村
简史：元至正元年乡民成广伯建。元末为兵火所毁。
田产：无。

编号：079
观名：逍遥观　　**位置**：在州北迁义乡东村
简史：元至记（按：元无至记年号，或为至元或至治、至顺、至正之误）年间乡民骆贵成建。至正壬寅（22年）毁于兵火。
田产：无。

编号：080
观名：清虚观　　**位置**：在州北迁义乡静福山
简史：故老相传，是山乃七十二福地之一，而观□廖真君故宅也。真君字清虚，梁大通中居此山修真炼气，鞭蛇跨虎。至陈光大二年上升。邦人即其居韦观。宋隆兴年间屡降天书，凡百二十余轴。神宗加锡显号曰灵□真君。岁久颓弊。端平乙未夏旱，郡守留元长躬祷灵禧，甘雨随应，遂捐金重修。
田产：有田2顷6亩。

编号：081
观名：青霞观　　**位置**：在州北四长乡双凫水口
简史：宋宝祐五年道士智惠建。岁久将颓，明永乐元年判官阮嗣重修。
田产：有田35亩。

编号：082
观名：延真观　　**位置**：在州北仁内乡
简史：乃陈真君炼丹之□。唐永昌年间州人建。宋初赐今额。元末毁。
田产：无。

编号：083
观名：宾仙观　　**位置**：在州东北钦南乡龙平村
简史：元末毁于兵火。
田产：无。

编号：084
观名：洞翠观　　**位置**：在州北四长乡
简史：元末毁于兵火。
田产：无。

阳山县（卷26）

编号：001
寺名：大慈寺　　位置：在县东
简史：宋熙宁二年僧□法明建。洪武三十一年寺毁于火。
田产：无。

编号：002
寺名：超化寺　　位置：在县北□下乡旱□村
简史：元至顺元年僧文□偕乡民欧照建。元末颓毁。
田产：有田16亩。

编号：003
寺名：嘉祐寺　　位置：在县北浦下乡罗村
简史：元至元年间僧汝荣偕乡士文中迪建。岁久颓废。
田产：无。

编号：004
寺名：证因寺　　位置：在县□□浦乡□□□
简史：元延祐二年僧政通建。元末颓毁。
田产：无。

编号：005
寺名：香积寺　　位置：在县北浦下乡□水村
简史：宋绍定元年乡民黄昆堡□。元末毁于兵火。
田产：有田32亩。荒芜开豁。

编号：006
寺名：资福寺　　位置：在县北浦下乡社村
简史：元至正七年僧净山建。元季为兵火所毁。
田产：有田19亩。寺废抛荒开豁。

编号：007
寺名：宝观寺　　位置：在县北浦下乡绕塘村
简史：元至正七年僧晓山偕乡民唐知弼建。
田产：无。

编号：008
寺名：观音寺　　位置：在县北浦下乡马鞭堡
简史：元（后）至元六年僧□得建①。
田产：有田地7亩。

编号：009
寺名：青莲院　　位置：在县北常岁乡□江水口
简史：元至正三年僧翠峰建，元末毁于兵火。
田产：无。

编号：010
观名：玄真观　　位置：在县治东二百步
简史：元至顺二年道士李知赞建。元末为兵火毁。
田产：无。

连山县（卷26）

编号：001
寺名：香界寺　　位置：在县□岭
简史：宋绍兴七年僧普□建。元末毁于兵火。
田产：无。

编号：002
寺名：福寿寺　　位置：在县南永福乡春峒村
简史：宋隆兴二年僧普禧建。元元贞年间毁于火。
田产：无。

---

① 〔清·顺治〕《阳山县志》卷3《寺观》作至正六年。

编号：003
寺名：宝□寺　　位置：在县北永富乡大富村
简史：元皇庆元年僧可济建。元末为兵火所毁。
田产：无。

编号：004
寺名：清化寺　　位置：在县北永富乡大富村
简史：元延祐元年僧证发建。元末为兵火所毁。
田产：无。

编号：005
寺名：复兴寺　　位置：在县西永富乡西山
简史：宋嘉定三年僧罗汉建。元末毁于兵火。
田产：无。

编号：006
寺名：香社寺　　位置：在县北诸莺乡□阪村
简史：宋绍兴六年僧可□建。元末寺毁。
田产：无。

编号：007
寺名：禅源寺　　位置：在县北诸莺乡沙坊村
简史：宋开庆年间僧□化建。元末毁于火。
田产：无。

编号：008
寺名：满觉寺　　位置：在县北诸莺乡石角村
简史：宋绍兴十二年僧周觉建。元末毁于兵火。明洪武元年乡民吴仕渊重修。
田产：有田 22 亩。

编号：009
寺名：金地寺　　位置：在县北诸莺乡龙口村
简史：宋绍兴十二年僧道兴建。元末寺毁。

田产：无。

编号：010
寺名：保福院　　位置：在县西永富乡上西山
简史：宋宝庆三年乡士罗庆寿建。元至正年间毁于火。
田产：无。

辑录三　明代广东方志中寺观田产记载辑录

说明：除（成化）《广州志》外，明代广东地区还有部分地方志记载了该地的寺观田产情况。今以记录较为系统全面的（嘉靖）《香山县志》、（嘉靖）《潮州府志》、（万历）《雷州府志》为依据，根据辑录二的体例将三部方志中的寺观庵堂庙的名称、位置、简史与田产等基本情况进行整理与登记，以便研究者参考采用。相关田土数字亦只精确到亩。

（嘉靖）《香山县志》卷8《寺观》

原卷前言：按宋乾道中，县令范文林始建无量、宝庆二寺及北极观。邑氓兴起，多建庵堂"淫祠"，不可尽纪。元季毁未尽者，嘉靖初提学副使魏校尽毁之，仅书其有田粮者以备考尔。

编号：001
寺名：无量寺　　位置：在县治东北，旧在县东五十步
简史：本刘中行宅，乾道中掘地得铁佛，遂舍宅。县令范文林建寺，萧惠叔又舍铜佛一躯。洪武中僧本廉徙千寿山下，因宝庆寺旧址，后废。永乐七年僧会祖重建。嘉靖二年提学道行文教谕颜阶毁铜像，铸笾豆二十四以祀文庙。七年游僧重修。
田产：本寺田并宝庆废寺田共9顷61亩。仁厚坊民谭以正等户。

编号：002
寺名：元兴废寺　　位置：在县北大海中浮虚山上
简史：宋赵时鏦始建真武堂，见艺文志。元大德中改为寺。元末毁于兵火。
田产：田12顷30亩。大榄都民曾观升及顺德都民李日章等户。

编号：003
寺名：西林废庵　　位置：在县北一里莲塘村
简史：庵后有观音阁，俱毁。
田产：田 49 亩。仁厚坊民徐道庆户。

编号：004
寺名：独觉废庵（旧名宝林）　　位置：在县东九十里东山村
简史：宋端平中钟俊龙建。
田产：田 29 亩。大字都民李阿蔡户。

编号：005
寺名：西竺废庵　　位置：在香山场
简史：元至正初鲍原逊建。
田产：田 44 亩。恭常都民鲍胜安户。

编号：006
寺名：龙归废庵　　位置：在县西南斗门村
简史：宋绍兴初建。元末久毁。
田产：田 2 顷 14 亩。黄良都民黄官保户。

编号：007
寺名：西山废庵　　位置：在县南凤凰山西
简史：宋咸淳三年吴成子建。
田产：田 61 亩。恭常都民吴士廉户。

编号：008
寺名：普陀废庵　　位置：在香山场后
简史：宋咸淳五年周仁建。元大德中县尹李玠重修，自为记。
田产：田 75 亩。大字都民刘三奴户。

编号：009
寺名：翠竹废庵　　位置：在县南东山下楼前村
简史：元大德中黄节性建。
田产：田 2 顷 9 亩。四字都民林昆佑户。

编号：010
寺名：建福废堂（其一）　　位置：在县海旁蚝涌村
简史：宋绍兴中陈进武建。
田产：田52亩。龙眼都民陈大奴等户。

编号：011
寺名：建福废堂（其二）　　位置：在县西北古镇村
简史：宋绍兴中黄岩叟建。
田产：田2顷33亩。大榄都民蔡俊祥户。

编号：012
寺名：北极废观　　位置：在县东镇抚司旧址
简史：宋乾道五年县令范文林建。淳祐癸卯主簿宋之望重建。县主管劝农事赵希瓆记。
田产：田62亩。都民何四海等户。

编号：013
寺名：集真废堂　　位置：在县东北丫巷
简史：宋绍兴中刘必从建。
田产：田5亩。龙眼都民刘进修户。

编号：014
寺名：显真废堂　　位置：在县北小黄圃村
简史：宋绍兴中林仲芳建。
田产：田29亩。黄旗都民林佛得户。

编号：015
寺名：天妃废宫　　位置：在河泊所前
简史：洪武中千户陈豫建。
田产：田88亩。四字都民韩二妃户。

编号：016
寺名：康帅废堂　　位置：在县西沙圃村
简史：至元中杜季和建。

田产：田 67 亩。良字都民李道荫户。

编号：017
寺名：忠勇废庙　　**位置**：在县西小口村
简史：宋宝祐中阮能安建。
田产：田 31 亩。都民阮景伯户。

编号：018
寺名：洪圣王废庙　　**位置**：在海洲村
简史：元至正中袁元隆建。
田产：田 1 顷 21 亩。都民林茂远户。

（嘉靖）《潮州府志》卷 8《寺观田产》

原卷前言：梵宇，法所宜斥者，特书之何？尝考故址，多占据名山巨泽，有之足以丽乎形胜，亦盛世所不能废者。况各有田亩，岁办杂办俱与民同，而乘时窥觊者，正欲毁其籍也，可概斥之耶？

海阳县[①]

编号：001
寺名：开元寺　　**位置**：在城甘露坊
简史：唐开元年间建，地基二百二十二丈六尺。
田产：田地塘 63 顷 15 亩。粮税 430.9 石。田除租谷食用当差外，余作军饷。本寺僧清健累奏勘免，他寺有军饷者同。
开元寺寄庄潮阳县田地 23 顷 22 亩。粮税 179.1 石。
开元寺寄庄揭阳县田 9 顷 64 亩。粮税 41.7 石。

编号：002
寺名：法光寺　　**位置**：在云步

---

① 按〔清·道光〕《广东通志》卷 168 载：海阳县"寺田额税银二百四两三钱八分"。

简史：元大德年间建。地基九十一丈七尺。
田产：田地塘 14 顷 92 亩。粮税 60.9 石。

编号：003
寺名：龙潭寺　　位置：在辟望
简史：宋绍兴十七年创。地基六十二丈。
田产：海、揭二县田地 4 顷 75 亩。粮税 24.4 石。

编号：004
寺名：慈惠堂　　位置：在大和都。
简史：无。地基二十八丈三尺
田产：海、揭二县田地 8 顷 14 亩。粮税 39.2 石。

编号：005
寺名：宁波寺　　位置：在广济桥东
简史：正统三年创。地基四十二丈六尺。
田产：田地 14 顷 3 亩。粮税 67.1 石。

编号：006
寺名：光孝寺（即报恩寺）　　位置：在北门外
简史：元至元二十三年创，地基五十丈五尺。
田产：海、揭二县田地 29 顷 98 亩。粮税 163 石。光孝寺寄庄潮阳县田地 38 顷 59 亩。粮税 205.1 石。

编号：007
寺名：地藏院　　位置：在塘湖
简史：宋绍兴二年创。地基八十四丈。
田产：田 2 顷 21 亩。粮税 12.1 石。

编号：008
寺名：宝积寺（即古静乐寺）　　位置：在南厢一里
简史：元至元二十三年创。地基一百二十八丈。
田产：田地 22 顷 8 亩。粮税 118 石。

编号：009
寺名：三山宝庆寺　　位置：在归仁都
简史：宋绍兴二十七年创，地基八十四丈。
田产：田地 2 顷 50 亩。粮税 14.1 石。

编号：010
寺名：观音净土堂　　位置：在城南二十里
简史：宋绍兴三年创。地基六十六丈四尺。
田产：田地塘 7 顷 30 亩。粮税 41.2 石。

编号：011
寺名：松溪堂　　位置：在横河
简史：宋绍兴二十七年创。地基一十二丈五尺。
田产：田地 49 亩。粮税 2 石。

编号：012
观名：玄妙观（即天庆观）　　位置：在城内
简史：宋政和元年创。
田产：原额海、潮二县田地 6 顷 15 亩。粮税 36.7 石。

潮阳县

编号：001
寺名：治平寺　　位置：在县南二里
简史：宋治平元年创。
田产：田地 22 顷 55 亩。粮税 168.5 石。

编号：002
寺名：灵山寺　　位置：在白塔口
简史：唐贞元元年创。地基一百丈。
田产：田地 41 顷 13 亩。粮税 307.8 石。

编号：003
寺名：石塔寺　　位置：在卢冈

简史：宋绍兴年间创。地基五十五丈。
田产：潮、惠二县共田地 18 顷 2 亩。粮税 105.2 石。

编号：004
观名：超真观　　位置：在县东三里
简史：唐咸淳（按：唐无咸淳年号，咸淳是宋度宗年号）三年创。地基二百丈五尺。
田产：田地 10 顷 22 亩。粮税 79.3 石。

揭阳县

编号：001
寺名：双峰寺　　位置：在县东
简史：宋绍兴年间创。
田产：田地 24 顷 45 亩。粮税 110.5 石。

饶平县

编号：001
寺名：董山寺　　位置：在苏湾
简史：宋时建。地基一百二十丈。
田产：田地 33 顷。粮税 160.5 石。

编号：002
寺名：东林寺　　位置：在秋溪
简史：元时建。地基七十二丈五尺。
田产：田地 3 顷 83 亩。粮税 21.8 石。

编号：003
寺名：林姜寺（即宝寿寺）　　位置：在信宁都
简史：成化十五年建。地基六百五十一丈七尺。
田产：田地 3 顷 9 亩。粮税 22.6 石。

程乡县

编号：001
寺名：大觉寺　　位置：在县西三里
简史：梁普通三年创。基址一百五丈。
田产：田塘 38 顷 1 亩，地 38 亩。粮税 151.3 石。

编号：002
寺名：灵光寺　　位置：无
简史：地基三十丈。
田产：田地 72 亩。粮税 2.3 石。

惠来县

编号：001
寺名：赤山院　　位置：在新市
简史：元至正年间创。地基一百二十丈。
田产：田山 1 顷 69 亩。粮税 13.8 石。

编号：002
寺名：清净寺　　位置：无
简史：地基一百一十二丈。
田产：田 5 顷 61 亩。粮税 30 石。

大埔县

编号：001
寺名：圣者亭　　位置：无
简史：地基四十七丈八尺。
田产：田地 10 顷 73 亩。粮税 59.6 石。

(万历)《雷州府志》卷22《寺观》

海康县

编号：001
寺名：天宁万寿禅寺　　位置：在郡城西关外
简史：唐大历五年开山岫公创建。宋苏轼渡琼寓此，爱其胜，题万山第一四大字于门。宋南渡，李忠定纲亦寓于此。宋末毁于兵燹。元住持石心师德璁重建。洪武十五年都纲无相、副都纲重修。成化年间郡守魏瀚以殿后雷音堂圮改建怀坡堂。弘治丙辰太陈荣复捐资易坚材修之。岁时祝厘咸在于此。
田产：后各寺废田并入天宁寺，共59顷98亩，坐落海康三县，以赡香灯。嘉靖元年诏毁"淫祠"，郡守易蓁以寺僧稀少，将中田地51顷22亩派民承佃，存田8顷赡僧。后僧真贝道亨援例奏乞分守道议处，还寺田35顷35亩，余田24顷63亩给官充卖取价赈济。

编号：002
寺名：广济寺　　位置：在雷庙之东
简史：梁开山僧了容创建，名曰广教。洪武年间僧隆寿改今名。寇莱公及名士游此者咸有题咏，后废。弘治庚申太监傅伦鼎建。
田产：有田数顷以供香火。嘉靖元年诏毁"淫祠"，寺废，田发民承买。遗址虽存，鞠为荒壤，题咏犹然在石。

编号：003
寺名：开元寺　　位置：在城南调会坊
简史：唐时创建。上有石塔，高五丈余。宋末寺废，元天历年间重修，复废。遗址今为民居。惟塔巍然屹立。
田产：无。

编号：004
观名：玄妙观　　位置：在城内镇宁坊
简史：旧有紫薇观，宋改为天庆观。元改玄妙观，岁久倾圮。弘治丙辰太监陈荣增广其地。嘉靖年间提学魏校毁"淫祠"，改为城隍庙。后知府洪富复建三清堂于址之东以存其迹。
田产：其田1顷，被民侵佃。万历三十七年知府郭士材同知张应中相继查复其田152亩，重修殿宇绘塑神像，周围栽植花果，焕然更新。因命道士张元桂掌管积租修理。

编号：005
寺名：圆通宝阁（即观音阁）　　位置：在郡城中正坊阜民桥上
简史：元廉访使卜达世礼创建。至明朝正统年间，张内使重修。
田产：有田8.2石，税46亩，详载施主碑记，以供香火。郡人重九、上元无不登玩。嘉靖年间提学魏校毁淫祠，铜像发学铸造祭器，其田召人承佃，今陈氏管之。

编号：006
寺名：普庵堂　　位置：旧在郡城内恺悌坊浴堂之西
简史：元泰定年间道人张吉移创城东滑岭巷，年久倾圮。大佛三尊，移入天宁寺。罗汉十八尊，移在圆通宝阁。提学魏校毁"淫祠"，铜像发学铸造祭器，遗址占为民居，惟井一口、余地一丈余见在。
田产：无。

编号：007
寺名：六祖堂　　位置：在郡城南门外调会坊
简史：元大德年间郡民刘成章往南华请像安祀。指挥魏荣等继葺。弘治年间太监陈荣重建。嘉靖元年提学魏校毁之，后坊民相率修复。
田产：无。

遂溪县

编号：001
寺名：观音堂　　位置：在县东城外
简史：万历三十六年建。

田产：无。

编号：002

寺名：通济庵　　位置：在县南八十里庄家渡

简史：宋咸淳年间僧刘宗成就庄氏之地创建。先是宗成募缘建济石桥，跨渡之上，陆仁水记，故庵因桥名。后毁于劫火。洪武五年僧无量重修。正统年间乡人鼎建。正德改元，宗成之后刘佐等再建庵。

田产：无。

编号：003

寺名：湖光庵　　位置：在湖光岩

简史：宋僧琮师孙氏禅练创建。元至大年间孙裕等塑佛像三尊，孙圭等舍田为供。洪武年间，知县张昭命老人彭九思等重建。孙希武为记。详见湖光岩。

田产：其田25石，税32亩，坐落通明旧县。草洋三处。

徐闻县

编号：001

寺名：圆通寺　　位置：在县东澄清坊

简史：宋绍定年间僧□四舍地创立，岁久倾圮。洪武二十年主簿彭用乾为多火灾，伐石砌塔七层于寺以镇之。永乐年间梁传教重修。

田产：无。

编号：002

寺名：广德寺　　位置：在县东二十八都

简史：元至正甲午僧德璁重建，王景贤记。平章阔里吉思扁曰广德寺，元末倾圮。

田产：田为民间陈氏所佃。

编号：003

观名：崇贞观　　位置：在县西登云坊

简史：宋景定年间创。洪武二十三年知县蒋生雄重建。正德庚午知县汪泽重建。

田产：无。

编号：004
寺名：上元庵　　位置：在县东十六都白石村
简史：庵废，址尚存。
田产：无。

编号：005
寺名：和福庵　　位置：在县东南二十里和福村
简史：岁久倾圮，址存。
田产：无。

编号：006
寺名：化成庵　　位置：在县东开外衡州
简史：僧晓真万历二十三年从琼募化旃檀佛一尊，结草庵以居之，仍就路上施茶以饮往来渴者。知县张大猷因捐俸造庵。四十年同知曹行健、知县孙世芳至庵，添建前殿等。
田产：无。

参考文献

史志类

[1] 吴中，高橙.〔成化〕广州志［M］//广东省地方史志办公室. 广东历代方志集成·广州府部：第1册. 广州：岭南美术出版社，2009.

[2] 苏起元.〔崇祯〕博罗县志［M］//广东省地方史志办公室. 广东历代方志集成·惠州府部：第8册. 广州：岭南美术出版社，2009.

[3] 朱光熙.〔崇祯〕南海县志［M］//广东省地方史志办公室. 广东历代方志集成·广州府部：第10册. 广州：岭南美术出版社，2009.

[4] 刘熙祚.〔崇祯〕兴宁县志［M］//广东省地方史志办公室. 广东历代方志集成·潮州府部：第37册. 广州：岭南美术出版社，2009.

[5] 黄培燦.〔道光〕英德县志［M］//广东省地方史志办公室. 广东历代方志集成·韶州府部：第11册. 广州：岭南美术出版社，2009.

[6] 余保纯.〔道光〕直隶南雄州志［M］//广东省地方史志办公室. 广东历代方志集成·南雄府部：第2册. 广州：岭南美术出版社，2009.

[7] 方豪. 棠陵文集［M］//四库全书存目丛书·集部：第64册. 济南：齐鲁书社，1995.

[8] 葛寅亮. 金陵梵刹志［M］//续修四库全书·史部：第718册. 上海：上海古籍出版社，2002.

[9] 戴肇辰.〔光绪〕广州府志［M］//中国方志丛书：第一号. 台北：成文出版社，1966.

[10] 刘溎年.〔光绪〕惠州府志［M］//广东省地方史志办公室. 广东历代方志集成·惠州府部：第5册. 广州：岭南美术出版社，2009.

[11] 郭棐. 粤大记［M］. 黄国声，邓贵忠，点校. 广州：广东人民出版社，2014.

[12] 何乔远. 名山藏［M］. 福州：福建人民出版社，2010.

[13] 黄佛颐. 广州城坊志［M］. 钟文，点校. 广州：暨南大学出版社，1994.

[14] 黄瑜. 双槐岁钞［M］//元明史料笔记丛刊. 北京：中华书局，1999.

[15] 黄佐. 泰泉集［M］. 中山大学图书馆藏本.

[16] 霍韬. 渭厓文集［M］//四库全书存目丛书·集部：第68册. 济南：齐鲁书社，1995.

[17] 霍韬. 石头录［M］//北京图书馆藏珍本年谱丛刊. 北京：北京图书馆出版社，1999.

[18] 李祀.〔嘉靖二十一年〕惠州府志［M］//广东省地方史志办公室. 广东历代方志集成·惠州府部：第1册. 广州：岭南美术出版社，2009.

[19] 郭春震.〔嘉靖〕潮州府志［M］//广东省地方史志办公室. 广东历代方志集成·潮州府部：第1册. 广州：岭南美术出版社，2009.

[20] 吴思立.〔嘉靖〕大埔县志［M］//广东省地方史志办公室. 广东历代方志集成·潮州府部：第20册. 广州：岭南美术出版社，2009.

[21] 戴璟.〔嘉靖〕广东通志初稿［M］//四库全书存目丛书·史部：第189册. 济南：齐鲁书社，1995.

[22] 黄佐.〔嘉靖〕广东通志［M］. 广州：广东省地方史志办公室，1997.

[23] 黄佐.〔嘉靖〕广州志［M］//广东省地方史志办公室. 广东历代方志集成·广州府部：第1册. 广州：岭南美术出版社，2009.

[24] 胡永成.〔嘉靖〕南雄府志［M］//广东省地方史志办公室. 广东历代方志集成·南雄府部：第1册. 广州：岭南美术出版社，2009.

[25] 邓迁.〔嘉靖〕香山县志［M］//广东省地方史志办公室. 广东历代方志集成·广州府部：第34册. 广州：岭南美术出版社，2009.

[26] 黄国奎.〔嘉靖〕兴宁县志［M］//广东省地方史志办公室. 广东历代方志集成·潮州府部：第37册. 广州：岭南美术出版社，2009.

[27] 洪先焘.〔嘉庆〕大埔县志［M］//广东省地方史志办公室. 广东历代方志集成·潮州府部：第21册. 广州：岭南美术出版社，2009.

[28] 焦竑. 国朝献征录［M］//续修四库全书·史部：第528册. 上海：上海古籍出版社，2002.

[29] 唐宗尧.〔康熙二十六年〕韶州府志［M］//广东省地方史志办公室. 广东历代方志集成·韶州府部：第2册. 广州：岭南美术出版社，2009.

[30] 蔡淑.〔康熙二十五年〕增城县志［M］//广东省地方史志办公室. 广东历代方志集成·广州府部：第31册. 广州：岭南美术出版社，2009.

[31] 陈丹苾.〔康熙〕清远县志[M]//广东省地方史志办公室. 广东历代方志集成·广州府部：第41册. 广州：岭南美术出版社，2009.

[32] 马元.〔康熙十二年〕韶州府志[M]//广东省地方史志办公室. 广东历代方志集成·韶州府部：第1册. 广州：岭南美术出版社，2009.

[33] 贾雒英.〔康熙〕新会县志[M]//广东省地方史志办公室. 广东历代方志集成·广州府部：第37册. 广州：岭南美术出版社，2009.

[34] 林希元. 林次崖先生文集[M]//四库全书存目丛书·集部：第75册. 济南：齐鲁书社，1995.

[35] 林之盛. 皇明应谥名臣备考录[M]//明代传记丛刊：第57册. 台北：明文书局，1991.

[36] 张惟贤. 明神宗实录[M]. 台北："中央研究院"历史语言研究所，1967.

[37] 张廷玉. 明史[M]. 北京：中华书局，1974.

[38] 张溶. 明世宗实录[M]. 台北："中央研究院"历史语言研究所，1966.

[39] 胡广. 明太祖实录[M]. 台北："中央研究院"历史语言研究所，1963.

[40] 张辅. 明太宗实录[M]. 台北："中央研究院"历史语言研究所，1963.

[41] 张辅. 明宣宗实录[M]. 台北："中央研究院"历史语言研究所，1963.

[42] 孙继宗. 明英宗实录[M]. 台北："中央研究院"历史语言研究所，1963.

[43] 方菁莪. 南海丹桂方谱[M]. 广东省立中山图书馆藏民国十五年刻本.

[44] 陈志仪.〔乾隆〕保昌县志[M]//广东省地方史志办公室. 广东历代方志集成·南雄府部：第4册. 广州：岭南美术出版社，2009.

[45] 陈哲仿.〔乾隆〕清远县志[M]//广东省地方史志办公室. 广东历代方志集成·广州府部：第41册. 广州：岭南美术出版社，2009.

[46] 霍绍元. 石头霍氏族谱[M]. 广东省立中山图书馆藏光绪二十八年刻本.

[47] 李福泰.〔同治〕番禺县志[M]//广东省地方史志办公室. 广东历代方志集成·广州府部：第20册. 广州：岭南美术出版社，2009.

［48］郭棐.〔万历〕广东通志［M］//四库全书存目丛书·史部：第197册.济南：齐鲁书社，1995.

［49］欧阳保.〔万历〕雷州府志［M］//日本藏中国罕见地方志丛刊.北京：书目文献出版社，1992.

［50］王命璿.〔万历〕新会县志［M］//广东省地方史志办公室.广东历代方志集成·广州府部：第37册.广州：岭南美术出版社，2009.

［51］王守仁.王阳明全集［M］.上海：上海古籍出版社，1992.

［52］魏校.庄渠遗书［M］//景印文渊阁四库全书：第1267册.台北：商务印书馆，1983.

［53］郭汝诚.〔咸丰〕顺德县志［M］//广东省地方史志办公室.广东历代方志集成·广州府部：第17册.广州：岭南美术出版社，2009.

［54］徐咸.西园杂记［M］//丛书集成初编.上海：商务印书馆，1937.

［55］姚镆.东泉文集［M］//四库全书存目丛书·集部：第46册.济南：齐鲁书社，1995.

［56］叶春及.石洞集［M］//文渊阁四库全书：第1286册.上海：上海古籍出版社，1987.

［57］湛若水.泉翁大全集［M］.台北"国家图书馆"藏明万历刻本，钟彩钧主持整理、标点本之稿本.

［58］湛若水.甘泉先生续编大全［M］.台北"国家图书馆"藏明万历刻本，钟彩钧主持整理、标点本之稿本.

［59］李东阳.〔正德〕大明会典［M］.东京：汲古书院，1989.

著作类

［1］包伟民.宋代地方财政史研究［M］.上海：上海古籍出版社，2001.

［2］卜正民.为权力祈祷：佛教与晚明中国士绅社会的形成［M］.南京：江苏人民出版社，2005.

［3］冯友兰.中国哲学史［M］.北京：中华书局，1961.

［4］何炳棣.中国古今土地数字的考释与评价［M］.北京：中国社会科学出版社，1988.

［5］姜伯勤.石濂大汕与澳门禅史：清初岭南禅学史研究初编［M］.上海：学林出版社，1999.

［6］江灿腾.晚明佛教丛林改革与佛学争辩之研究：以憨山德清的改革生涯为中心［M］.台北：新文丰出版公司，1990.

[7] 井上彻. 中国的宗族与国家礼制：从宗法主义角度所作的分析［M］. 钱杭，译. 上海：上海书店出版社，2008.

[8] 科大卫. 皇帝和祖宗：华南的国家与宗族［M］. 卜永坚，译. 南京：江苏人民出版社，2009.

[9] 李伟云. 广州宗教志［M］. 广州：广东人民出版社，1996.

[10] 梁永康. 广东佛教史［M］. 香港：东林念佛堂有限公司，1984.

[11] 刘志伟. 在国家与社会之间：明清广东里甲赋役制度研究［M］. 广州：中山大学出版社，1997.

[12] 栾成显. 明代黄册研究［M］. 北京：中国社会科学出版社，1998.

[13] 马蓉. 永乐大典方志辑佚：第四册［G］. 北京：中华书局，2004.

[14] 任建敏. 从"理学名山"到"文翰樵山"：16世纪西樵山历史变迁研究［M］. 桂林：广西师范大学出版社，2012.

[15] 任建敏. 魏校毁淫祠与广东士大夫的应对［M］//景海峰，黎业明. 岭南思想与明清学术. 上海：上海古籍出版社，2017.

[16] 谭棣华，黄腾骅，冼剑民，等. 广东碑刻集［G］. 广州：广东高等教育出版社，2001.

[17] 杨廷福，杨同甫. 明人室名别称字号索引：上册［G］. 上海：上海古籍出版社，2002.

论文类

[1] 邓国亮. 明代中叶"藤峡三征"研究［D］. 香港：香港中文大学，2007.

[2] 傅贵九. 明清寺田浅析［J］. 中国农史，1992（1）.

[3] 何淑宜. 以礼化俗：晚明士绅的丧俗改革思想及其实践［J］. 新史学，2000，10（3）.

[4] 侯鹏. "正疆界"与"遵版籍"：对万历丈量背景下嘉兴争田的再考察［J］. 中国社会经济史研究，2012（4）.

[5] 井上彻. 魏校的捣毁淫祠令研究：广东民间信仰与儒教［J］. 史林，2003（2）.

[6] 科大卫. 明嘉靖初年广东提学魏校毁"淫祠"之前因后果及其对珠江三角洲的影响［M］//周天游. 地域社会与传统中国. 西安：西北大学出版社，1995.

[7] 科大卫. 国家与礼仪：宋至清中叶珠江三角洲地方社会的国家认同

[J]. 中山大学学报（社会科学版），1999（5）.

[8] 科大卫，刘志伟. 宗族与地方社会的国家认同：明清华南地区宗族发展的意识形态基础［J］. 历史研究，2000（3）.

[9] 科大卫. 祠堂与家庙：从宋末到明中叶宗族礼仪的演变［J］. 历史人类学学刊，2003（2）.

[10] 李福君. 明嘉靖朝征安南之役述评［J］. 天津师范大学学报（社会科学版），1997（2）.

[11] 黎志添. 宋代地区道教的个案研究：广州道观、道堂及道院［J］. 台湾"中央研究院"历史语言研究所集刊，2013（2）.

[12] 梁方仲.《明史·食货志》第一卷笺证（续三）［J］. 首都师范大学学报（社会科学版），1981（2）.

[13] 林枫. 福建寺田充饷浅析［J］. 厦门大学学报（哲学社会科学版），1998（4）.

[14] 刘志伟. 从一条鞭法到摊丁入地：明清时期广东地区赋役制度改革研究［D］. 广州：中山大学，1983.

[15] 刘志伟. 地域社会与文化的结构过程：珠江三角洲研究的历史学与人类学对话［J］. 历史研究，2003（1）.

[16] 罗冬阳. 从明代淫祠之禁看儒臣、皇权与民间社会［J］. 求是学刊，2006，33（1）.

[17] 清水泰次. 明代ノ寺田［J］. 东亚经济研究，1924，8（4）.

[18] 任建敏. 明中叶广东禁毁淫祠寺观与寺田处理［J］. 新史学，2015，26（4）.

[19] 伍丹戈. 明代徭役的优免［J］. 中国社会经济史研究，1983（3）.

[20] 张显清. 明代官绅优免和庶民"中户"的徭役负担［J］. 历史研究，1986（2）.

[21] 周齐. 明朝诸帝的佛教认知与政治文化环境［J］. 法源，2001（19）.

[22] 竺沙雅章. 明代寺田の赋役について［M］//小野和子. 明清时代の政治と社会. 京都：京都大学人文科学研究所，1983.

后　　记

　　本书的缘起，是我 2011 年开始撰写《从"理学名山"到"文翰樵山"——16 世纪西樵山历史变迁研究》一书中所注意到的明代中叶霍韬、方献夫等士大夫在嘉靖初年魏校毁"淫祠"寺观活动中对寺观及其田产的承买与占有的问题。在这个问题上，科大卫、井上彻、刘志伟等学者的研究对我启发甚大，也让我第一次了解到这一问题背后所隐含的明代广东地方社会变迁的线索。后来我进一步收集到与寺观田产有关的大量方志材料，在此基础上撰写了《明中叶广东禁毁淫祠寺观与寺田处理》（台北《新史学》第 26 卷）、《魏校毁淫祠与广东士大夫的应对》（景海峰、黎业明主编《岭南思想与明清学术》）两文。2016 年，本研究有幸获得广东省地方志办公室"广东历代方志研究丛书"的资助，使我得以在已有研究的基础上撰写一部专门的著作。从最初关注寺观田产这一问题到最终成书，断断续续地经过了七年时间，其间很多的想法在不断地产生和被推翻，很多的困惑在努力地解决和再产生。由于寺观田产这一问题并不是传统历史文献中一个重要的关注议题，所以，相关的史料往往散见于地方志中的"寺观""赋役""艺文"等部分，而且缺少较为一致的体例，缺乏系统记载，没有清晰的时间演变脉络。因此，本书的准备工作，有相当一部分是放在对现存明代广东地方志资料的阅读、检索、摘录、整理的工作上。辑录二与辑录三就是一部分较有系统性、值得呈现给读者再做进一步研究的材料。

　　在写作过程中，要感谢的人实在太多。我的硕士研究生导师温春来教授、博士研究生导师科大卫教授、博士后合作导师黄国信教授对我的言传身教使我从懵懂的史学门外汉慢慢地略窥史学的门户。刘志伟、吴滔、刘勇、谢湜、于薇、张瑞威与贺喜等老师的课堂使我获益良多。自入史学之门以后，与同道好友陈海立、谢晓辉、叶锦花、李晓龙、徐靖捷、卢树鑫、李义琼、吴国聪、蒋宏达、李敏的切磋学习，使我的求学之路并不孤独。尤其在拙著的成书上，好友陈海立、申斌，以及《新史学》的三位匿名审稿人，"广东历代方志研究丛书"的评审专家邱捷、陈长琦、陈泽泓、马建和、张晓辉等的建议与意见对拙著的最终成书都非常重要。广东省地方志办公室方广生处长的不时督促,以及中山大学出版社陈霞编辑为本书顺利出版所做的工作和努力,使本书得以如期完成。最后,谢谢我的妻子周肖女士,她的默默付出与包容,使我没有后顾之忧,充满对未来的期待。

  本书原拟以《明清广东寺观田产研究》为题,在最初的分工上,由我负责明代部分,由同窗好友陈海立负责清代部分,但是,由于清代的相关资料要远较明代的更为庞杂,而且清代广东寺观田产所面对的问题与明代亦有差异,真要呈现整个清代广东寺观田产的历史变迁脉络,估计还有待时日。所以,本书在采纳评审专家相关意见的基础上,最终只呈现了我本人撰写的明代广东寺观田产部分的研究成果,而清代的后续变化,希望在将来再做进一步的探讨。拙著只是一个尝试、一个起点,希望从赋役、礼仪、社会变迁的角度来重新审视明代寺观田产变迁背后的历史逻辑,限于学力与"工期",其中仍然有大量的不成熟之处。唯希望抛砖以引玉,求教于方家。

任建敏

2018 年 12 月于蜗角居